池澤夏樹、文学全集を編む

河出書房新社

世界文学全集 宣言

池澤夏樹

人が一人では生きていけないように、文学は一冊では成立しない。

一冊の本の背後にはたくさんの本がある。本を読むというのは、実はそれまでに読んだ本を思い出す行為だ。新鮮でいて懐かしい。

そのために、「文学全集」と呼ばれる教養のシステムがかつてあった。それをもう一度作ろうとぼくは考えた。

三か月で消えるベストセラーではなく、心の中に十年二十年残る読書体験。

その一方で、それは明日につながる世界文学の見本市、作家を目指す若い人々のための支援キットでなければならない。敢えて古典を外し、もっぱら二十世紀後半から名作を選んだのはそのためだ。

世界はこんなに広いし、人間の思いはこんなに遠くまで飛翔する。

それを体験してほしい。

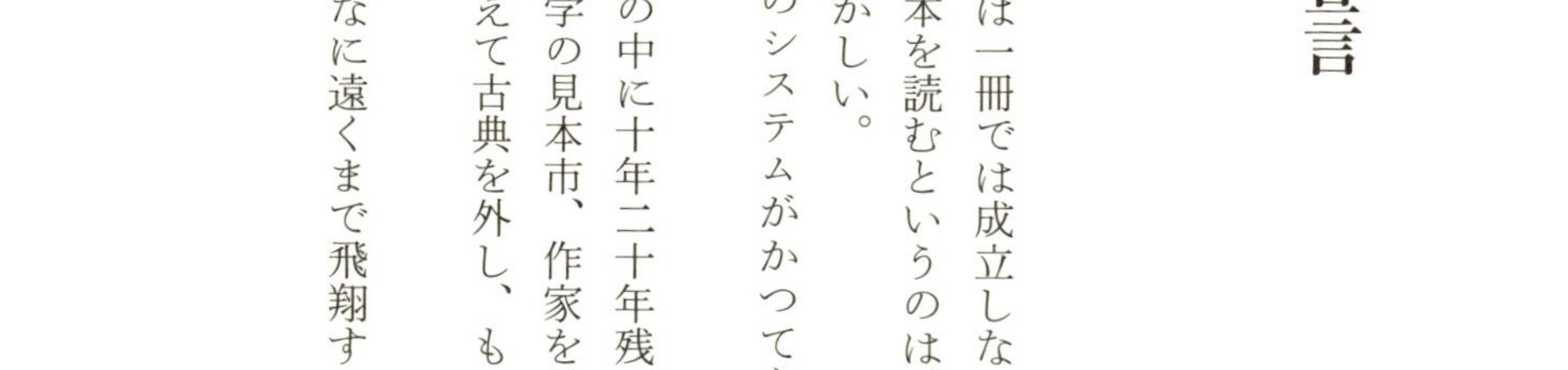

池澤夏樹＝個人編集 世界文学全集

全30巻 2007年11月～2011年3月 河出書房新社 刊

第I期

01『オン・ザ・ロード』ジャック・ケルアック 青山南 訳

02『楽園への道』マリオ・バルガス＝リョサ 田村さと子 訳

03『存在の耐えられない軽さ』ミラン・クンデラ 西永良成 訳

04『太平洋の防波堤／愛人ラマン／悲しみよこんにちは』マルグリット・デュラス 田中倫郎・清水徹 訳／フランソワーズ・サガン 朝吹登水子 訳

05『巨匠とマルガリータ』ミハイル・A・ブルガーコフ 水野忠夫 訳

06『暗夜／戦争の悲しみ』残雪 近藤直子 訳／バオ・ニン 井川一久 訳

07『ハワーズ・エンド』E・M・フォースター 吉田健一 訳

08『アフリカの日々／やし酒飲み』イサク・ディネセン 横山貞子 訳／エイモス・チュツオーラ 土屋哲 訳

09『アブサロム、アブサロム！』ウィリアム・フォークナー 篠田一士 訳

10『アデン、アラビア／名誉の戦場』ポール・ニザン 小野正嗣 訳／ジャン・ルオー 北代美和子 訳

11『鉄の時代』J・M・クッツェー くぼたのぞみ 訳

12『アルトゥーロの島／モンテ・フェルモの丘の家』エルサ・モランテ 中山エツコ 訳／ナタリア・ギンズブルグ 須賀敦子 訳

第II期

01『灯台へ／サルガッソーの広い海』ヴァージニア・ウルフ 鴻巣友季子 訳／ジーン・リース 小沢瑞穂 訳

02『失踪者／カッサンドラ』フランツ・カフカ 池内紀 訳／クリスタ・ヴォルフ 中込啓子 訳

03『マイトレイ／軽蔑』ミルチャ・エリアーデ 住谷春也 訳／アルベルト・モラヴィア 大久保昭男 訳

04『アメリカの鳥』メアリー・マッカーシー 中野恵津子 訳

05『クーデタ』ジョン・アップダイク 池澤夏樹 訳

06『庭、灰／見えない都市』ダニロ・キシュ 山崎佳代子 訳／イタロ・カルヴィーノ 米川良夫 訳

07『精霊たちの家』イサベル・アジェンデ 木村榮一 訳

08『パタゴニア／老いぼれグリンゴ』ブルース・チャトウィン 芹沢真理子 訳／カルロス・フエンテス 安藤哲行 訳

09『フライデーあるいは太平洋の冥界／黄金探索者』ミシェル・トゥルニエ 榊原晃三 訳／J・M・G・ル・クレジオ 中地義和 訳

10『賜物』ウラジーミル・ナボコフ 沼野充義 訳

11『ヴァインランド』トマス・ピンチョン 佐藤良明 訳

12『ブリキの太鼓』ギュンター・グラス 池内紀 訳

第III期

01『わたしは英国王に給仕した』ボフミル・フラバル 阿部賢一 訳

02『黒檀』リシャルト・カプシチンスキ 工藤幸雄／阿部優子／武井摩利 訳

03『ロード・ジム』ジョゼフ・コンラッド 柴田元幸 訳

04『苦海浄土』石牟礼道子

05『短篇コレクション I』J・コルタサル他

06『短篇コレクション II』A・グリーン／G・トマージ・ディ・ランペドゥーサ他

日本文学全集 宣言

池澤夏樹

この四つの寄り添った島々に、はるかな昔、大陸や他の島から人が渡ってきた。彼らは混じり合い、やがて日本語という一つの言葉を用いて生活を営むようになった。

この言葉で神々に祈り、互いに考えを述べ、思いを語り、感情を伝えた。詩が生まれ、物語が紡がれ、文字を得て紙に書かれて残るようになった。

その堆積が日本文学である。

特徴の第一はまず歴史が長いこと。千三百年に亘《わた》って一つの言語によって途切れることなく書き継がれ、今も同じ言語で創作が行われている例は他に少ない。

第二は恋を主題とするものが多いこと。われわれは文章によって武勲を誇り、存在の謎を解明し、人間いかに生くべきかを説く一方で、何よりもまず恋を語ろうとした。

第三は異文化を受け入れて我がものとしてきたこと。ある時期までは中国文明の圧倒的な影響下にあって文学を築き、ある時期から後は西欧の文明を受け入れて文学を更新した。

その流れを改めて辿《たど》りなおしてみたい。

人はいつだって自分が暮らす時代を乱世ないし変革期と見るものだが、今の日本はまちがいなく変革期である。この国の地理と歴史は国民国家形成に有利に働いたが、世界ぜんたいで国民国家というシステムは衰退している。その時期に日本人とは何者であるかを問うのは意義のあることだろう。その手がかりはまずもって文学だ。

われわれは哲学よりも科学よりも神学よりも、文学に長《た》けた民であったから。

しかしこれはお勉強ではない。

権威ある文学の殿堂に参拝するのではなく、友人として恋人として隣人としての過去の人たちに会いに行く。その一方で現在の文学の激浪に身を投じる。共感し、反発し、興奮する。

書かれた時の同時代の読者と同じ位置で読むために古典は現代の文章に訳す。当代の詩人・作家の手によってわれわれの普段の言葉づかいに移したものを用意する。

私は誰か？

足元を見て、天空を見て、はるか遠い水平線を見て考える。文学はその素材である。

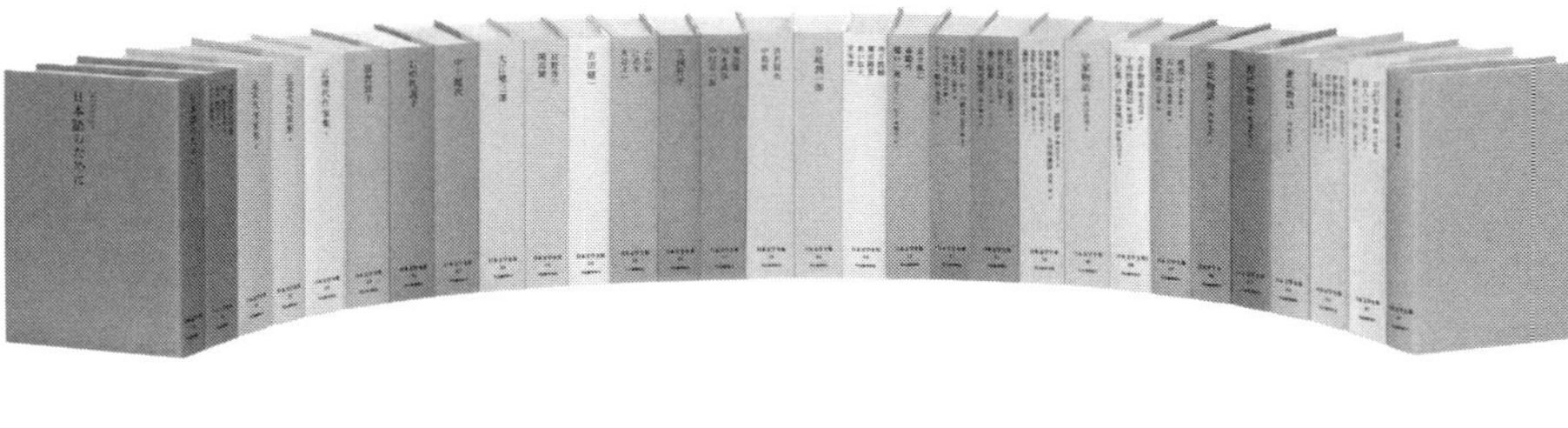

池澤夏樹＝個人編集　日本文学全集

全30巻　２０１４年11月～２０１８年完結予定　河出書房新社　刊

01『古事記』池澤夏樹 訳

02『口訳万葉集／百人一首／新々百人一首』折口信夫／小池昌代 訳／丸谷才一

03『竹取物語／伊勢物語／堤中納言物語／土左日記／更級日記』森見登美彦 訳／川上弘美 訳／中島京子 訳／堀江敏幸 訳／江國香織 訳

04『源氏物語　上』角田光代 訳

05『源氏物語　中』角田光代 訳

06『源氏物語　下』角田光代 訳

07『枕草子／方丈記／徒然草』酒井順子 訳／高橋源一郎 訳／内田樹 訳

08『日本霊異記／今昔物語／宇治拾遺物語／発心集』伊藤比呂美 訳／福永武彦 訳／町田康 訳

09『平家物語』古川日出男 訳

10『能・狂言／説経節／曾根崎心中／女殺油地獄／仮名手本忠臣蔵／菅原伝授手習鑑／義経千本桜』岡田利規 訳／伊藤比呂美 訳／いとうせいこう 訳／桜庭一樹 訳／三浦しをん 訳／いしいしんじ 訳／松井今朝子 訳

11『好色一代男／雨月物語／通言総籬／春色梅児誉美』島田雅彦 訳／円城塔 訳／いとうせいこう 訳／島本理生 訳

12『松尾芭蕉　おくのほそ道／与謝蕪村／小林一茶／とくとく歌仙』松浦寿輝 選・訳／辻原登 選／長谷川櫂 選／丸谷才一・大岡信・高橋治

13『樋口一葉　たけくらべ／夏目漱石／森鷗外』川上未映子 訳（「たけくらべ」）

14『南方熊楠／柳田國男／折口信夫／宮本常一』

15『谷崎潤一郎』

16『宮沢賢治／中島敦』

17『堀辰雄／福永武彦／中村真一郎』

18『大岡昇平』

19『石川淳／辻邦生／丸谷才一』

20『吉田健一』

21『日野啓三／開高健』

22『大江健三郎』

23『中上健次』

24『石牟礼道子』

25『須賀敦子』

26『近現代作家集　Ⅰ』久生十蘭・泉鏡花・金子光晴・横光利一・高村薫・堀田善衞・岡本かの子 他

27『近現代作家集　Ⅱ』武田泰淳・安岡章太郎・井上ひさし・安部公房・室生犀星・川端康成・上野英信 他

28『近現代作家集　Ⅲ』内田百閒・村上春樹・鶴見俊輔・津島佑子・筒井康隆・河野多恵子・向井豊昭 他

29『近現代詩歌』池澤夏樹（詩・選）／穂村弘（短歌・選）／小澤實（俳句・選）

30『日本語のために』

緒言

池澤夏樹

少し気取って「緒言」としてみたが、まあいつもの漫文にすぎない。この言葉、一度使ってみたかったのだ。

二〇〇四年の夏に十年住んだ沖縄を離れてフランスに移住したのに、さしたる目的があったわけではない。河岸を変えれば少しはましなものが書けるかと思っただけのこと。そちらの方は長篇『カデナ』という形で一応は実現した。沖縄では書けなかった沖縄小説である。フランス生活についての報告もやがて『異国の客』と『セーヌの川辺』という二冊になった。

しかし、賢者も言うように、人生とは何かをしようと準備しているうちに起こってしまう別のことである。運命の使者は二〇〇五年のある日、むかしなじみの編集者に変装してぼくが住む町を訪れた。そして、まるで受胎告知の天使ガブリエルのように「池澤さん、あなたの使命は文学全集を作ることです」と言った。ぼくは即座に断った。その時代ではなくその任でもない。

それなのに、ぼくはなんとなくこの運命に引き寄せられ、巻き込まれ、それらしいものを作る楕《だ》円《えん》軌道に乗ってしまった。これは天動説でも地動説でも説明がつかない。

今の時代に「世界文学全集」なんて、正攻法では成功はおぼつかない。うっかりするとデルポイの予言に乗ったクロイソス王が自分の帝国を失ったように（ヘロドトス『歴史』第一章）、一つの立派な出版社を滅ぼしかねない。そこでぼくはちょっとしたインチキをすることにした。二十世紀もほとんど後半に書かれた作品を集めた三十巻限定の叢書《そうしょ》に敢《あ》えて「世界文学全集」の名を付けてしまう。これが多くの有能な編集者・翻訳者の幇助《ほうじょ》によって実現し、最終巻まで出せた経緯についてはこの本に収められた証言の数々を見ていただきたい。

さて悪事というのは一つでは終わらないのが常で、ついつい後を引く。この二回目の時もぼくはその道に自ら踏み込んだわけではない。次の使者はずっと深刻な表情で登場した。

「世界文学全集」についで「日本文学全集」も、という要請をぼくは固辞していた。この分野についての自分の無知をよく知っていたからだ。そこへ東日本大震災がやってきた。人々は桁の外れた災害に戸惑い嘆きながらもよく耐えた。

それを目の当たりにしてぼくは日本人の性格について改めて一から考えようと思った。そのためには古典から現代までの日本文学を読むのが捷径《しょうけい》であると気づいた。この責務を自分に課するとなると「日本文学全集」を編むのがいちばん。そういう論法に沿って、この分野に自分が無知《むち》蒙昧《もうまい》なのは承知で、いわば災害に背中を押される形で、そちらにおずおずと歩を進めた。

今回は前と違って二十世紀後半でまとめるというわけにはいかない。逆に古代から現代までの長い文学史ぜんたいを相手にしなければならない。夏休みの終わり間近に怠惰な小学生が焦って宿題をするように、古希を前にしたぼくは日本文学を必死で勉強した。古典は現代語に訳すという方針にたくさんの作家たちが賛同し参加してくれた。みんなたくさん働いた。

そんなわけでこちらも着々と刊行が進み、超大作『源氏物語』の完結を残すところまで漕ぎ着けた（源氏は別格、ゆっくり仕上げて何の支障もない）。外から見ていると、ことはいかにも優雅に運んだように見えるだろうが、これこそは白鳥の比喩というあのクリシェの典型である。水面下ではみんな必死で足をばたつかせていたのだ。

話の始まりから今までで干支が一巡している。人生の六分の一を文学全集という古風な出版形態の再興に費やしたことになる。だからこそ、人生とは何かをしようと準備しているうちに起こってしまう別のこと、とぼくは今こそ自信をもって断言できる。

若い時に訳したことがあるカート・ヴォネガットの言葉が浮かぶ。彼は何かにつけて言うのだ、「まあそんなもんだ（so it goes）」と。

二〇一七年八月　札幌

photo: Kawamura Masumi / Hirano Kuniko（P17）/ Ohara Taihei（P22）

池澤夏樹
ロングインタビュー

聞き手＝山本貴光

「人間とは何か」
その手がかりとしての文学

――池澤さんは「世界文学全集」「日本文学全集」の編集を始められてから今日まで、様々な講演や対談やインタビューで語っておいでです。それを踏まえつつ、今回は、この二つの全集を編み終わった地点から見えることを伺えればと思います。たとえば、これを編む前と後で池澤さんご自身のものの見え方がどう変わったか、実際に全集が世に出てどういう手応えがあったか、大きなところから具体的なところまで、さらには「文学」をめぐる環境とそれがもたらす効果についてといった話題についてお聞かせください。よろしくお願いします。

池澤　まず「全集」という言葉についてお話をしましょうか。ぼくたちは既に具体的な物を見ているから、いわゆる「全集」のイメージはわかっている。「全集」と言ったときに、「文学全集」と「個人全集」があることも知っている。全集とは「全部集める」＝「collect them all」ですよね。しかし実際には「全部」ではない。

エレベーター工学の用語で、「セレクティブ・コレクティブ」という言葉があります。何台もエレベーターがあって、さらに各階に人が待っているというときに、どういう順番で動かすと、待っている人の待ち時間を少なくして最も効率的に人が運べるか、その基本原理のことを言います。日本に固有の「文学全集」という出版形態は「セレクティブ」であると同時に「コレクティブ」です。

実際には「セレクティブ」＝選んでいる。しかし決まった巻数で、いちばん最初にそのラインナップを発表することによって、セレクティブなものがコレクティブに見えるんですよ。「これでいいものは全部集めました」と。「いいものは」というところが実は言葉のトリックなんだけど。これで全部という印象を与える。それで売れる、というところがあると思います。

もちろん僕にしてみれば、今回の個人編集は、自分なりのひとつの文学の原理、あるいは文学批評のひとつの具体化ではあるんだけど、あくまでそれは文学面。もうひとつ、全集には、営業的な機能として「きっちり全部入っていますよ」という印象を用意して購買意欲をそそるということがある。だからこれは文学の仕事であると同時に、出版の営業策のひとつであるわけです。全集というシステムを「文学」だけで解こうとすると何か足りない。たくさんの読者の手に渡すには、「全集」という枠は、いい発明であった。だからかつてあんなに流行した。

——面白いですね。「全てを集めた」全集に対して、「集めたものが形作る全体」を提示する全集ですね。また、文学はともすると浮世離れしているイメージがありますが、当然のことながら、実際には事業として経済と無関係には実現しないという面があるわけですね。とりわけ全集のような冒険的企画の場合にはなおのこと。

池澤　ええ。しかもいちど発表してしまったら、最後まで出すしかない。かなりの巻数のものを、これからほぼ毎月、一巻ずつ出しますという約束を読者に対してするわけでしょう。早い話が、一巻あたりたとえば五冊しか売れなくても最後まで出し続けるしかないんです。そのリスクを負うという意味では営業的な面も考えなくてはいけない。始める前に「社運がかかりますよ」と僕は当時の若森社長に言いました。

「世界」への文学全集

——まず、出発点でもある「世界文学全集」についてて伺います。ラインナップ発表前までの池澤さんのセレクトは、具体的にはどのように進められたのでしょうか。

池澤　そもそもの始まりは二〇〇五年だったかな、「八〇年代くらいで一旦終わった文学全集というものをもういっぺんやりましょうよ」と河出の側が僕に声をかけてきたこと。「まさか」と言って最初は断りました。「時代錯誤だ」って。でも今度は別の若い編集者からも依頼が来た。それでどうも河出は本気らしいと。そこからどうやって出せるかと考え始めました。

昔の世界文学全集にあったみたいにホメロスがあり、シェイクスピアやダンテがありスタンダールやトルストイ……といった名作を今さら並べてもしょうがない。もう少し戦略がいる。考えに考えて「第二次世界大戦の後を専《もっぱ》らとする、二十世紀の文学」という基本原理を作って、あとは編集部とひたすら会議を重ねた。

まずなるべく新訳にするということ。これは僕が言い出せない贅沢《ぜいたく》でした。編集部が言ってくれた。僕は気が弱かったから、ありものを並べて体裁を作ればいいかと思っていた。だいたいの作品は翻訳が出ていましたからね。でも、なるべく新訳にしましょうと編集部に言われたんです。そう言われると、あの作品はあの訳では嫌だなというものがいっぱいあった。それは全部クリアできた。翻訳者の目処《めど》をつけて、作品もほぼ選んで、「これでやるか。どうする?」と言うと、河出の若森社長が「やりましょう」と言った。彼が最初から熱心だったんです。高度経済成長の頃、河出書房が全集でいちばん潤っていた時期を知っている社長。しかも営業出身ですから、「売り方なら俺に任せろ」と。

——この機会に古今東西の全集について考えてみました。それにしたって一人で選ぶという全集の編み方は、あまり先例がないようです。すぐ思い出せるのはボルヘスの「バベルの図書館」(邦訳は国書刊行会から全三十巻で刊行されている。後に「新編バベルの図書館」全六巻として刊行)で、これはボルヘス版世界文学全集でした。また、出版されていないですけれど、レーモン・クノーが「理想のビブリオテーク(Pour une bibliothèque idéale)」として百冊のリストを作っていますね。文学全集というよりは名著全集という趣でした。あるいは美術の分野では、アンドレ・マルローが『東西美術論』で提案した「空想の美術館」などが挙げられます。池澤さんの個人編集による二つの文学全集は、こうした類例の少ない試みの最新版です。

私は、これから刊行が始まるというときに、パンフレットで各巻構成を拝見して、「これは今までの文学全集とはちょっと違う」と思いました。池澤さんがおひとりで選ばれているということがまずなにより大きな特徴です。それから、文学全集観とでも言ったらよいでしょうか、「文学全集とはこういうものだ」という見方を刷新するものだと感じました。

というのも、いわゆる円本から始まって八〇年代を最後のブームとする、それまでの日本の「全集」の大半は、今にして思えば——というよりも、この池澤さんの全集が出たからこそ、そう思えるパースペクティヴが生まれたのですが——よくも悪しくも男性的で権威的でアカデミックで厖大《ぼうだい》で、という威容を備えたものでした。パターナリズムというか、「これが読んでおくべき教養のセットだよ。だから黙って受け取りなさい」というイメージがあった。それが悪いという意味ではなくて、うまく機能していた面もあったと思います。

　それに対してこの全集はそうではない。もはや男性中心主義が無自覚に通用する時代ではないし、脱植民地化も進み、「国際的」という国を単位としたかつての見方も、市場や情報の流動化を反映してか、「グローバル（原義は球体）」という別の言葉に置き換わりつつある。そうした時代背景の中で、この全集には、現代の世界を構成している多様なヴォイス（声）のようなものが響きわたっています。というのも、ラインナップされている作家たちの出自を見ても、多様な出身地と母国を持ち、母語ではない言葉で書いていたりという例もありますね。これは後知恵ですが、多和田葉子さんの表現を借りて「エクソフォニック（母語の外へ出る）」と表現してもよいかもしれません。

　という具合で、パンフレットを見ながら、これは従来とはまるで違うかたちの全集だと感じました。「そうか、池澤夏樹さんが新しい世界の地図を描いて見せてくれたんだな」と。この「世界文学全集」には、もちろん従来通りの「世界の文学全集」という意味もあるのですけど、同時に「世界への文学全集」でもあるのだろうと思いました。「ほら、ここに地図を作ってみたよ。どこから入ってもいいから、文学を通じて世界へ旅しに行こうよ」という誘惑なんだなと思ったんです。

　収録されている作品には、既に読んだものもあったので、その巻は読まずに済ませるという選択肢もありました。でも結果的に、これは第一回配本の『オン・ザ・ロード』から全巻付き合うしかない、と思うにいたりました。というのも、ここに選ばれた各作品を、こんなふうにも位置づけられるんだよ、という見方・読み方は、到底自分からは出てこないと思ったからです。これもおそらく、池澤さんがおひとりで編んだ効果ですね。

池澤　それも結局はね、最初に自分の中にポリシーがあったのではなくて、つまり原理的な物差しに当てはめて選んだのではなくて、最初からただひたすらよいと思われるものをリストアップしていっただけなんです。そうやって第一次のロングリストを作った。作品のひとつひとつの読後感を思い出しながら、「きみは残れるかな?」というふうな問答をその作品として、絞っていった。その作業を全部やってからまたリストを眺めてみると、結果としてひとつの傾向——つまり戦争前、二十世紀前半までとは違う文学の傾向が結果として見えてきた。それが後になって名づければ、ポストコロニアリズムだったり、フェミニズムの流れだったし、それから国境線がおぼろになってしまった後の、国家単位でない見方であると同時に、人が移動することによって国家を崩してきた結果の「移動の文学」なんだなと思いましたね。

　だから最初のときは「現代世界文学全集」と名づけたほうがいいんじゃないですか、という提案も営業側からはあったんです。実際にはそうなんだから。だけどそれは僕はうざったいと思ってね。限定的にしたくなかった。「現代世界文学全集」でしかないものをさらっと「世界文学全集」と言ってしまえ、という感じでした。かつてのものは「世界・文学全集」だったのが「世界文学・全集」になったんです。「・」の位置が違う感じ。二十世紀後半にはそれくらい国の括《くく》りが緩くなった。その線に沿って自分が選んだからではなくて、選ぶうちに今の世界のあり様としてそれが見えてきた。

——それはとても面白いですね。かつて複雑系の科学で提示された「創発（イマージェンス）」という現象を連想します。たとえば鳥が群れて飛ぶ様子を、コンピュータの画面上で模倣（シミュレーション）しようという場合、どうするか。「群れとはこういう形だ」と言って、群れ全体の形を鳥に教えるわけではないのですね。一羽一羽の鳥に「お前さんは隣の鳥とこれだけ距離をとって、ともかくついていけ」とプログラムで教える。それで鳥たちをコンピュータの画面上に放つと、最初はみんなでたらめに飛んでいるのだけれど、徐々にまとまりが生まれて、やがて群れをなします。ポイントは、個々の鳥に「こういう群れの形になれ」と言っていないのに、結果的に集まった鳥たちが群れをなすところです。個物が集まることで、個物には必ずしも備わっていない性質が現れることを創発と言うのでした。ただし、これは池澤さんも別の場所でご指摘でしたが、イマージェンス（emergence）はもともと水中や暗闇に潜んで見えなかった何者かが浮かび上がって現れるという意味でした。そう考えると「創発」という具合に何者かが「創る」という語を充てるのは、必ずしも適切ではありませんね。どちらかといえば現れ出るというわけですから。

　全集というコレクションも、一種の創発現象を起こすと思うんです。作品を集めて、「良き隣人」（これはブックコレクターでもあったアビ・ヴァールブルクの表現ですが）として互いに並べて配置する。すると、作品と作品が照応しあって、単独では備えていなかった、ある性質のようなものが浮かび上がって見えてくる。池澤さんによる「世界文学全集」であれば、最終的には全三十巻の中から、二十世紀後半以降の世界を象徴するような、ポストコロニアリズムやフェミニズム的な思考、脱国家的世界像、エクソフォニックな声の多様さ、移動する人間といったコンセプトが浮かび上がってきたわけですよね。それがこの全集のもうひとつの醍醐味《だいごみ》です。

「束」の力

池澤　全集という出版形態に力があるのは、巻数に限りがあるということにも起因します。限りがあるから選ばなくてはいけなくて、選ぶことによって「選ばれたもの」として一巻一巻に価値が保証されるんですよ。これは面白いところです。翻訳文学の叢書《そうしょ》はいろいろありますよね。新潮社のクレスト・ブックスや白水社のエクス・リブリスとかね。河出には「モダン・クラシックス」があった。でもそれらはオープンエンドのシリーズなんです。それゆえに、シリーズに入っていながらも、一人一人、一作一作、それぞれ孤立して戦わないといけない。こっちは三十人組みたいなものだから、明らかに束の力がある。
――チーム戦をやっているわけですね。
池澤　そう。今回の全集に何が似ているかというと、十八世紀、十九世紀のフランスの貴族やお金持ちの家の本棚です。当時の本は「フランス装」で販売されていて、つまり購入者が装丁しなおすことを前提とした仮装だった。それを専属のルリユール〔本を

綴り直す職人」が製本をする。そのデザインは家ごとに異なり、その中で統一されているわけです。するとその貴族だけの蔵書という全集ができる。一冊ずつはタイトルが違うだけで、外観は統一されている、でも内容については本人のセレクションが入っている、というものでした。

――読み手が集めて装丁も統一するわけですね。それを伺って連想しましたが、さらに遡ると、印刷技術が普及しはじめた十五世紀のルネサンス期に、ヴェネツィアで印刷工房を営み、ご本人もかなりの知識人でもあったアルドゥス・マヌティウスという人がいました。その人がプラトンならこれを、ラテン語の古典ならこれを、とセレクトして刊行した。しかも校訂を加えて解説まで書いて印刷しています。

池澤　そこから始まっているわけですね。

――そういう目で近現代に編まれた全集的な企てに目を向けてみると、たとえば「プレイヤード叢書」（一九三一年、フランスで始まったフランス文学を中心とした世界文学全集。現在もガリマール出版社で刊行中）がありますね。これはある基準で作家を選び、専門家による校訂を加えてその人の全集を数巻で作る。いわば殿堂入りさせていくシリーズです。オープンエンドで今も続いています。後にこれをお手本に、アメリカでも「ライブラリー・オブ・アメリカ」が編まれたりもしています。筑摩書房の「明治文學全集」（全九十九巻＋別巻一）なども、これに似た趣の全集でした。

池澤　レクラム文庫〔一八六七年、ドイツのレクラム出版社より刊行開始した、文芸・人文・自然科学など多岐にわたるジャンルを廉価で提供するシリーズ。黄色い表紙で有名〕や岩波文庫〔一九二七年創刊。前述のレクラム文庫を規範とした〕も本来そういう意味ではセレクションでありコレクションであった。知の大衆化を目指した。かつてのそれは今のいわゆるチープな「文庫」とは、全然意味が違った。

――そうですね。レクラムは今でも続いていて、三千点以上に及ぶ大叢書に育っています。今年創刊九十周年を迎えた岩波文庫も約六千点とのことで、そうなると今度は数に圧倒されてしまう。あまりにも厖大だと、行けども尽きぬ大宇宙という楽しさがある一方で、どこから手をつけていいのか迷うかもしれません。たとえば全二十四巻とか三十巻なら全体を見渡せるし、わりと気軽に「登ってやろうかな、この山を」という気持ちにもなりますね。今回の全集の規模には、そうした効果もあると思います。

「手に取らせる」ための作品の選び方

――次に読者のほうに目を向けてみたいと思います。今、十代二十代の若い人たちと話していると、彼らには従来の権威が通じないと感じる場面が多々あります。たとえば、文学の偉い先生の名前を言われても「え、誰それ？」というわけです。それはけしからんと言いたいわけではなくて、半ば現在の環境による効果だと思うのですね。

　また現在では、インターネット上に各種のアーカイヴが構築されていて、その気になれば古今東西の本、絵画、映画、音楽、マンガ、動画、ゲームなどを体験できます。これはインターネット以前の世界から見たら、夢のような状況です。

　他方で、そうした環境では、文学も他の文物と同じくフラットに横並びで置かれた中のひとつになります。言い換えると、厖大な文物の混沌《カオス》状態に目鼻をつけたり、価値判断して作品を選べるかは、利用者次第でもあります。既になんらかの指針やマップを持っている人にとっては宝の山。でも、まだそうしたガイドを自分の中に持っていない場合は途方に暮れても無理はありません。つまり、ものは山ほどというか、星の数ほどあるけれど、何を見てどこに移動したらいいか、寄る辺なさがとても強いと思うんですね。実際、学校などで学生から、なにを読んだらよいか分からないという声もよく聴きます。

かつては批評家や文学者にロールモデルになる人がいて、「この人が面白いというものを見ておこう」とお手本にする、ということがあったかと思います。そうして真似をするうちに、自分でも世界を見るためのマップを作り始めていたりするわけです。そうしたマップは、厖大な文物から何かを選ぶ際にも指針になります。

そんなふうにある基準によってセレクトする、コレクトするということの意味が、今はわかりづらくなっていると思うんです。ネットにいろいろあるので、必要になったら検索しよう、という具合に今集めようという動機付けがしづらいということもありそうです。

それで思い出すのは、昔、自分が好きな音楽をカセットテープに録音して「お気に入りのテープだから」と傍迷惑にも人に押しつけていた体験です（笑）。「これはロックの始まりからプログレまでが入っているんだよ、十二曲で」とか。テープに録音できるのは三十分とか四十六分と限られていて、しかもシーケンシャルに順番をつけて並べなければならない。これをどうエディットしようかと、楽しんでいた経験があります。

池澤　それは本当に同じ原理ですね、文学全集と。

——それに対してネットの時代になって、何万曲でもいつでもどこでも聴けるとなったときに、「集めて編む」ということの意味がかえって見失われているというか、その楽しみ自体がわからなくなっているのかもしれません。先ほどの池澤さんが全集を編むにあたって最初にリストを作ったというお話もそうですが、「編集」の楽しさや魅力について、どう感じておられますか。

池澤　最初に「もういっぺん文学全集をやりましょうよ」と河出が声をかけてくださったときは「一人でもいいし、誰か仲間を募ってくれてもいい」という言い方をされたんです。でも、僕は協調性のない人間でね。勝手放題やってみたほうがエッジが効くというか、意味が生じると思ったんです。何人かでやると、お互いに妥協の産物みたいになって結局はぬるくなる。だからそこはまずは一人でやらせてもらおうと思いました。三人でやったからといって作業が三分の一に減るわけじゃないし、とにかく自分の目の届く範囲で全部やろうと思って。

それでその前提の上で、今までの全集にあるような古いところから考えていたらだめだと思って、第二次大戦後にしたらどうかと思いついたんです。でもこれは最近になって気づいたんだけど、最後の世界文学全集とも言える集英社の「集英社ギャラリー世界の文学」(一九八九年〜一九九一年)、篠田一士《はじめ》や菅野昭正が関わっていましたが、あのシリーズにもけっこう新しい作品を入れているんですよ。ラテンアメリカ文学とかね。だから名作、古典、権威の文学全集が翳《かげ》りを見せた頃、それを打破する試みはかつてもあった。それは認めなくてはいけない。それがどこか頭の隅にあったので、僕はもう一歩進んで十九世紀以前を全部切ってしまうことにしたのだと思います。それらは文庫で読んでもらって、この全集は二十世紀後半の作品を主にして、人があまり知らないものも入れてしまう。「全集」の権威づけで押しつけてしまおうと思って。僕自身は権威でも何でもないんだけど、「全集」という言葉はものすごく重いから。そういう挑発をしました。誰も読んでくれなかったらそれっきりだったんだけど、結果的にはうまくいった。ベトナムのバオ・ニンの『戦争の悲しみ』なんか典型ですよ。全集に入れることで改めて読者を引っ張り込める。

——そうですね。他の巻の構成を見て、このラインナップにバオ・ニンを位置づける、という新たな光の当て方をできるのも、全集の素晴らしいところですよね。

池澤　別に世界全部を網羅しようとは思わなかった。僕が知らない領域もあるしね。それに探しきれなかったものもある。たとえば韓国の作品は何かないかと思って、ずいぶん探したんだけどあのときは見つけられなかった。そういうことはずいぶんありました。

だから結果的にはバランスをとるとか網羅すると

かではなくて、やっぱり作品単位で選んだと思います。それはとても楽しい作業でした。おぼろなものがしだいにくっきりとイメージを結んでいって、それでだいたいの流れが見えて、できてくる。これはエディットというかコンパイルというか、そういう作業の面白さだと思う。

その背景には僕がずっとブックレビューを書いてきたことがあります。書評の仕事をけっこうな労力を割いてやってきて、濫読《らんどく》していたからできたと思う。書評者というのは「〜文学」の専門家ではなくて読者代表だから。そう考えると、世界文学全集を個人編集するための素地はあったかもしれません。

「創作」「翻訳」に並ぶ「編集」の重要性

――こういう全集を見ると、「あの作品がない」「この作家がいない」と言いたくなる人もいそうです。気持ちはわかる。でも、きっと池澤さんは「それなら、君も三十冊を選んでみればいいよ」とおっしゃる。実際にリストを作ってみるとわかりますが、三十冊なら三十冊を選ぶのはとても面白い。他方で、そこに選んでいる「私」があらわれてしまう。もう、イヤになるほど。多くの場合、自分の偏《かたよ》りがあらわになると思います。「ああ、私はロシア文学が好きなんだな」とか、「中国の古典は読んでいるけれど、現代の作品は読んでないなあ」とか。

そこで伺いたいことがあります。池澤さんは、書評やさまざまな機会に言及される本の幅がとても多様で広いですよね。それはご関心の広さが反映された結果でもあろうかと思いますが、その基礎には本の森でのランダムウォークというか、濫読の実践があると思います。

ともすると「本を読んでなんの役に立つの?」といった疑問も呈されたりしますね。そういう観点からすると、濫読は有益さからもっとも遠い行いのようにも見えます。文学全集編集の根底にある、池澤さんの本との付き合い方について教えてください。

池澤　書評について言えば、濫読以前に「まず手に取ってみる」ですよ。たくさんの本を。それは店頭でもいいし自分で買ってでもいいけれど、ともかく自分の目の前を通っていった本の数というのはずいぶんになる。ちょっと覗《のぞ》いてみて面白そうなら読み始めて、けっこういいぞと思ったら丁寧に読み、途中で「これは書評の対象にする」という読み方に切り替える。登場人物の名前なんか自分でメモしますよね。さらには引用できそうなところにマークをし

たりして、精読する。そして書評を書く。そういうことを二十年もやってきたのだから、相当な分量の本が自分の中を通過している。だから濫読なんだけれども、読まないで捨てた本はその数十倍ある。覗いただけでだめだった本とかね。

——捨てること自体にも意味があるわけですね。

池澤　そうなんです。縁がなかったということだからね。だからやっぱり一冊ずつについて言えば、楽しいから読むというに尽きる。義務感を感じるのは書評の締切という点だけで。僕は「この本を書評してください」という依頼は基本的に受けていないんです。毎日新聞にしても週刊文春にしてもすべて自分で選んでいる。そういうわがままはもうずっとやってきたから、そのままの姿勢で世界文学全集は選んだと思いますね。

——そもそもご自身が書評したいものを選んでいる。

池澤　普通の読書人はそうではないですか。

——そうした作業のくり返しの中から自分のテイストがわかってくるという面もありますね。ネットにPinterestという面白いサーヴィスがあります。ネットであれこれ目にした際、「この画像、いいな」と

思ったら、切り抜いてピンで留めておくようにクリップできるのです。そうやってどんどんピンしていくデジタル貼り雑《ま》ぜ帳みたいなものです。使い始めのうちはよくわからないんですが、ピンした画像が百、二百、五百になってくると、自分でも知らなかった自分が現れてくるんです。「こういう顔が好きなんだ」とか「へぇ、こんな色が好きなんだ」と、自分で自分を発見する。

池澤　それもまた「セレクティブ・コレクティブ」ですよ。非常に深い原理であるような気がするな。ただ開き直って言えば、『万葉集』だってそうじゃないかと思う。あれだって選ばれて、捨てられて、まとめられたものです。

「編集」というのは、文学に関わる仕事で「創作」と「翻訳」と並べていいくらいの重大な原理だということが、この十年で僕にもわかってきました。よく何も知らないで始めたものだと今になって思いますけどね（笑）。

——それはひょっとしたら、知らない土地を歩き回っているうちに、だんだんと見当識が生まれて、頭の中に凹凸のある地図ができ上がっていく過程と似ているかもしれませんね。

池澤　そう。この町からこの町まで行っただけで距離感があって、これを軸にして全体がこのくらいの広さだとわかるでしょう。そういう全体に繋《つな》がる細部ですね。

——池澤さんの場合、書物の上でもさることながら、現に世界のあちこちを歩いてこられたわけですよね。そういうことがこの全集にも反映されているのかなとも思います。

池澤　見取り図というものが好きなのかもしれない。見取り図とか断面図とか鳥瞰図とか。図というのは必ずフレームがあって、その外がない。その意味では三十巻という全集の数と似ているんですよ。その中の密度を高めるのであって、領土拡張はしない。

——限られた領域だけに、入れられるものには限りがある。だから必ず捨てるものもたくさんある。そのリスト作りは、かなりじっくり取り組まれたのですか。

池澤　急いだ覚えはなかったですね。ただおのずから凝縮してくるという感じです。これを拾ってこれを捨ててとか、これを読み返さなくてはと思って手に入れたりとか、そういうことをくり返して。

——いわゆる総選挙のようでもありますね。「三十巻」という枠の大きさはかなり初期から決まっていましたか。

池澤　最初は二十四巻。それが精一杯でしたよ。だってリスクが大きいし、印象をシャープにしたいから絞った、ということもあります。二十四はいい数字でした。そしてそれが順調に進んでいるから、ちょっと欲を出してもいいよね、ということになって、それで「Ⅲ期」となる六巻を追加した。まずは短篇集『短篇コレクション』Ⅰ・Ⅱ、それから何と言ってもずっと気になっていた石牟礼道子の『苦海浄土』を入れた。そのときに「そうか、三十巻がいい数字だったんだ」と思ったから、日本文学全集も三十巻にした。目の届く範囲です。

——おっしゃるとおりですね。この全集を書棚に並べると二列くらいで入るから、全体が目に入る。全百巻だとそうはいきません。三十巻という量は、全体を見渡せると共に個々の巻も見える巻数なんだなと思いました。

「世界・日本語・文学全集」

——もう少し具体的に、全集の中について伺いたいと思います。

「日本文学全集」に『日本語のために』という巻があります。全集全体の鍵になる巻が何冊かあると思うのですが、間違いなくこの巻はその一冊だと思いました。なぜなら従来の文学全集にはおそらくこんな巻はないし、一冊の本としてもこれほど多様な日本語の姿が封じ込められたものはなかなか類がないものです。翻訳や辞書の言葉も入っていますね。それを見て、「そうか、『翻訳』とは外国語を日本語に訳すだけでなく、日本語そのものを豊かにする営みでもあるのだ」と腑に落ちました。

　そういう目で見ると、「世界文学全集」は「日本文学全集」の一部でもある。〈日本語に翻訳された世界の文学〉が〈日本語の文学〉に編み込まれているわけです。また、日本は世界の部分であるという意味で、「日本文学全集」は「世界文学全集」の一部である。実際、今回の全集の特徴でもありますが、「世界文学全集」に石牟礼道子さんや目取真俊《めどるましゅん》さん

日本文学全集30『日本語のために』目次

1 古代の文体
祝詞 池澤夏樹 訳／古典基礎語辞典 大野晋 編著

2 漢詩と漢文
菅原道真 中村真一郎 訳／絶海中津 寺田透／一休宗純 富士正晴／良寛 唐木順三／日本外史 頼山陽／頼成一・頼惟勤 訳／夏目漱石 吉川幸次郎

3 仏教の文体
般若心経 伊藤比呂美 訳／白骨 伊藤比呂美 訳／諸悪莫作 増谷文雄

4 キリスト教の文体
どちりいな・きりしたん 宮脇白夜 訳
聖書 馬太伝福音書 ベッテルハイム訳／マタイ伝福音書 文語訳／マタイによる福音書 口語訳／マタイによる福音書 新共同訳／マテオによる福音書 フェデリコ・バルバロ訳／ケセン語訳 マタイによる福音書 山浦玄嗣 訳

5 琉球語
おもろさうし 外間守善 校注／琉歌 島袋盛敏

6 アイヌ語
アイヌ神謡集 知里幸恵 著訳／あいぬ物語 山辺安之助／萱野茂のアイヌ語辞典

7 音韻と表記
いろはうた 小松英雄／馬渕和夫『五十音図の話』について 松岡正剛／私の國語教室 福田恆存／新村出の痛憤 高島俊男／わたしの表記法について 丸谷才一

8 現代語の語彙と文体
辞書の言葉／ハムレット 坪内逍遥 訳／木下順二 訳／福田恆存 訳／小田島雄志 訳／松岡和子 訳／岡田利規 訳

9 政治の言葉
大日本帝国憲法／終戦の詔書 高橋源一郎 訳／日本国憲法 前文 池澤夏樹 訳／言葉のお守り的使用法について 鶴見俊輔／文章論的憲法論 丸谷才一

10 日本語の性格
意味とひびき――日本語の表現力について 永川玲二／文法なんか嫌い――役に立つか 大野晋／私の日本語雑記 中井久夫

が入っていて、「世界」文学の中に「日本」文学が位置づけられている。この二つの全集は、お互いを含みあっている、そういう面白い関係にあるのではないかと思ったんです。

　ことに両全集に登場する石牟礼さんは両者を結ぶ回廊のような存在でもある。「日本文学全集」の石牟礼さんの巻で、池澤さんは「石牟礼さんを『苦海浄土』の作家という地位から救い出さねばならない」と書いて「世界文学全集」に『苦海浄土』を入れ、「日本文学全集」ではその他の仕事をまとめておられます。おそらくご本人が意図してそうしたわけではないだろうけれど、日本語の歴史みたいなものが映り込んでいるというお話をされています。これも面白いご指摘で、一人の作家の中に、言語の歴史が反映してもいるわけですね。

　特に「日本文学全集」では、作家名で立てられた各巻においても、その作家の全体像を提示する試みがなされています。たとえば須賀敦子さんの全体像を示すべく編まれている。そうした作家たちや作品が集められて「日本文学全集」となる。そんなこともあって「世界」と「日本」が互いに入れ子になっ

日本文学全集25『須賀敦子』収録作品

・**「コルシア書店の仲間たち」**

・**ミラノ 霧の風景**
遠い霧の匂い／ガッティの背中

・**旅のあいまに**
マリ・ルイーズ Marie Louise／ヴァレリー Valerie／インセン In-seng／L夫人／ある日、会って……

・**ヴェネツィアの宿**
カティアが歩いた道／オリエント・エクスプレス

・**トリエステの坂道**
雨のなかを走る男たち

・**時のかけらたち**
スパッカ・ナポリ／ガールの水道橋

・**マルグリット・ユルスナール**
フランドルの海／砂漠を行くものたち／木立のなかの神殿

・**ナタリア・ギンズブルグ**
さくらんぼと運河とブリアンツァ／ふるえる手／私のなかのナタリア・ギンズブルグ／『ある家族の会話』訳者あとがき／『マンゾーニ家の人々』訳者あとがき／『モンテ・フェルモの丘の家』訳者あとがき

・**ウンベルト・サバ**
きらめく海のトリエステ／トリエステの坂道／ウンベルト・サバ Umberto Saba／詩人とは何か　ウンベルト・サバ

ている。という具合に、とても面白い構造を持っているると思いました。

池澤　それはよい発見、メビウスの帯みたいですね。「日本」と「世界」が裏表のように見えて実は、一方を追いかけていくと他方に繋がってしまっている。自分の中にどこまでそんな意図があったかわからないんだけれど、こうなってしまったのはやっぱり一人で編集したからだと思いますね。

　僕の中では脈絡がついていて、特に「日本文学全集」について言えば、「あそこにあれを入れたから、それに呼応するものをここに入れる」というふうな、「日本文学全集」内部での相互参照みたいなことはやっていました。それは一人の頭の中だからやりやすいんですね。

――ちょっと語弊があるかもしれないけれど、言うなれば「池澤夏樹＝個人編集　世界・日本語・文学全集」ですね。世界でもあり日本を含む世界でもあり、そして日本語の歴史でもあるという、特異な形だと思いました。

「文学」とは何か

――さきほど「・」の話がありました。私は今回、「世界・文学・全集」「日本・文学・全集」と分けて考えてみました。ここまでのところ、全集、世界、日本については伺いましたので、もうひとつ肝心要の「文学」についてお聞かせください。ごく素朴な問いです。池澤さんからご覧になって「文学」とはなんでしょうか。

池澤　それも演繹《えんえき》的な定義はできないんです。文学って（「日本」「世界」の全集を手で示して）「だいたいこんなものですよ」という感じ。それでいいんじゃないかな。この全集に入っていないのが文学でないとはもちろん言わないし、これが文学の全てとも言いません。だからこそ「だいたいこんなものですよ」ということになる。だって言語で縛ってないし、時代でもあまり縛ってないし、作風でも思想でも縛ってない。これは一種のコレクションとしか言いようがない。ひと通り「こんなものですよ」としか言いようがない。「文学全集」を個人編集するというのは「according to IKEZAWA」ですからね、言ってみれば。だから「だいたいこんなもの」となるんです。

——では、「文学」という言葉についてはいかがでしょうか。明治このかた、英語でいうところの「literature（リテラチャー）」を日本語では「文学」と訳してきたわけですね。それ以前にも「文学」という言葉はあったけれど、かつてはどちらかというと「ザ・学問」という意味だった。近代になって「リテラチャー」を「文芸」「文学」と受け取って今に至ります。文芸はともかくとして、詩や小説の作品を「文学」と呼ぶのはちょっと面白いですね。「学（sciences）」ではなく、むしろ「術（arts）」であるものを「学」と呼ぶ。

池澤　明治初期に西欧的概念の漢訳で作られた言葉にはいくつか問題があります。文学だって本当は「楽」の字を使ったほうがいいんだろうけど、そうすると「文楽（ぶんらく）」という違うものになってしまう。文には違いない。でも「芸」というと芸能に近くなってしまう。文学では遠すぎるし、文芸では地べたに近すぎるし、そのあたりなんだけど……ということですよね。

僕がこの問題でよく言うのは、「権利」の「り」は利益の「利」の字にしたから、僕らはあの言葉を使うたびにどこかで物欲しげな感じがして使いにくいのでは、と思っています。そもそもは「right（ライト）」で、筋が通ったことを言っているんだから、本来ならばあれは「権理」ですよね。それと同じで、文学という訳語は現実からぴったりと標的を射貫いていません。……ということで、「だいたいこんなものですよ」となるわけです。それがまた世間一般が思っている「日本文学」の姿や、もっと狭いジャンルでいうと「近現代詩」の姿から、僕自身の偏見によって本来の姿からずれているところもある。個人編集というのはそういうことだと思う。

——「個人編集」の全集を読むのは、編む人を信頼するという面がありますね。従来の多くの全集のように、権威ある編集委員が太鼓判を押しているというやり方もある。他方で「あんなにいっぱい本を読んでいる、目利きの池澤夏樹さんがいいと言うなら読んでみようかな」という感じの楽しみ方がある。

池澤　かつては西欧の学問というのは諸学すべて、大学を通じて入ってきたでしょ。司馬遼太郎が言う

この「日本文学全集」における
翻訳について

池澤夏樹

三島由紀夫がどこかで、日本の古典を現代語に訳すのは冒瀆であると言っていた。つまり彼は古典を天女と思って崇めていた。

彼と違って俗物であるぼくは天女を現世に連れてきて一緒に暮らしたいと思う。そのためにはひらひらの衣装を脱いでTシャツとジーンズになってもらうのもしかたがないと考える。

大事なのは現代の人々が天女と会う機会を提供すること、広い入り口を用意することだ。だから翻訳。中に入って三歩も進めば、あとは先の方に見える魅力的な姿に惹かれてどこまでも歩けるだろう。

海外文学の場合、普通の読者は翻訳に頼るしかない。かつてぼくたちが作った「世界文学全集」のうちの、たとえば『精霊たちの家』を読んでものすごく好きになったとしても、これを原文で読もうとイザベル・アジェンデのスペイン語を習うのは容易ではない。『賜物』のロシア語でも『戦争の悲しみ』のベトナム語でも同じ。『オン・ザ・ロード』のアメリカ語だってむずかしい。

しかし日本の古典ならば、翻訳で読んで本当に気に入ったならば、その先に進む手立ては用意されている。現代日本語で書かれた参考書が汗牛充棟、いくらでもあるのだ。一度はTシャツに着替えた天女をゆっくり本来の衣装に戻し、迦陵頻伽よろしくそのあたりをひらひら飛んでもらうこともできる。

国文学の専門家ではなく、現代の日本で小説を書いている作家に翻訳をお願いする理由もそこにある。今現在この社会で流通している言葉を駆使して、天女の手を引いてここに連れてきていただきたい。現代日本の喧噪と雑踏の中に天から彼女がしずしずと降りてくる光景を目撃したい。それはやはり、今日ただいまの日本語を相手に日々悪戦苦闘している作家の力量を必要とする仕事なのだ。

池澤が書いた「日本文学全集」の古典翻訳者たちへの手紙

ところの「配電盤」。だから勧進元である大学教授には権威があった。たとえばフランス文学については ひと通りこれくらいのものは読んでおきなさい、フランス人の教養人だったら読んでいます、と教授が言って皆は真に受ける。それこそ詩人でいえば立派な名前がいっぱいあって、そこではボードレールなど最初は外されていた。ランボーもだめ、ロートレアモンなんてとんでもない、シャトーブリアンみたいなのが本来の古典的なフランス文学の姿だった。

でもアカデミックの側もここ最近は門戸を開いてきたと思います。大学の権威がなくなったわけじゃないけど、彼らはそもそもは文学の研究をするのであって、本来だったら紹介と翻訳と普及は大学教授の仕事ではなかったはずなんです。もう彼らに頼らなくても、読書人たちが勝手に選んでいいくらいまで、文学は日常化したのかもしれない。

――今おっしゃったことは、特に「日本文学全集」に顕著で、翻訳者の選び方にもあらわれていますね。従来、日本の古典は、研究者が研究と並行して翻訳するケースが多かったと思います。今回は、現役の作家を訳者に選んでいます。それぞれの作家が持っている文体で、それこそ古典という天女様を崇めるというよりは、ジーンズを穿《は》いた天女さんがすぐ隣にいる、というくらいの楽しみ方をしようと作家たちを誘っておいででした。

池澤　それは文学全体の研究が一般に広まって、そういうわがままができるようになったんですよね。早い話が、日本文学の古典の研究書や辞書ならたくさんある。それを頼りにすれば古文の素人である作家にでも翻訳ができる。それくらい、研究そのものの充実を前提としています。そうでなければ解読だけで精一杯になってしまう。

――そういう意味では、研究の恩恵を蒙《こうむ》っているわけですね。「日本文学全集」でも古典には研究者による解説もついています。

「文学の楽しみ」とは

――『日本語のために』と並んでもうひとつ鍵になるのは『吉田健一』の巻だと思いました。池澤さんは丸谷才一と吉田健一の見立てを頼りにしながら「日本文学全集」を編んだ、と解説でおっしゃっていましたね。『吉田健一』の巻に入っているエッセイ「文学の楽しみ」は、この全集の方針を示しているように感じました。「文学」とどう付き合ったらいいかを、吉田健一に言わせている。ほら、こんなふうに楽しめばいいんだよと。

池澤　そのとおりですね。丸谷さんの言い方によれば、その時代時代の文学をリードするのは作家や歌人じゃなくて、批評家だと。批評家は自分の好みでアンソロジーを編む、まさに編集作業をすることを通じてひとつの文学観を明らかにする。それが紀貫之であり藤原定家であり松尾芭蕉であり正岡子規だった、とおっしゃっていた。その延長上での吉田健一なんですよ。

丸谷さんは自分と吉田健一をほとんど同一視していたところもあって――だから定家ごっことして「新々百人一首」のような仕事をしたんだけど――、編集者としての批評家が文学をリードするという原理も、「日本文学全集」を作っていて僕は気がつきました。ただしそこで僕は自分の好き嫌いで、これまでの批評家代表格の小林秀雄を外した。小林に教えられたことは僕はなかったから。いちばんあの人らしいと僕が思える文章を『近現代作家集 II』で収録しましたけどね。

――そうした次第が、『吉田健一』という批評とエッセイの巻で示されているわけですね。

池澤　それは吉田健一の言うことが、当時より現代の方が普通に広まってきたからですよ。吉田健一はかつてだったら隅っこにいる変な奴だったんです。「ああ、あのケン坊だろ」と小林一派からは馬鹿にされていたわけだしね。「あの変な笑い方をする坊や」みたいな。しかし今となると、彼の言う、ヨーロッパで言うなら十九世紀的な社会主義・自然主義

日本文学全集20『吉田健一』収録作品

- 文学の楽しみ／ヨオロッパの世紀末
- 『ファニー・ヒル』訳者あとがき／「ブライズヘッド再訪」／ディラン・トオマス詩集／石川淳
- 母について／銀座界隈／田舎もの／汎水論／水の音／宴会／食い倒れの都、大阪／酒談義／ロンドン訪問記
- 酒宴／辰三の場合／お化け
- シェイクスピア詩集　十四行詩抄

のイデオロギーに縛られない、十八世紀の文学のほうが本来の姿だったということがよくわかる。そこへ戻ろう、ということがたぶん彼の考えで。十九世紀を回避して二十世紀に繋げたいという感じです。それがT・S・エリオットであったりジョイスであったりする。十八世紀的な文学のいちばんの傑作だと吉田健一が言うのは『ファニー・ヒル』ですからね。

――ポルノグラフィであり、それにとどまらず読む楽しさを教えてくれもする。

池澤　そう。つまり、ゾラのように悲惨なところばかり目を向けないで、生きることの喜びのほうにも目を向けようよ、ということ。そしてそこに僕らは戻りたいと思っている。

――今でこそ、吉田健一の見方のほうに説得力を感じられる環境に変わった。でも、彼がそう言っていた時代、文学といえば、マジメに人生を語るものといった見方が優勢だったわけですね。

池澤　そう。自分の中の悪しき部分にしっかりと目を据えることが重要だったわけです。自己批判せよ、と。愚痴っぽくて、湿っていて。

――今はよくも悪しくもそういったイメージはなくなってきた。

池澤　ゾラの自然主義だったら社会そのものも冷徹に見る。ところが明治期以降の日本の自然主義は、社会を見る前に自分を冷徹に見て、そこを歪めずに書くという、その誠実さだけで評価することになったから、だんだん露悪的になっていくんです。行き着いた先が島尾敏雄の『死の棘』ですよ。告白ごっこを進めていたらああなっちゃうにきまっている。

　さらにその途中で戦争もあったから、詩ジャンルの場合なんかは、今度は戦争責任の問題からこれまた誠実さが問われるという。さらには政治主義、革命幻想があった。その結果、一種、過剰な倫理主義が楽しい文学を妨げることにもなった。もういいじゃないの、元に戻って、と思います。明治から後だって、たとえば泉鏡花みたいに自然主義と無縁な人たちがいっぱいいたわけで、そこにもういっぺん繋ぎ直したい。

――ああ、とてもいいですね。自分が子どものときの国語の教科書に載っていた作品のラインナップを考えても、真面目で自己批判をすることこそが世界について真摯《しんし》に考えることだ、という文学観の作品が多かったです。

池澤　僕も国語ってどうしてこんなに人生論を聞かされるのだろうと思っていた。

――ついでながら、高校までの科目に「哲学」がなくて、「倫理」（修身）はある、というのも根は同じかもしれませんね。人生いかに生くべきか、という話はする。でも、その根底にある「我々はどうやって世界を認識できますか」という土台はやらない。

それはさておき、「文学」とは精神の遊戯である、ということもこの全集を通して感じることです。思い出すのはオランダの歴史家のホイジンガが『ホモ・ルーデンス』という本で、「遊びとは何だろう？」と問い詰めていることです。人は遊ぶとき、日常から一時的に離れて「魔法円（マジックサークル）」に入る。この円の中では現実世界での利害関係から離れて遊べる。ゲームが典型ですが、魔法円内では試行錯誤や失敗も含めて楽しめる。終わったらまた日常に戻る。

文学作品を読むのも同様だと思います。ページに目を落とすとき、ひととき日常から離れる。作品という魔法円の中で、言葉を追ってゆくうちに読者の心身にいろんなことが起きて、それを楽しむ。「ほら、この文章を読んでごらん。そうでもしなかったら味わえなかったかもしれない意識の状態を楽しめるよ」という具合に。文学は、そういう精神の遊戯を体験させてくれるものですね。

池澤　そこにもうひとつキーワードを加えるとしたら、魔法円とはつまり「ごっこ」ですよね。「ごっこ」をやっている限り、そのときはその役割に成りきっているけど、いずれ戻れる。「ごっこ」でしかないから。民俗学を介して考えると、農耕以前は「ごっこ」だけだったんです。狩猟採集というのは遊びなんですよ。ゲーム（game）というのは本来は狩猟の対象になる動物のことでしょう。動物を追い掛けて遊んでいたんですよ。その部分がなくなって人はやっぱり変わったのではないかと思います。定住が基本の農業なんか始めてしまったものだから、単純作業でやたら忙しいわりにちっとも面白くない。狩猟採集ごっこはゲームです。そのあたりが文学だと伝えやすい。

――まさにそうですね。「ゲーム」という言葉の語源が気になって調べたことがありました。もとは古代ゲルマン系の言葉で「ガマン（Gaman）」という言葉らしいんですね。マン（mann）は「人」で、ガ（ga-）という接頭辞は「一緒に」ということのようです。人が集まって一緒に楽しいことをやる。これがゲームの語源であると説明している辞書を見かけました。狩猟採集ごっことは、先ほどの話に繋げれば、動くということですね。今ここではない場所に動く。すると頭の中に違う考えが浮かぶ。この遊びが文学なのかなと思います。

その文学は懐が深い。マラルメの言いぐさではありませんが、考えようによっては世界を入れてしまえる。先ほど述べたように日本語の多様性も封じ込められる。同様に、これも「日本文学全集」の特徴を表す巻として、民俗学を扱った『南方熊楠／柳田國男／折口信夫／宮本常一』が全集全体の方向を示すように思いました。民俗学が対象とする人びとの生活、ものの見方は、文学の外にあるように見えながら、文学の中に入っている。この巻が「日本文学全集」に入っているのは面白いことだと思ったんです。

池澤　あれが案に相違して評判が良かったんです。変なものを作って、これは半端だからどうかなと思ったら、意外に皆さん喜んでくれた。こんなふうにまとめた本がなかったこともあった。民俗学各論はあるし個人全集もあるけど、でもこうやって並べると何かが見える。

――まさにエディットが、ものの見方を教えてくれるという最たる例ですね。「日本」のほうは、『日本語のために』『吉田健一』『南方熊楠／柳田國男／折口信夫／宮本常一』の三巻が、文学というものの見方を拡張する働きをしていると思いました。この三つを念頭において全体を見るとまた違う楽しみが生まれてくる。

現実と虚構の区別

――次に、「読む」ということについて伺いたいと思います。「文章を読む」という営みは、言葉を目から脳に入れて、記憶が喚起され、ある情景が浮かんだり感情がもたらされたりする。そういう遊びでありシミュレーションだとしますね。自分とは別の人生を想像の上で味わうことができる。

他方で昨今「ポスト・トゥルース（脱真実）」といった言葉も飛び交っています。文学も虚構（フィクション）と称されたりすることもあるように、事実そのものではありません。では、人の頭の中では事実と虚構はどう区別されるものなのでしょう。私たちは日常的に、虚実の別を問わず、いろいろなものを読みますね。その際、これは事実である、これは事実ではない、という認識を人はどのように持っているとお考えですか。

池澤　僕はね、「事実」は他人と共有することを保証されたものだと思います。それはほぼ皆が認める、というもの。それを土台に、健全な社会に向けて進むことができる、そういった共通認識です。それは「大多数が」という以外に定義のしようがないんだと思います。そこでハイゼンベルクの不確定性原理やシュレーディンガーの猫やゲーデルを持ち出すほどのことではなくて、「社会としてはこれは事実と認めます」「ガソリンを入れると車が動くのは事実です」くらいのものです。だから「ポスト・トゥルース」や「オルタナティブ・ファクト」という言葉自体が大きな矛盾です。「真っ赤な黄色」みたいなものでしょう。皆が認めなくてもいいとなったら、勝手なことを言ってもいいんです。嘘を書いてもいいし。その自由がある。

――かつて「教養」と呼ばれていたものは、社会の共通認識を作るひとつの土台でもあったのでしょうね。

池澤　そう。それを承知の上で、さらにそれを逸脱することも許容する。だけど根底からひっくり返しちゃいけないという、二段階のシステムだった気がする。

――現代はバベルの塔の時代というか、お互いに話が通じにくくなっている印象があります。半分はネットによって従来は互いに知りようもなかった人びとの多様な意見が目に入るようになったためかもしれません。それにしても、他人の世界の見方を許容せずに争うということが、どうも目につきます。

池澤　凝縮力がなくなって、エレメントが散開的になっている。何も同心円上になる必要はないけれど、こんなにばらばらになっていると、断片ごとの間の交通がなくなりますね。

――その交通をどう取り戻すか。ひょっとしたら、今の情報環境の中で、どうやって共通認識を作り直すかということが重要な課題なのかもしれません。

池澤　だから文学は役に立つ。「では何ですか」と言われたら、「こんなものだ」と帰納的に見せる。これは理屈を言っても仕方がなくて、だから実物で示す以外しようがなかった。それがこの全集なんです。

「人間とは何か」を考える手がかり

――それに関してさらにお尋ねします。文学作品を読むことは、単に何か役に立つという以前に、どんな効果を人にもたらすのでしょうか。文学作品を読むことで一体何をしたことになるのでしょう。

池澤　大袈裟に言えば、「人間とは何か」という問いに対する一つの答えが文学にはあります。あるいは現代人とは何か、日本人とは何か。この問いの答えは要約のしようがないから、全集にサンプルが並んでいるんです。効能というところで考えると、人間とは何かがわかっていればお互い付き合いやすくなる、ということですかね。変な奴と普通の奴の区別がわかる。変な奴が面白いということもわかる。人間の定義はこんなに広い、という、その広がりと限界がわかる。抽象的に言えばそういうことです。

具体的には、清少納言という変な女性がいてさ、面白いことをいっぱい言ったけど、実はエロい話もいっぱいあってさ、みたいな。歴史の中で自由に生きられた人が、その自由をどう使って生きたか、みたいなサンプルとして、『枕草子』は面白いし役に立つ。ひとつひとつの作品に、そういうものがそれぞれあります。

――自分で実地に経験しようと思ったら、とてもじゃないけどやりきれないことを、文学作品を旅するだけで味わえる。経験を凝縮したものという側面がありますね。

池澤　ちょっと理想化された広い世間ですよね。世間という言葉自体はいささか俗に過ぎるけれども、少しだけ理想化して、かっこよく気持ちよくしている。そういう世間であり、社会であり、そこの人間たちが描かれている。

――そうですよね。小説にしても詩にしても、創作とは、少々大袈裟に言えば、ある世界――地球全体、さらには宇宙全体――でいろんなことが無数に起きている中から、あるとき、ある場所、ある人に焦点を当てる。さらにはその人物の言動全体から一部を抽出する。まさに全集を編むのと同じように、ほとんどのものを捨てて、あるものを選びだすということをやってみせている。そういう営みですよね。

池澤　他の部分に比べてそこに注目するというのは、そこが象徴として効果的だからです。少ない分量を読むことで多くを知ることができる。だからちょっと変わった人についてのほうが面白いんですよ。凡人百人の伝記は凡人にしか過ぎないけど、奇矯なことをした奴のほうが「なんでそんなことをしたのか」「そこまでやるなんてアリかよ」という、その問答が面白いんですよね。奇人はある意味でヒーローである。だって『源氏物語』の光源氏はキング・オブ・セックスというヒーローですよ。それは普通の人間では不可能で、無理なこと。だから無理な分だけ歪みが生じて、そこが何かを照らすんです。

――振り返ると、この全集の出発点が『オン・ザ・ロード』だったことはやはり象徴的だと思います。サル・パラダイスという主人公が、ディーンという破天荒な友人に惹かれて路上に出てふらふらし続ける。ポケットには小銭しかないけど、ヒッチハイクで移動して、女の子と会ったり、お酒を飲んだり、警察に捕まったり。その際、導き手のディーンという変な人がいるのは、この全集の象徴でさえある気がしました。つまり池澤夏樹さんという――言い方は失礼になりますけど――とても変わった面白い人がいて、その人が「ほら、ごらん」と世界を巡らせてくれる。路上に出る、そして移動し続ける。

池澤　定住して働くんじゃなくてね。「行こう」と。

――無理に手を引くんじゃなくて、「ほら、面白いでしょう?」と。こちらも「なんだか面白そうだ」と、気もそぞろになって出かけてゆく。

池澤　「それってアリかよ」と言いながら路上に出てみてしまう。

――周りの人からは「あんな奴と付き合っちゃだめだ」と止められたりしながらも(笑)。

池澤　そういえば、たしかに六十巻に入れたものは全部そういう作品です。

――そして六十巻が終わった後も我々は路上にい続

ける。六十巻分うろうろしてしまうと、こちらも訓練されて、フラヌール（遊歩者）というか、自分も移動する人になっちゃう。この文学全集はそういう知のレッスンでもありますね。池澤夏樹流の路上での過ごし方と言ってみましょうか。やはり「移動」が、この全集全体を通した世界の見方でもあり、生き方でもあるなと、あらためて出発点の『オン・ザ・ロード』に立ち戻って感得しました。

池澤　およそ真っ当な市民ではない。生産的でないし。育児などもあまりしていないし。

――なんなら無責任だし、でもときどき帰ってきて普通の生活もしたり、それを文章に書いて報告したりもする。

池澤　それはそのまま折口信夫が言うところの、客人（まれびと）なんですよね。やって来て、攪乱して去っていく。かつては旅の役者の一座などがそうだったと思うんです。村にやってきて皆を魅惑して楽しませて、またすっと去っていって、後になぜか父無し子が一人できていたりする。定住社会というのは何かの攪乱がないとつまらないから。

――かつてならそういうふらふらするわけのわからない人は取り締まりの対象になっていました（今もでしょうか）。文学はどんな効果や力を持つんだろう、ということを考えるとき、それを裏側からあぶり出してくれる事例のひとつは検閲です。時の権力やローマ教皇庁などが、「これは人目に触れさせてはならぬ。禁書だ」と言ったり、黒塗りにして読めないようにしたりする。文学史上では、チャタレイ裁判やマルキ・ド・サド裁判がそうでしたが、顰《ひん》蹙《しゅく》を買うことが、裏返しに文学というものの力を証している時代があったと思うんですね。あるいは全集に入っていない作品ですが、アーザル・ナフィーシーの『テヘランでロリータを読む』のように、禁書扱いのナボコフを隠れて読書会で読むという例もありました。

　そうかと思えば、『オン・ザ・ロード』のサルみたいにふらふらしている人を見かけると、警察でもないのに「お前はけしからん」と言ってくる人もいる。

池澤　あるいは共謀罪を使って密告する。自分で「けしからん」と言うのではなくて、「こんなことをしてる人がいました。いけないんですよね、あれは」と。そういう人も生み出す。全体はしかし文学の対象になるんですよ。そいつのことも書いてしまえばいい。

――池澤さんが編まれた二つの全集を巡ってお話を伺ってきました。先ほども申し上げましたが、この全集の全体から、動こう、楽しもう、というメッセージが聞こえてきます。他の本で読める作品があったとしても、この全集で読むことに大きな意味があると思います。なにより読み巧者でもある池澤夏樹さんという得がたい案内人に誘われる体験が、この文学全集の楽しみどころでもある。まずは騙されたと思って、池澤さんの「ぼくがこれを選んだ理由」や解説を読んでみるのをお勧めしたいと思います。

ところで、池澤夏樹＝個人編集による次なる全集企画はありませんか。つい期待してしまいます。

池澤　もういいですよ（笑）。「宇宙文学全集」って無理でしょう（笑）。

（二〇一七・六・二一）

（やまもと・たかみつ　文筆家・ゲーム作家）

日本文学全集30『日本語のために』

最良の日本語サンプラー

柴田元幸

両シリーズのなかからもっとも斬新な発想の一巻を選ぶとすれば、日本文学全集のなかの『日本語のために』ではないか。

ここには文学の範疇《はんちゅう》にすんなり収まる文章もあれば、収まらない文章もある。「なる」「こと」「もの」といった基本的なことばの歴史の詳述（大野晋《すすむ》「古典基礎語辞典」）、漱石の漢詩と吉川幸次郎による注釈、「般若心経」と伊藤比呂美の口語訳、山浦玄嗣《はるつぐ》のケセン語訳を含むマタイ伝第二十六章六つの訳、琉歌（たとえば「恨む比謝橋《ひじゃばし》や　わぬ渡さともて　情ないぬ人の　かけておきやら」よしや）と島袋盛敏による詳説、日本語訳にアイヌ語原文をルビで付した「あいぬ物語」（山辺安之助／金田一京助編）、いろはうたや五十音をめぐる考察（小松英雄「いろはうた」、松岡正剛《せいごう》「馬渕和夫『五十音図の話』について」）、『ハムレット』第三幕第一場 “To be or not to be …” 六つの訳（坪内逍遥訳は「存《なが》ふるか……存《なが》へぬか……それが疑問ぢや」、岡田利規訳は「このままこうしているべきかそれともそれをやめるべきかというのが問題で」）、終戦の詔書の、〈昭和天皇の思いとことばにもし乖離がなかったら〉訳（高橋源一郎）等々。日本語の多様性をこれだけ楽しく伝えてくれるサンプラーはほかに知らない。党派性がない（正確に言えば、日本語の可能性を自然に、無理なく広げていくのはいいことだというゆるやかな党派性をもつ）点もいい。

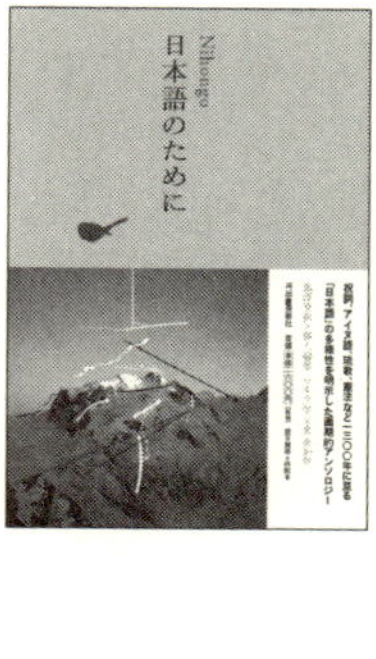

だが僕にとってこの巻の白眉は、異色の英文学者、永川玲二が書いた「意味とひびき――日本語の表現力について」である。西洋語を随時参照し、歴史的背景も十分に踏まえて、現代日本語の限界と可能性を、懐古的に嘆くのでもなく空元気に謳《うた》い上げるのでもなく、多面的に、説得力豊かに説いていく筆致は本当に素晴らしい。

　たとえば、僕はつねづね、英語における土着語とラテン語起源の語の混在は、日本語におけるやまとことばと漢語の混在に対応すると（そしてそのことに翻訳者はもっと意識的であるべきだと）思ってきたが、永川玲二はもうとっくにその先まで話を進めている。シェイクスピアが英語の土着語と、ラテン語起源の外来語を巧みに絡めあわせて「一種の新しい百科全書――文明のふたつの流れを集約したひとつの新しい原典」を創造したことを論じたのち、同じような和語と漢語の豊かな混淆《こんこう》の萌芽を、日本の代表的な軍記物語に永川玲二は見出す。

　漢語とやまとことばは、ラテン語と英語よりもさらに溶けあいにくい言葉だった。逆に言えば、そこにはシェイクスピア以上に大胆な、豪華な戦術をつかみとる機会がある。仏教をふくめて漢語文明の厖大《ぼうだい》な遺産をなまなましい生活語のなかに投げこみ、起伏にみちた豊かな文脈を生むことができるはずだ。

　すでに『平家物語』には、新戦術の前ぶれを思わせる大胆な章句が多い。たとえば義仲《よしなか》の軍勢がたてこもる越前火打《えちぜんひうち》が城《じょう》の人造湖《じんぞうこ》の描写。

　城郭《じょうかく》の前には能美河《のうみがわ》、新道河《しんどうがわ》とて流れたり。二の河の落あひに、大木《おおぎ》を切《きっ》て逆茂木《さかもぎ》に引き、しがらみをおびただしうかきあげたれば、東西《とうざい》の山の根に、水さしこうで、水海《みずうみ》にむかへるが如し。影南山《かげなんざん》を浸《ひた》して青くして晃漾《こうよう》たり。浪西日《なみせいじつ》を沈《しず》めて紅《くれない》にして隠淪《いんりん》たり。彼無熱《かのむねつ》池《ち》の底には、金銀《こんごん》の砂《いさご》をしき、昆明池《こんめいち》の渚《なぎさ》にはとくせいの船を浮べたり。此《この》火打城の築池《つきいけ》には、堤《つつみ》をつき、水をにごして、人の心をたぶらかす。船なくして輙《たやす》うわたすべき様《よう》なかりければ、平家の大勢《おおぜい》むかへの山に宿《しゅく》して、徒《いたずら》に日《ひ》数《かず》を送る。

こうした文体がシェイクスピア劇とおなじように、まず耳の言葉として実現したのは当然のことかもしれない。意味、ひびき、イメージなど、外来語と土着語のそれぞれの魅力をすべての次元で同時に生かしうるのは耳の言葉の芸術家たちだ。

二〇〇〇年に没した永川玲二が、この「日本文学全集」に収められた古川日出男訳による『平家物語』を読んだら、彼は古川をそうした「耳の言葉の芸術家たち」の一人に認定したことだろう。だが『平家物語』から古川日出男までには、八世紀の時がある。この間、耳の言葉の芸術は順調に進歩したのか。答えは否。ひとつの理由は、きわめて即物的なことに「同音異語の氾濫」だったと永川玲二は論じる。日本語の音韻組織が単純化されるにつれ、「中国語発音の四声の区別をうしなった漢語たちはこの単純な組織に押しこまれ、ますます聞きとりにくい言葉になる」。そのため漢語の諸表現は「引用に近い」「類型化された」使われ方からなかなか抜け出せず、〈漢語は観念／やまとことばは情緒〉という役割分担が固定化されたままになったと永川玲二は言う。そうした困難と戦った小林秀雄と野間宏の英雄性と限界を論じるくだりも実に読みごたえがある。

この基本的困難は変わっていないはずなのに、古川日出男をはじめ町田康、川上未映子ら近年の作家たちは、ひとつには演劇や音楽の素養を活かして、「耳の言葉」としての質を飛躍させつつあるように思える。こうした事態を永川玲二がどう評価したか、ぜひ聞いてみたいところである。

（しばた・もとゆき　アメリカ文学）

「世界文学全集」への旅

鈴木敏夫

昨日までタイの田舎町に行ってたんです。パクトンチャイというところなんですが、バンコクからクルマで五時間余、日本人は絶対に知らない、タイ人もほとんど知らないような村で。観光地でもなんでもなく、もうごく普通の村で。ひょんなことで知り合いになった、その村に住むカンヤダというシングルマザーに会いにいったんですね。イタリア人の二十五年来の友人のコルピ・フェデリコや、何人かと一緒でした。

現地に着いたら夜十時を過ぎていたんですが、なんだか騒がしい。彼女の家の近くで移動式遊園地がやってきていた。カンヤダと妹さんとその娘たちと一緒に出掛けると、皆が歌を歌っていたり、出店があったりとても賑《にぎ》やかで。ひとしきり楽しんで、翌朝、彼女の実家を訪ねると、彼女のお母さん、カンヤダの弟たち、お祖父ちゃん、お祖母ちゃん、子どもたち……と次々に家族が出てきて。二十人以上いたかな。彼らと様々な会話をして散歩をして、とても濃密な時間でした。

そのときなんですが、僕は、ふとその風景をどこかで見たことがある錯覚に囚われた。これはフェリーニの映画、「道」だって。それをコルピに言ったら、「自分もいままったく同じことを考えていた」って。彼はヴェネツィア生まれなのに「自分の小さい頃に見た風景だ」って。

そうしてふたりで話していたらレヴィ＝ストロースの話になったんです。コルピが数十年前に日本に来た理由のひとつに、『野生の思考』があったんですね。たとえばそれは「文明人と未開人、片方が進んでいて片方が遅れている。そんなことはありえない。無意識の構造というものがあって、どこに生きていようと人間の知性は同じである」ということ。それを彼は確かめたくて日本に来たみたいでした。今は日本も嫌になってタイに移住したんです。

池澤さんも世界各国に旅をするでしょう。年齢から言うとレヴィ＝ストロースの影響を受けたに違いない。彼が編む文学全集に、そんなことを感じるんです。

まず背表紙を見ただけで、遠くに旅立って人と会った気になれる。ひとつの地域だけでないいろんな国、そしていろんな言葉を持った人々に。「文学全集」で文化人類学をやっている。「日本文学全集」の場合も、過去に旅立って、その時代の人と会った気分になれる。これは池澤さんにしかできないことだと思います。自分で旅をして動いて帰ってきて、それを反芻している日常があるからこそではないかと。彼もコルピも定住者ではない。定住者じゃないからこそ見つめられる世界があると思うんです。

僕が「世界文学全集」を集めるきっかけになったのは、宮崎駿《はやお》が監督を引退すると言ったことがきっかけでした。「これはいい機会だ」と思い、自分の老後の楽しみとして、全巻じっくり読もうと思って買い始めたんです。残念ながらその願いは、宮崎が引退を撤回する、と言ったので途中で終わってしまいましたが……。だけどもね、自分の部屋の一番目立つ場所に全巻並べておくでしょう。これを毎日のようにためつすがめつ見ているわけですよ。そうすると、見ているだけで楽しい気分になるんですよね。たまにめくったりしながらね。

僕は池澤さんの作品の単なるファンですが、特に『母なる自然のおっぱい』が好きなんです。狩猟時代からの人間の営みと現代の人間の生き方を巨視的な視野で見て、自然との関係性を知的に描く、これは池澤さんならではの仕事でしょう。宮本常一の『忘れられた日本人』、あれも僕は好きですが（そもそも宮崎さんと高畑勲《いさお》さんに勧められたから読んだのですが）、『母なる自然のおっぱい』もそれに匹敵するくらい好きです。

僕はそれもあって「レッドタートル　ある島の物語」（マイケル・デュドク・ドゥ・ヴィット監督、二〇一六年）の絵本の構成と文を池澤さんに頼んだんです。「世界文学全集」のコンセプトのひとつとして「現代は移民と難民の時代である。新しい土地へ行って、その土地で獲得した言語で文学を書く。そういう作家の書いたものの中に新しく面白いものが潜んでいるし、それこそが現代のテーマである」といったようなことを池澤さんがおっしゃったことをなんとなく覚えていたのですが、「レッドタートル」の構想を聞いたときに、それがふと思い浮かんで、池澤さんだな、とピンときて。マイケルも定住者じゃないんですよね。そういう池澤さんとの共通点もありました。

池澤さんはすばらしい作家であると同時に、すばらしい批評家でもある。池澤さんの魅力はここにもあります。世界文学全集のコンセプトを「移民・移動」「フェミニズム」「ポストコロニアリズム」と言っていましたが、あれって池澤さんの小説そのものですよね。批評と実作、これが非常に面白い形で密接に絡み合っている。

さらに池澤さんは「現代史」そのものに向かい合っている稀有《けう》な作家です。小説や詩、書評、ルポルタージュ、と表現は多岐に亘っていますが、その根底にあるのは世界・日本の「現代」をどう考えるか、というところであり、そしてそれはひいては「人間とは何か」という根本的なところを考えていることだと思います。我々はどこから来たのか、我々は何者か、我々はどこへ行くのか。これからも池澤さんの仕事は追いかけていくつもりです。（談）

（すずき・としお　スタジオジブリ・プロデューサー）

世界文学は越境する
鴻巣友季子×沼野充義×池澤夏樹

ポストコロニアリズムとフェミニズムの文学

——ジャック・ケルアックの『オン・ザ・ロード』の新訳から始まる、池澤夏樹さん個人編集の「世界文学全集」の刊行が始まりました。これを契機に、世界文学や翻訳について幅広く話し合って頂ければ、と思いまして、本日、お三方にお集まり頂きました。

まず、今回の世界文学全集のラインナップをどのように決められたか、池澤さんにこの辺りのお話を伺うところから始めたい、と思います。

池澤　二年ほど前に、世界文学全集をもう一度作りませんか、と河出書房新社の編集者からお話を頂きました。まず持った感想は「まさか。それはアナクロニズムである」(笑)。いまや世界文学全集は、全セット一万円で売っているでしょう。端本だと二百円です。出版形式としてはすっかり終わったものだというのが常識で、どう作ったところで、昔のような売れ方はしない。昭和四十年代頃まではまだ、人々に向上心と教養主義があって、本を読んで立派になろうと思っていた。だから、世界文学全集が一家にワンセットあったのですが、時代が下るにつれ、日本人の中に向上心も教養主義もなくなり、好き勝手に自分の心に適《かな》うものに手を伸ばすのがいいんだ、という建前主義から本音主義、あるいは我慢しない主義に変わってしまいました。

それで、読むべき難しい本が揃っている文学全集というのはほぼ三十年、途絶えていました。そんな状況でもう一度、世界文学全集というタイトルをつけていかに売り出すか。僕も最初は「無理ですよ」と言って、編集者を追い返しました(笑)。でもしばらくして、自分が影響を受けた本のリスト九十九、というのを昔作ったのですが、それを思い出してみたり、昔の文学全集のラインナップを見たりしているうちに、何となく内容を考え始めた。ただそれも、やはりホメロスから始めて段々と時代が下る、硬いものです。これではダメだと思って、なるべく自分の我儘《わがまま》を許して、言ってみれば僕の最も好き勝手な叢書《そうしょ》を冊数限定で作る、という方針に切り替えて、現在の側からリストを作っていくと、何かが見えてきたんですね。

もう一度編集者と話をして、刊行予定の倍以上のロングリストを作って、徐々に数を絞っていきました。その段階でも、僕は自分の選択のポリシーが何なのかよくわからなかった。ところが柴田元幸さんと対談（「文藝」二〇〇七年秋号）したときに、彼が一言、〝カノン〟（正典）という言葉を使いました。この場合のカノンとは、欧米の大学で新入生に渡す、教養主義の観点から編まれた必読書のリストですね。このカノンに対して、ここ四十年くらい、一言でいえば死んだ白人の男ばかりじゃないか、という批判が高まっていたんです。ホメロスから始まって、フォークナー、ヘミングウェイまでですね。僕の選んだものは、正統カノンに対する批判をする人たちの声と、結果的にかなり重なっている。それは一つには、ポストコロニアリズム＝脱先進国中心主義の視点であり、もう一つはフェミニズムです。この二つの主義は既成文学に対する批評として成立していますが、既成のものを攻撃するのではなくて、その軛《くびき》から逃れられた作品を選ぶことによってこういうラインナップができる、ということに遅ればせに気がついた。

これまた最近気がついたことですが、このラインナップは、七割から八割が移動する作家の作品なんです。たしかに移民、難民、移住者、旅人が、この何十年か、文学の主人公になっている。一つにはそれだけ人が動くようになった。それから経済難民や移民の貧しい人たちの中から作家が出てくるようになった。一世は非常に苦労して移住する。二世でようやく生活が安定する。三世ぐらいになると、教養を身につけて小説が書ける人が出てくる。そういう動きが世界中にある。ブッカー賞なんて、旧植民地出身の作家が非常に多い。

沼野　今回の文学全集の編集は、作家として小説を書くとか、書評家として書評を書くということとは別の種類のお仕事になるわけですが、いま池澤さんが使われた言葉で言えば、これは新しいカノンを示すというたいへん重要なことです。まさに池澤さんでなければできない、大事なお仕事だと思います。

自分の幼いころのことを考えると、文学全集がいつでも身近にある環境に育ったんだなと改めて思います。といっても、特別文学的な教育を受けたということではなくて、単に私が生まれたころ、一九五〇年代半ばに河出書房から「世界文学全集」、角川書店から「昭和文学全集」がそれぞれ出ていまして、うちの父親はあまり文学趣味があったわけでもないんですが、全巻予約して、毎月近所の本屋が届けてくれたものを棚に並べていたんです。一種の家具のようなものですが、文字通り文学全集とともに育ったというわけです。それで中学生くらいになると、まだ難しくて読めないものばかりだったにせよ、ああ、ここに読むべきものはすべてあるんだ、読み通せるかどうかわからないけれども、ともかくいつかこれを読めば大事なことは全部わかるんだ、という安心感がありました。

その頃は、世界が確固としたものとしてあったと思います。ところが、価値観の多様化、新しい批評理論の出現、西洋中心の文学からの脱却、ということが次々とあって、あるべき世界文学全集の形が何なのか、だんだん見えなくなってきた。いまはむしろ新しいカノンが作られつつあるのですが、もはや誰か権威のある人が唯一のカノンを作ってみんなに押しつけるという時代ではない。それぞれの人の価値観に応じていろいろなカノンができてもいい、そんな時代に池澤さんが一つの例として鮮やかに示されたのが今回の全集だと思います。

鴻巣　今回のラインナップを見て、非常に私的な感想ですが、選ばれた三十五人の作家〔I期・II期〕のうち、自分が翻訳したことのある作家、これから翻訳する作家が三人も入っているという、こんな個人的経験はもう後にも先にもさせて頂けないだろうという、格別な感激がまずあります。

　私は英米文学翻訳家を名乗っていますが、アメリカやイギリスの中央の作家の翻訳は少なくて、ブッカー賞を取った南ア生まれのアフリカーナ（オランダ系白人）のジョン・マクスウェル・クッツェー、フェミニズム文学の旗手マーガレット・アトウッド、移民作家では中国出身でオランダ在住のルル・ワンや、少し古くは植民地文学としてナイジェリアのエイモス・チュツオーラ、そういった作家を版元に持ちかけては訳してきました。ところが、これまでの英米文学事典を開きますと、いま挙げた人はほとんど誰も載ってないんです（笑）。

　こういう作品は英文学に入らないのかと思っていたら、二〇〇五年に研究社から出た『20世紀英語文学辞典』には、チュツオーラ、クッツェー、アトウッド、ディネセンといった作家が載りました。私は二十世紀後半というのは、移動する作家、移民文学の時代だったと主張してきたのですが、彼らがようやく大事典にエントリーするようになったのだと思っていたら、今度の池澤さんのラインナップの中では、そういう作家がむしろセンターを占めています。このラインナップは、いままでの国民文学に大いに揺さぶりをかけるインパクトを持っていると思います。

　ジーン・リースの『サルガッソーの広い海』が入っていますが、これは正統英文学であるシャーロット・ブロンテの『ジェーン・エア』に対する見事なカウンターパートとして書かれています。またフェミニズムということだけでなく、私はリースという作家はもっと広く知られたらいいと思っていました。たぶん一般的には、今回のラインナップを見て、読者が初めて名前を聞くという作家が多いと思うんですね。

池澤　新しいヴォイスだと思うんです。つまり言いたいことがある人たちが声を持ち、文学になった。それは必ずしも抗議《プロテスト》ではない。『サルガッソー』も『ジェーン・エア』に対する抗議ではないと思うんです。ただ自分たちの話を聞いてくれという思いを持った人々に、ようやくペンが届いたというのが、僕の印象です。

　僕が同時代的に読んできた作品、それ

II-01『灯台へ／サルガッソーの広い海』ヴァージニア・ウルフ　鴻巣友季子訳／ジーン・リース　小沢瑞穂訳

から今でも響いてくる二十世紀前半の作品、それらは言いたいことがあって声を上げた人々の作品だと思うんです。文学とは、結局言いたいことがなければ書けないものですから。

世界文学のネット

沼野　同時代から過去に遡って全体を見る方法は、逆転の発想のように見えますが、おそらく世界を見る場合に、実はみんながやっていることなんですよね。ところが文学史は、ふつう起源から説き起こさなければならない、ということになっている。そうすると日本では『古事記』『日本書紀』が出てきて、世界文学ではホメロスから話が始まる。それでは若い世代には退屈で読めないですよ。もっと自分たちがよく知っていて、共有できるものがたくさんある作品から自然に入っていくという池澤さんのとった方法が、本当は正統的かもしれない。

池澤　よくよく考えてみれば、正しい遠近法の順序で歴史を辿っていくことにすれば、どうしても現在から始まるんですよね。アントニー・バージェスの『バージェスの文学史』などは、その方法で逆行する英文学史を書いている。だから、いま気がついたんだけれど、僕はそれをなぞったことになる（笑）。

鴻巣　たとえばマルティニークやナイジェリアやケニアの作家たちは、いや、私たちは別にホメロスから始めてないよと言うはずなんですよ（笑）。それぞれのパースペクティブを持った文学があると思うんですよね。

池澤　それから、今では文学とは国単位ではなくて、言語単位のものであるという意識が強いです。いま僕はフランスに住んでいるんだけど、フランスでも、フランスの作家というよりは、旧植民地全部含めたフランスファミリーの、フランス語の作家（フランコフォニー）という言い方のほうが最近多いですよね。

沼野　従来の世界文学全集は、各国文学の専門家が寄り集まって、それぞれの権威に基づいて、正統的な文学史を辿っていくとこれこれの作品が重要だ、という風に判断して、国別に重要なものを持ち寄って作るわけです。だから当然それは縄張り争いになる。本人たちは必ずしもそうは思っていないかも知れませんが、世界の陣地取りを文学者が代行しているようなところがあるんです。ところが、現代文学は、国別の縄張りが通用しない作家があまりに多い。今回の文学全集について、池澤さんは先日、地球のことを知らない宇宙人でも、これを読めば人間の文学がどういうものかわかる、そういうものを作りたいとおっしゃいましたが、なるほど、だからこういう自由な発想ができるんだな、と思いました。

池澤　昔の文学全集を編んだのは、専門家でいっぱい勉強をした人たちだから、難しいものをいっぱい入れたがるんですよ。僕はどこの国の文学も勉強しないで、ただ遊び半分、楽しく読んできただけです。したがってこの全集には権威がない（笑）。これだけ読めば偉くなれる、とは言わない。

鴻巣　ミラン・クンデラが『カーテン――7部構成の小説論』という評論集の中で、二百年前にゲーテが世界文学を提唱したが、ではいまの世界文学とは何なのか、各国の国民文学を寄せ集めて並べたものが世界文学ではない、ということを強調しています。学者たちが国民文学として文学研究をすればするほど、作品が狭いローカリティのなかに閉じ込められる逆効果が起きてしまう、と繰り返し書くのですね。例えば十八世紀のローレンス・スターンはラブレーがいなかったら出てこなかっただろうとか、そのスターンはおそらく『センチメンタル・ジャーニー』を書いたことで、ゲーテに『イタリア紀行』を書かせ、そこからまたスタンダールがイタリアの旅日記を書く、というように、非常に緩くて大きい有機的なネットワークが、たぶん世界文学ということだと思うんですね。

　二十世紀の世界は、移動手段が発達したことで、そのネットがより複雑に編まれるようになり、世界文学の意味もゲーテが最初に言ったころとはずいぶん、自由にも複雑にもなっているのではないでしょうか。

　それで、この全集のラインナップの下には、幾層にも重なった世界文学のネットがあって、池澤さんの目を通して浮かび上がってきたのが、今回の二十四冊だと思うんです。ただ好きなものを選んだとおっしゃいましたが、きっと何か池澤さんの中で必然的な力が働いた末に、精選されたものではないか、という感じが、どの一冊をとってもします。

　たとえばフォークナーの『アブサロム、アブサロム!』などには、今の私はどうしてもドストエフスキーの『カラマーゾフの兄弟』の反響を聞いてしまいます。『アブサロム』の主人公、トマス・サトペンは、フョードル・カラマーゾフに劣らないぐらい好色で迷惑な存在で、『カラマーゾフ』との強い対応関係を感じます。それから、クッツェーの『エイジ・オブ・アイアン(鉄の時代)』も書簡体小説のキャパビリティをかなり無理に引っ張るようなところがあって、それこそゲーテ以来書かれてきた手紙文学に、やはり大きな揺さぶりをかけた作品です。

池澤　ゲーテの言う世界文学の範疇《はんちゅう》は、おそらくドイツ語、イタリア語、フランス語、英語ぐらいだったと思いますが、それでも、国境を越えて互いに影響しあうインテリたち、という概念はあったと思うんです。国境を越えても、あるいは翻訳しても価値がある、一定の普遍性を持った文学のことを指していたのは間違いない。

　だから、逆の例を挙げれば、司馬遼太郎は世界文学ではないでしょうね。彼の文学は日本国民を束ねる求心力にはなり得ても、散らしていく力にはならない。世界文学というのは国民の名乗りを一旦閉めてしまって、ある状況に置かれた一人の人間というポジションから書かれた話に寄っていくんです。だから翻訳の概念がいつでもついて回るんですが、そういう意味では国民国家の束ねが緩んで、人の行き来が激しくなってあちこちで混乱や衝突が起こり、その中から何かが生まれる時代の文学こそ世界文学に成る要素を持っています。

I-09『アブサロム、アブサロム!』ウィリアム・フォークナー　篠田一士訳

普遍主義からの脱却

鴻巣　世界文学全集というのは、ロシアにもあるんですか。

沼野　ロシアに限らず欧米でもちょっと似た発想のものはありますよね。イギリスの「エヴリマンズ・ライブラリー」とか、フランスの「プレイヤード叢書」とか。でもたいてい、「ライブラリー」とか「ビブリオテーク」、つまり日本語に訳せば、〜叢書とか〜文庫といった感じのものですね。欧米では「全集」という言葉は日本よりもはるかに厳密に使われますから、英語などでも、誰それの「コンプリート・ワークス」といえば、これは日本でいう「個人全集」にあたるもので、一人の作家の断簡零墨まで集めたりする。でも、世界文学の「コンプリート・ワークス」なんてものはありえない。

I-11『鉄の時代』J・M・クッツェー　くぼたのぞみ訳

世界文学を全部集めるなんて、できるわけがないでしょう。だから、世界文学全集というのはきわめて日本的な慣行で、「全集」とは言っているけれども、実質的には「名作選」に過ぎないわけです。

だから、欧米では「世界文学全集」という言い方はないのですが、世界文学ライブラリーといった形での出版は、例がないわけでもないです。ロシアの場合は、ソ連時代の一九七〇年代に、全二百巻という桁外れのものが出たことがあります。これはロシア語では「ビブリオテーカ・フセミールノイ・リテラトゥールィ」、直訳すれば「全世界の文学の図書館」と呼ばれ、一巻にたぶん原稿用紙二千枚分くらいは入っていて、しかも各巻五十万部ずつぐらい出ていたという（笑）。ソ連時代はみんないい本に飢えていたので、そういうものが出るとわっと飛びついてむさぼるように読んだのだそうです。そのラインナップを見ると、古いところだと、古代中国や古代ギリシャどころか、マハーバーラタまで入っている。近現代になると、自国のロシア文学はもちろんのこと、中央アジアや、バルト三国や東欧、アフリカまでカバーしている。多分にイデオロギー的な選択ですが、これほど広い視野で「全世界」の文学を見渡そうとした試みは類例がないんじゃないでしょうか。

言論が統制されていたソ連で、こんな視野の広い世界文学が構想されていたのはちょっと意外かもしれませんが、もともと、マルクス、エンゲルスの『共産党宣言』でもちゃんと世界文学のヴィジョンが語られているんです。各国のプロレタリアートが団結して世界が一つになるように、個別の偏狭な民族的な文学は不可能になって、一つの世界文学が形成されるという、ゲーテの普遍主義をもっと強化したイデオロギー的発想があって、それをソ連は増幅していった。確かに、こういう「世界は一つ」的な普遍主義の理念にも一理はある。でも現代のわれわれは、そういった理念にはとても解消できない世界の多様さに向きあっているわけで、そのときどのような世界文学を目指すべきなのか、という問題に直面しているんだと思います。

鴻巣　世界文学全集を作ることができる

のは、外国人だけだと思うんです。外から編集をするのが世界文学全集ですね。それで、明治以来の日本人は非常に従順で、欧米でのカノンや本国での評価を、素直に受け入れてきました。しかし、いまこそ私たちは異邦人の特権を行使すべきだと思うんです。私は異邦人としてずっと翻訳をしてきたので、部外者の目ということにすごく敏感になっているのですが、そういうものがあまり感じられないコレクション、イギリスの何とかライブラリーと、アメリカの何とかライブラリーを買って合わせれば済むものかな、と思うようなものには、あまり惹《ひ》かれません。

――今回のラインナップには、既訳がそのまま入れられている作品があります。なぜそうなったのでしょうか。また日本人の多くは翻訳によって世界文学に触れるわけですが、翻訳とはどのような営みなのでしょう。

池澤　これはむしろ、翻訳を沢山なさっている鴻巣さんに伺いたいのですが、かつて訳があったものを新しく訳すというのは、どういうことですか。

鴻巣　私が新訳をするのは、エミリー・ブロンテ『嵐が丘』と、グレアム・グリーン『二十一の短編』と、今回のウルフ『灯台へ』とで三回目なんです。新訳をする度に感じるのは、翻訳は後出しになればなるほど大変だということです（笑）。しかし一方で、例えば『嵐が丘』でしたら、最初の訳は大正時代にとりかかっていますから、日本語による百年近い読みの積み重ねがあるんです。『嵐が丘』の翻訳は、相当数出ていると思います。私はそれらを一冊一冊、読んだわけではありませんが、有形無形ありとあらゆる形で影響を被りながら、新訳をしているというのをひしひしと感じます。

しばらく前に大変奇妙な体験をしました。吉本ばなな（現・よしもとばなな）さんの『TUGUMI』を再読していたら、最後の方のつぐみの台詞《せりふ》のところで、ああヒースクリフが喋っていると思ったんです。吉本さんは、マンガにとても影響を受けていると言われていますが、日本の少女マンガには、『嵐が丘』の影響が多大にあるんですね。私たちが子供のころ、昭和四十年代の少女マンガ誌には、外国文学のマンガが連載されていて、必ず『嵐が丘』が入っていました。順序から考えれば『嵐が丘』に影響を受けた少女マンガがあって、その少女マンガに影響を受けた吉本ばなながいて、ヒースクリフのような台詞を吉本さんが書かれたという考え方もできますが、むしろ私がその吉本ばななに一度影響を受けて、それがヒースクリフの台詞に反映したのではないか……、そう思えるほど語調や言葉がそっくりに見えた。このように、『嵐が丘』や『灯台へ』ほどの作品になると、もう誰が誰に影響を与えたかが、わからなくなるんですね。

私がいつも声を大にして申し上げているのは、私がやっているのは改訳ではありません。訳し直しではなくて、訳し重ねです、ということなんです。新訳は過去を矯正するものではなく、積み重なってきたものに、更に重ねていくという作業だと思います。だから新訳の完成とは常にあり得なくて、積み重なる層の途中にあるという感じがします。

旧訳と新訳、それぞれの魅力

池澤 そのいちばん典型的な例が、亀山郁夫さんの『カラマーゾフの兄弟』ですね。ここまで深く読めるのか、こんな仕掛けになっていたのか、と思わせる。あるいは若島正さんの『ロリータ』です。僕はアルフレッド・アッペル・ジュニアによる注釈付の英語版が出たときに、何て面白いんだろうと思って注を見ながら読みました。別の言葉に置き換えられるか、置き換えられないかを追求していく中で、注をつける作業を、日本語を介することでより徹底してできたという極端な例が、若島訳の『ロリータ』だと思います。

亀山さんは全身全霊をもって格闘しながら、ともかくドストエフスキー全体、彼の人生や社会背景、思想などですが、それら全部を繋げた最終結果としてあの訳が出てくる。それはやはり訳し重ねだろうと思いますね。

沼野 古い訳を改めて手にとると、もちろん誤訳があったり、時代の制約を感じさせるような誤解があったりもしますが、頑張って訳しているなと思うことのほうが、個人的には多いです。亀山さんの『カラマーゾフ』の訳も大変立派ですが、その前の原卓也さんや江川卓さん、米川正夫さんの訳だって全然悪くはないですよ。よくあの時代にこれだけのことをやったと感心するぐらいです。

池澤 特に若いとき読み慣れていると、新しい訳のほうが何かそぐわない気がすることもある。

沼野 だからどうしてもサリンジャーは、野崎孝訳の方がなじんでいるな、村上春樹訳の文体ではなんだか違和感を覚えるな、と思ってしまうのは、昔の訳の印象が強いからですね。いまの若い読者は村上訳から入っていくわけだから、まったくそういう問題はない。

鴻巣さんに一つ伺いたいんですが、改訳のときのタイトルの問題ですが、『嵐が丘』は、たとえば『ワザリング・ハイツ』と片仮名にしないか、という話はなかったんですか。

鴻巣 私の訳した『嵐が丘』と、村上春樹さん訳の『キャッチャー・イン・ザ・ライ』は同じ年に出ているのですが、まだあの頃は、英題のブームというのはなかったんです。ただ冗談で『ワザリング・ハイツ』にしたらどうだろう、という人はいました。けどそれだとどこかの安っぽいマンション（笑）みたいですよね。『嵐が丘』ほどの名訳タイトル、それから定着度があると難しいですね。

沼野 うまいタイトルですよね。池澤さんも翻訳された『星の王子さま』なんて、実にうまいタイトルだと思います。

池澤 あれも、内藤濯《あろう》さんのつけた前の訳題を借りたんですよ。原題は『Le Petit Prince（小さい王子）』でしょう。それだけだとちょっと訴求力が弱くて、タイトルとして立たない。日本語ではそういうとき、主人公の属性を少し足しますが、それはだいたい地名なんです。つまり桐壺《きりつぼ》の更衣《こうい》とか森の石松（笑）とか。その伝統に則ったタイトルだから、内藤さんの訳はいい訳なんです。星からきたというのは彼の非常に重要な属性の一つです。したがって、どうしても外せない、変えられなかった。

それに対して、野崎孝さんの『ライ麦畑でつかまえて』というのはずいぶんとひねった訳題ですね。原題は『The Catcher in the Rye（ライ麦畑の捕まえ役）』、つまり守り手ですよね。子供たちが遊んでいて崖から落ちないようにガードする、ボランティアの守護天使のようなとんでもないものになりたいと主人公のホールデンは言うわけでしょう。しかもその元の詩を間違えて彼は憶えていて、というのが全部入っている『キャッチャー・イン・ザ・ライ』だから、とても難しい。『ライ麦畑でつかまえて』とすると、つかまえて何をするのか、という誤読をしかねないというのは、最初からあったんですよ。

沼野　あのタイトルは、たぶん意図的に曖昧なかたちで出したんじゃないでしょうか。

鴻巣　最初はそれこそつかまえての「て」が「手」、「捕まえ手」なのではないか、という話もありましたよね（笑）。そのようにうっすら読めないこともないというのが、平仮名のいいところですね。

沼野　そのニュアンスもあると思いますね。

今度の全集では、初回配本がケルアックの『オン・ザ・ロード』（青山南訳）です。これも昔は『路上』（福田実訳）だったわけですが、日本語では最近、「路上」という言葉にはあまりいいイメージはないでしょう。路上生活とかね。だから、『オン・ザ・ロード』、これは仕方がないと思います。私は野崎歓さんと同じ意見で、片仮名タイトルに対しては全般に批判的で、とくに英語のカタカナ語というのは英語の特権を利用していますからね。まあロシア語を片仮名表記にしても誰もわからなくてやらせてもらえないから、僻《ひが》みもあるんですが（笑）。

池澤　僕も一生懸命弁解しましたが（笑）、路上というのは場所なんですよ。ロードというのはむしろ道程、途上にあるという感じだから、この場合はいいことにしましょう、と（笑）。

沼野　特に初回配本が『オン・ザ・ロード』というのは象徴的で、世界文学のカノンが固定したものではなく、生成中のもので、その道に誘うという感じがして、このタイトルは素直に受け止められます。なんといっても青山さんの訳のノリもすごくいいですし。

鴻巣　『ハワーズ・エンド』の吉田健一さんの訳は、なかなかいま読む機会がないので、今回このラインナップに入ったということは、名作の継承に加えて名訳の保管という意味があると思います。いま古典新訳文庫がこれだけ売れている一方、旧訳は素晴らしいものだったにもかかわらず、出版のシステムとして、新訳を出すとどうしても絶版にする傾向がある。どこか志のある出版社が古典「名訳」文庫を作って、歴史的な訳と呼ばれるものを残してもらえないか、と思います。

池澤　『ハワーズ・エンド』は、一瞬、新訳でとも思ったんですが、やはりそれはない。『アブサロム、アブサロム！』も、篠田一士訳で十分安定感がある。

ケルアックの場合は、風俗が変わっているんです。日本人が誰も自家用車を持たず、高速道路もなかった時代の訳だから、訳文はちょっと説明過剰です。それから当時の若者文化を反映した文体が、いまとなると違和感がある。そういう意味ではそれは訳によって更新されていくべきものだろうと思ったんですね。けれど『アブサロム』の世界は、あの時代にして既に古色蒼然としたフレーバーがあるのがよかったのだから、篠田訳でいいと思いました。

鴻巣　南北戦争の奴隷解放のあとの土地柄があって成立する話なので、あれを現代生活風の言葉にアップデートして訳すとなると、ちょっと雰囲気に欠ける気もします。

沼野　ただ、それも『カラマーゾフ』と同じように、ひょっとしたら五十年後ぐらいにはフォークナーの再発見がなされるかもしれない。その場合は訳が更新されていく可能性ももちろんあると思います。

　さきほど、鴻巣さんが世界文学全集というのは、よそ者の視点で編むものだ、とおっしゃいましたが、そこには本質的に、どうしても翻訳というものが介在してきますね。で、翻訳をどう考えるかなんですが、文学作品というのは言葉が命だから、翻訳だと原典からどうしても失われてしまうものがある。だから翻訳は二次的なもので、必要悪にすぎない、原文で読めるならその方がいい、という考え方がありますね。日本のアカデミズムの考え方は、これが主流です。

　ただ世界文学は、それでは成り立たないんですよね。原作があって、その翻訳があって、それを読む外国の読者がいる、というふうに三つの領域を考えた場合、原作と外国の読者の中間にユートピアのような領域を作るのが翻訳だと思うんですね。だから翻訳は、必要悪や二次的なものではなく、むしろ本質的なものだと思います。ここにいる三人がみな翻訳に関わっているというのも、決して偶然ではないでしょう。

I-07『ハワーズ・エンド』E・M・フォースター　吉田健一訳

移動の時代と多重言語生活

池澤　移動の時代だということは、かなり多くの人々が半ば翻訳に浸った生活をしているということなんです。僕の例で言うと、今住んでいるフランスで買い物をするのに和仏辞典を調べないと用が足せない。コスモポリタン的な生き方をしようと思ったら、もう一つの言葉がどうしても必要になる。日本、それからアメリカにいるとわかりにくいんですが、必要に迫られて、二つの言葉の間を行き来しながら生きている人は実はすごく多いですよね。そういう二重、三重の言語生活の中から、この全集の多くの作品は生まれてきているんですよ。作品そのものが翻訳的な知的経緯の中から出てきているから、それを更にもう一回、翻訳することは十分可能だし、意味があると思う。

鴻巣　原文になくて翻訳にあるものは何かというと、それは批評だと思うんです。翻訳とは解釈と批評の連続で、そこに原著者以外の読み重ねが加わっているという意味で、逆説的に豊かだとも言えると思います。

　翻訳というのは、言語の不自由さの中から生まれた自由さなのだという実感が、私にはあります。ルル・ワンという中国系移民で、オランダ語で書く女性作家の翻訳をしたときのことですが、彼女は中国語の古い詩や歌や毛沢東時代のスローガンを、一度オランダ語に翻訳して書くわけですね。そのオランダ語で書かれたものが、英語に訳されて、それを私が日本語に重訳するという状態でしたので、どれを原文とするか、という問題がありました。最初は、中国語の原典をとにかく探し出して、そこからなるべく訳していたんです。

　そのうち、英語の訳は原文にかなり忠実にできているということがわかりましたので、それを見ていくと、彼女が自分のなかにある中国の物語をオランダ語に訳す時点で、批評が入っているということがだんだんとわかってきました。彼女は亡命作家ですから、中国語では書けない毛沢東批判などが、かなり入っている。そして次に、オランダ語から英訳をするときに、英訳の翻訳書にも風刺や批評がまた入ってきます。英訳書は、中国のオリジンから遠いものになっているから文学としてダメなのかというと、やはり違うなと思ったんです。最初にルル・ワンが「翻訳」の中に含ませた批評、次に英訳者が含ませた批評は、決してオリジナルに対して劣等のものではない。中国語原文は一回置いておいて、翻訳されたものを更に忠実に翻訳するというような立場に、結局は立つことができたんですけど、その境地に至るまでには、重訳というのは、それだけで悪いものだ、という罪悪感に悩まされました。

池澤　原典至上主義ですね。クンデラの場合は、『存在の耐えられない軽さ』はフランス語からでしょう。彼は、チェコ語をフランス語に自分で翻訳する過程で批評を加えることによって、ひとつ進級した典型的な例ですよね。それを一人でやるか二人でやるか、という違いですね。

沼野　ナボコフのように、複数の言語で完璧に書ける人の場合は、自分で訳したりしますね。ただ、原著者の特権がありますから、自作を自分で他の言語に翻訳するとき、あとから考えてちょっとまずかったなと思うようなところが原文にあったら、少し変えたりする可能性がある。そうすると、たとえばナボコフのロシア語作品の場合、ロシア語がオリジナルで英訳は二次的なものだとはいっても、英訳のほうにオリジナルにないものが入っていたりもします。だから両方を比べだすと、どちらを定本にするべきか、わからなくなってしまうんですね。

池澤　僕は自分の作品を子供向けの朗読用に書き直していて、これは一種の翻訳だなと思いました。そちらを絵本として出すことも考えたりして。

　他の国のことをまったく知らない人は、言語というのは一対一の対応で完璧に訳せると思っていますが、いつだってそうではない。伸び縮みする。それは前提、織込み済みなんですね。その意味では、書き手も、日本語に翻訳して定着させていく途中で概念も変わる。それを経ることが創作という過程なのだから、原著者だけがオリジナリティーを持っているということではなく、すべての文学活動にはそのオリジナリティーの創出がある。翻訳は原作より劣るということではたぶ

Ⅰ-03『存在の耐えられない軽さ』ミラン・クンデラ　西永良成訳

んないんだろうと思うんですよ。

孤絶感の残る日本文学

鴻巣　結局、作家は作品を書くことはできるけれども、古典を書くことはできないという見方もあります。古典の成立過程を考えると、異本が生まれるということですね。たとえば近頃映画化された英文学最古の作品『ベオウルフ』は、八世紀から九世紀にかけて成立したとされる叙事詩ですが、生の原稿はもう失われていると思います。写本では十一世紀までしかおそらく遡れないと思いますが、オーソライズされたものがいま一種類だけあるらしい。先日、普及している岩波版の『ベオウルフ』を読んだら、驚いたことに、カインの子孫が、カインが弟殺しをしたことの罪を背負って、冷たい湖に住むはめになったという、キリスト教の説話が混じりこんでいた（笑）。いま『ベオウルフ』として流通している古典本も、すでにそういう異本化が完全に起こったあとのものなのだ、というのがわかります。

沼野　アメリカの比較文学者でデイビッド・ダムロッシュが数年前、『世界文学とは何か』という本を書きました。そこで彼は、世界文学とは、翻訳によって何か新しい価値が付け加わるものだという言い方をしているんですが、なるほどなあと思いました。

ロバート・フロストが言った「詩とは翻訳によって失われるもののことである」という有名な言葉があるのですけど、ダムロッシュはそれをもじって、「ワールド・リテラチャー」とは「ライティング・ザット・ゲインズ・イン・トランスレーション」、つまり、まさに「翻訳において価値を増す著作のことだ」と言うんです。つまり翻訳されることによって、原作の何かは失われるかもしれないが、同時に翻訳され新しい文脈に置かれることによって新しい価値も付け加わって、原作とは少し異なった価値を持って生き始める、ということですね。

鴻巣　翻訳には三割増しという言い方があって、翻訳すると三割ありがたく聞こえるということがあるらしいんです。子供のころ翻訳文学を読んで、わからなさの魅力というものがあったのですが、島村抱月が、翻訳文を読んだときに、訳文と原文のあいだにできる違和感に人がふと躓《つまず》いて立ち止まり、そこに深遠なものを感じる。何か原文とは違った物《もの》の怪《け》がそこに出てくるのだろう、と翻訳文の違和感による効果について、はや明治四十年代に「『人形の家』と翻訳劇」と題する談話で語っているのを読んで、なるほど、妙にありがたく感じていたのはこれだったのか？　と思ったことがあります。

沼野　その違和感は、異文化との出会いを作るためのものでもあるわけですよね。百パーセントこなれた訳をするのではなく、原文のわれわれの違和感をかきたてる部分は、やはり大事にしたほうがいいのではないでしょうか。

池澤　現代の欧米先進国が舞台の話になると、違和感はなかなかもうないんですね。それこそ昔「クリネックス」という言葉が出てきて、辞書を引いても載っていなかった時代からいえば、もう大抵のものは世界共通になってしまいました。

鴻巣　そういう意味では、翻訳文学にあった三割増しの魅力が、いまは一割、二割になってきているのかもしれませんね。ただ、読者の目も肥えてきているなと思います。すごく微妙なところで魅力を感じ取ってくれる反響のお手紙をもらうと、よくこんなところまで読んでくれるなあというのは感じます。

――世界文学の新しいカノンが今お話しいただいたようにあるとして、それは文芸誌に毎月掲載されている小説はじめ、現代日本文学とはどのように関わってくるとお考えですか。

池澤　池澤さんの全集には、日本の作品は入らなかったのですか、とよく言われます。一つには、日本には、「世界文学全集」と「日本文学全集」は、それぞれに立てるという風習があって、なんとなく僕はそれを踏襲したと思っています。つまりここに日本の作品を入れると、われわれも世界水準ですよと敢えて表明するような、別のメッセージがつく気がした。入れても全然かまわないのですが、それ自体が話題として立ってしまう。

この間、東大のテッド・グーセン先生――彼はカナダ人ですが――から、カナダでもしもこういう企画があってカナダの作品を入れなかったら、猛烈に反発を受ける、と言われました。しかし、それは英語文学のなかのカナダ文学だからなんですよ。アメリカ、イギリス、オーストラリアがあって、何故カナダがないんだ、と当然なる。

日本の場合は、日本語文学の生成はたぶん、ほぼこの島の中に限られるでしょう。日本文化は、これだけ流通がよくなっても、まだどこかに孤絶感がある。村上春樹をここに入れると、もう孤絶感はないんだ、という一種の「宣誓」のような印象がついてくる。それをやろうかやるまいかと思って、結局やめました。

ただそのあとで考えて、もしもこのカノンの書き直しに沿ったものとして、翻訳して世界の読者に読んでもらいたい、と思う日本文学を僕が一つだけ選ぶとしたらと考えたとき浮かんだのは、石牟礼道子の『苦海浄土』ですよ。村上春樹や中上健次や大江健三郎は入って当たり前。それを入れたとしても、僕が選んだことにはならない。それらの作品の価値は既に諸外国において立証されているわけですから、敢えて選択を任された以上、新機軸を打ち出そうと思ったら、僕は石牟礼道子さんを入れます〔Ⅲ期に収録〕。

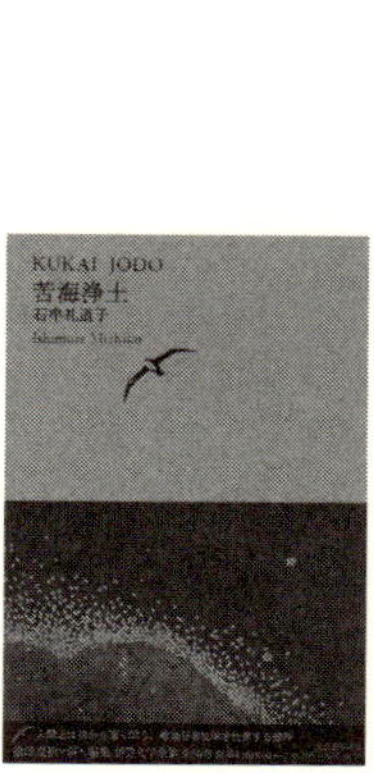

Ⅲ-04『苦海浄土』石牟礼道子

沼野　日本には、日本と世界を分けてしまうという思考が、いまだに非常に強いと思うんですね。大正末期から昭和初期の円本の時代から「日本文学全集」「世界文学全集」という分け方はかなりパターン化しています。文学事典の類も、例えば集英社の全六巻の「世界文学大事典」は、「世界」と銘打っていますが、日本の作家は含めていないんです。

西洋を崇拝するのであれ、国粋主義的に日本が一番いいんだと主張するのであれ、結局、日本は他の国とは違うんだということになってしまって、日本人は外国と日本を同じ土俵の上で対等のものとしてなかなか考えられない。日本の文芸誌も、外国文学の翻訳を載せたり、ずいぶん努力はしていると思いますが、まだ世界に対して十分開かれた感じがしないんです。

世界の文学賞の現場

鴻巣　「文學界」の新人賞は在日中国人の楊逸さんが取られましたが（二〇〇七年）、いま日本の新人を売り出すというときに、世界の文学賞を意識するというようなことはあるんでしょうか。たとえばダブリン市がダブリン図書館とIMPACというコンサルティング企業と共同で主催している国際IMPACダブリン文学賞という賞は英訳を含む英語作品に与えられます。村上春樹さんが九九年に『ねじまき鳥クロニクル』でノミネートされ、そのころから村上さんの国際的声望がぐっと上がって、外国からも名前が聞こえてくるなという感じがしました。

池澤　日本の出版社は、海外に向けて売り出してくれない。フリーのエージェントはやっていますが、出版社自体がエージェント作業をすることは、まあなかなかないでしょう。最初からマーケットに入れてない。海外で売ってやろうと思って作家を発掘したり、マーケティングをしたりということは、たぶん意識にあまりないですよ。

沼野　〇七年に始まった大江健三郎賞〔二〇一四年に終了〕は、賞金が出ない代わりに、受賞作が外国語訳で出版されるということで、ユニークな発想だと思います。その一方で、日本にまだ多少文化事業のためのお金があるのなら、発想を変えて、日本で世界文学の賞を作ってしまって、外国の作家を勝手に表彰してしまうとか、そろそろそういう賞ができてもいいのではないか、と思いますけどね。

池澤　僕は、ユリシーズ賞という文学賞の選考をしていたことがあって、そのときに、日本の文学者やジャーナリストたちが、やはりどこかでずっと内側しか見ていないな、としみじみ思いました。ユリシーズ賞は、去年で終わってしまったのですが、ベルリンを拠点にした全世界対象のルポルタージュの賞なんです。僕は一回目と二回目の選考委員をやりました。世界各地から選考委員が十何名か出て、それぞれ自分の担当範囲から推薦作を出します。選考は基本的には英語ですので、英訳したものを全員が読んでいって、賞を出す。

一回目の大賞の受賞者がアンナ・ポリトコフスカヤさんでした。チェチェンのことをずっと報道していたロシアのジャーナリストで、二〇〇六年に何者かによって暗殺された。この間亡くなったポーランドのカプシチンスキ、彼が選考委員みんなのカリスマだった。そういう性格の賞でした。

それで僕は何に困ったかというと、日本からの候補作がない。向こうの候補者のレベルがものすごく高い。報道だけでなくて、旅行記もある。それからナイジェリアの作家が難民として転々として、行く先々で扉をぴしゃりと閉じられる。そのことをずっと記述しながら、国籍がないというのはどういうことであるか、ずっと考え続けるという作品があった。とても日本には、それに対応するものがないんですね。

結局僕は、一回目のときは、洪世和《ホン・セファ》の、『セーヌは左右を分かち、漢江は南北を隔てる』という本を持っていった。彼は『コレアン・ドライバーは、パリで眠らない』でデビューした韓国語の作家ですね。光州事件のときにたまたまフランスにいて、しかし故国で政治活動をしていたために、帰れなくなってしまった韓国人、彼は食べるのに困って、パリでタクシードライバーをやるのですが、韓国の政治状況を遠くから見ながら書いた本が評判になった。でも、やはり力が足りなかったですね。

沼野　カプシチンスキは亡くなる直前、ノーベル文学賞の候補にも名前が挙がっていましたね。ジャーナリストでは非常に珍しいと思いますが、それだけ国際的に尊敬されていたんですね。

池澤　村上春樹もよしもとばななも、その他の作家もみんなすごいと思う。だけど動く人々に関しての文学は、とても少ない。日本人は、動かないですから。幸い、動かないで済んでいますから。

沼野　私も、似た難しさをときどき感ずることがあります。国際交流基金で、「ジャパニーズ・ブック・ニューズ」という英語版の新刊ニュースを出しているのですが、このところ紹介すべき本の選択に関わって、紹介の一部を担当しています。外国語に翻訳されて、外国で読まれるといいと思われるものを、日本の新刊書の様々なジャンルから選び出すのですが、なかなか適当なものがないんですね。というのは、それぞれレベルが高い本だとしても、そのまま訳しても外国の人にはわかりにくい、つまり普遍的な書き方になっていないものがほとんどです。

　改めて考えれば、われわれはものを書くとき、日本人どうしなら説明しないでも当然わかるだろう、と説明しないですませてしまうことがものすごく多いんですね。文学の場合は、いちいち全部説明しなくてはいけない、などということはもちろんありませんが、内側の約束事、いわば仲間内の符丁で成り立っている書き方を続けていくと、衰弱してしまう恐れがある。じつはいまの日本の若手の作家が陥りがちな欠点だと思うんですが。

池澤　一種読者を限定してしまうものですね。ただ、その一方、若い人たちの生き方は、世界中で似てきていて、いちばんいい例がフランス語訳のマンガですよ。膨大な量が出ています。僕の住んでいる町の本屋も、ワンコーナーが全部マンガで、その半分は日本のマンガの翻訳です。

グローバルを拒絶する文学

鴻巣　よしもとばななさんが、日本で自分が登場したときに、マンガの影響があるとか、すごく特徴的な文体だと散々言われたけれど、これが、たとえばイタリア語に翻訳されると、自分の文体に独特の語尾などがすべて取れて、より良くなった感じがする、ということをおっしゃっていました。よしもとさんは世界の読者に向けて書くという意識が非常に高いらしく、読者がいつどんなところにいても、読めるようにするためならば、私はどんなことでも厭《いと》わないとおっしゃっています。ああ、世界に向けて書く作家が出てきたんだ、と思う半面、世界に向けて書くんだという意識を作家が持ったときに、良いのかあまり良くないのか、測りかねたんです。こういうことを書いたら普遍的でないと言われるのではないかとか、普遍的なテーマとは何だろうとか、グローバリズム文学とは何だろう、と考え始めると、かえって文学の隘路《あいろ》に入ってしまうか、あるいは非常に世界均質的、マクドナルド的な、どこで食べても同じというものになるのではないかという不安があります。

ローカリズムが強力に出た作品ほど、翻訳はとても難しいんです。だけど翻訳がものすごく難しいものに限って、絶対に翻訳を通過します。先ほどのロバート・フロストとは反対に、チャールズ・シミックという詩人が、「詩とは翻訳されて残るものだ」と言ったそうです。やはりものすごく限定された世界を深く掘り下げたものや、こんなローカルな話は絶対に世界に通用しないだろうなというものほど、文学的な普遍性と衝撃を持つ、ということは感じているんですね。

とても訳しやすくて、非常によく通じるけれど、なんとなく強く伝わらないで、全体的にこぼれ落ちてしまうという種類のものと、八割は何だか捕まらないような気がするけど、その残り二割が翻訳という壁を突破するすごい力を持っている。私はどうやら後者のほうが、世界文学としては残っているのではないかなという気がします。

池澤 これは一つのアナロジーですが、世界中でみんなが読んでくれるものが書けるようになったのは、みんなの暮らしが似てきたからですよ。いま中国で村上春樹があれだけ読まれているのは、つまり中国はこれからアメリカのようになるんだという思いが中国人全体のどこかにあって、アメリカ的な生き方とは何かを学ぶのにいちばんいいのは村上春樹だ、という一種の合言葉になっている。つまり、グローバルに似たような暮らしが広がるというのが一つある。

それに対し、グローバリズムを拒む硬さを持つものも文学になっている。僕が選んだような、移動する者の文学というのは、異文化との衝突の苦しさから出てくるんですよ。作品そのものが主人公と同じ体験をすることになるわけです。そういう意味では、日本人がアメリカに行ったときのショックよりも、たとえばインドネシア人が行ったときのほうが大きいとかね。したがってインドネシアからの移民がアメリカで小説を書いたとしたら、それは日本からの旅行者や留学生が書いたものより強いものになり得る。

沼野 さきほど鴻巣さんがおっしゃったことはもっともだと思います。本当にすごい文学というのは、個別の小さな場所に徹している場合が多いわけで、例えばドストエフスキーがそうですね。彼はペテルブルグという町の片隅で、十九世紀のロシアの現実に徹底して向き合ったわけですね。ディケンズのロンドンも、バルザックのパリもそうでしょう。フォークナーのヨクナパトーファ、ガルシア・マルケスのマコンド、大江さんの四国の村もそうですが、世界なんて大風呂敷を決して広げず、そういった個別の場所に徹することによって、むしろ世界的なインパクトを持つものが出てくる。チェコのカレル・チャペックは、自分のような小国の人間が世界の文化にどう貢献できるか、深く悩んでいた人ですが、やはりそういうことを言っているんですね。

だから先ほどの池澤さんの言葉を受けると、自分の場所に徹しながら、苦しみなり、軋轢《あつれき》なりが生まれて、しかしそれを越えるくらいの強い力を持ったものが、世界文学になっていくのではないか、という気がします。

鴻巣　自分の場所を築いた末に、広いところに出てくるというのと、さっき沼野さんがおっしゃったように、内輪の言葉だけで書いているのではないか、というのは違いますよね。

池澤　昔の新左翼の言葉で言えば、「連帯を求めて、孤立を恐れず」かな（笑）。

外から日本語を見る作家たち

――たとえば英語文学と同様、日本語文学というものが成り立つ可能性はあるでしょうか。リービ英雄さんが日本語で書かれたり、多和田葉子さんがドイツを拠点に日本語の小説を発表されたりしていますが。

池澤　それは簡単な話、日本語そのものが、他の国にどこまで普及するかに拠りますよ。黒川創さんが編纂した三巻本『「外地」の日本語文学選』は、なかなか面白い。戦前の日本における「外地」、つまり台湾、満州、朝鮮などで書かれた文学を横に並べると、繋がるものがある。当時は、「日本文学全集」プラスその三冊で、日本語文学になったわけですよね。

今は、リービさん、それからアーサー・ビナードという例はありますが、日本語作家が指折り数えられるぐらいしかいなくて、その先が広がらないのは、日本に魅力がなくて日本語を世界の人たちが学んでくれないからです。それから、日本語そのものをもっと広めて、国際語としての日本語の地位を高めようとは、たぶん日本の文科省は思ってないでしょう。中国はいますごいですよ。政府が大金を出して、至るところに孔子学院という文化的拠点をたくさん作っています。

鴻巣　オランダには、「翻訳者の家」というのがありますね。オランダ文学を翻訳する翻訳者は、無料でその「翻訳者の家」に滞在させてくれて、そこで研究したりできるんです。やはり他言語への翻訳に対する熱意や、国からの補助活動などが、日本は圧倒的に薄いなと思います。

沼野　オランダだけでなく、ヨーロッパの小さい国がそういうことに熱心ですね。二年前、世界のポーランド文学の翻訳をしている人、百何十人がポーランドに招待されたことがあって、私も行きました。飛行機代から滞在費まで全額ポーランド政府持ちで、趣旨は、要するに「ポーランド文学を翻訳してくれてありがとう！」というものです。それで、ホテルで朝食が一緒になった人がイラクやコソボの人だったりするわけですよ。そういえばそのときの基調講演者がカプシチンスキでした。

日本のお役所には、世界の翻訳家たちとのネットワークをきちんと作って、日本文学を訳す人たちを精神的に支援しよう、という発想は弱いのではないでしょうか。

池澤　僕もギリシャで同じような会議に出たことがあります。で、話を戻すと、日本語文学という概念はもちろんあり得るし、実際ありますが、それを盛り立てていく勢いがいまのところあまりないですね。確かに日本語を母語としない人が、日本語で書くというのは面白いケースで、それこそ違和感から何かが生まれてくるだろうと、予想はできる。ただこれまでは在日朝鮮系の人たちの作品ぐらいしかなく、それも日本に住んでいる自分と、元を辿れば朝鮮半島に属していた自分の意識とがどこまでせめぎあっているかという、それぞれの自覚の問題になってくるから、そこまで含めて、日本語文学は広まったと単純には言えないでしょう。

沼野　日本文学の大きな一ジャンルとしての成立は難しいかも知れませんが、固定観念を揺さぶる役割を日本語文学の担い手たちは果していると思うんですね。リービ英雄はかつて、「日本語の勝利」というエッセイを書きましたが、日本人でない者が日本語で書くようになったという、このことが実は日本語の勝利なんだと、逆説的な言い方をしています。リービ英雄は、日本語を、日本人を縛っている拘束衣だと呼んで、そういう固定観念を自分は破ってきたんじゃないかと言うわけです。

　日本語文学という場合、もう少し緩やかに考えて、日本語を、あたかも従来の日本語ではないかのように、外からの視点で見ながら、日本語を使う日本人の作家のあり方を考えればいいのではないでしょうか。広い意味でいうと、池澤さんもそういうタイプの作家に属すると思うんですね。そんな風にして日本語はどうなっているんだということを意識させるような日本語の書き手は、増えていると思いますよ。

池澤　そうですね。堂垣園江さんにおけるメキシコなどというのはそうかもしれない。

沼野　あと沖縄の崎山多美さんは「島言葉」を駆使したじつに面白い文体で書きますね。

池澤　たしかに沖縄文学は、植民地文学として日本文学に拮抗している。目取真《めどるま》俊《しゅん》と又吉栄喜《えいき》と崎山多美でずいぶん変わりました。

　――今回の全集は二十世紀後半の作品を中心に編まれたものですが、五十年後に、二十一世紀前半を代表するような作品を中心に全集を編もうとすると、どんな光景が広がっていると思われますか？

池澤　それは、僕の責任の外だ（笑）。

沼野　いや、私も池澤さんとそんなに年は違わないんですが（笑）、もう少し長生きして何か機会があったら、ぜひ鴻巣さんともご一緒にもう一つ新しい世界文学全集を編みたいですね。そこには、池澤夏樹という作家も入ってくるような全集が必ずあると思いますよ。

鴻巣　いままで世界文学というときによくお名前が挙がるのは、村上春樹さん、大江健三郎さん、そして池澤夏樹さんでしたが、村上春樹さんは、自分の創作と翻訳は文筆という営みの両輪だとおっしゃっていますし、大江健三郎さんも、ダンテやセルバンテスなどの外国文学を下敷きにして書かれているという意味で翻訳家だと私は思います。もちろん、池澤さんも詩や映画の翻訳をなさっています。いま挙げたお三方が翻訳を通してお仕事を広げていかれたということを考えると、いまの日本文学にも、明治の初期と似て、翻訳の現場を通して築かれているものはとても大きいように思います。

（二〇〇七年十一月二十六日収録）

（初出＝「文學界」二〇〇八年二月号）

（こうのす・ゆきこ　英米文学翻訳家）
（ぬまの・みつよし　ロシア文学）

逆る書記
木下古栗

世界文学全集Ⅱ―02 『失踪者／カッサンドラ』
フランツ・カフカ 池内紀訳／クリスタ・ヴォルフ 中込啓子訳

本来、カフカは文学全集に入る類の「作家」ではない。書いた物の大半が未完やそれ以前の断片なのだから。しかしそれゆえに「作品」という固形と両立しない、逆る書く運動体の痕跡が残った。文学史上、名の知れた書き手で自分が凄いと感じた唯一人であり、有り体だが、「何が」よりも「どう」書かれているかに着目させられた。従ってそうした視点から手短に取り上げてみたい。

カフカは日記において、ディケンズの『デイヴィッド・コパフィールド』に触れながら、『失踪者』（旧称『アメリカ』）は「ディケンズの模倣」だと述べている。そして「ディケンズの豊穣さとためらうことを知らない力強い奔流」とその魅力を端的に言い表すと同時に、「彼が疲れきって、すでに得たものをごた混ぜに攪《か》き回しているところは、ひどくだらけている」と欠点も指摘して、自分は亜流であるおかげでそれを回避できた、とも自己分析している。まさにそのとおり、『失踪者』では主人公カールが新しい出会いや環境に放り込まれ、それに慣れかけたところで、時に理不尽なまでの作為的な強引さ（＝ためらうことを知らない力強い奔流）でもって、そこから放り出され、また新しい出会いや環境へ放り込まれることを余儀なくされる。故郷を放逐されてアメリカに来た主人公はそこでも、くりかえし放逐されることを運命付けられている。書き手は「すでに得たもの」をごた混ぜにはせず、つねに新しい未知と遭遇してそれが未知でなくなるまで描いたら、そ

れを思いきりよく放り捨てて次へ進んでいくのである。

　この様式は実のところ、カフカの三大長編の他二作にもおおよそ当てはまる。『審判』は銀行員がなぜか突然逮捕されていわれのない訴訟に巻き込まれる話、『城』は測量士が手違いで招かれた村でいつまでも辿り着けない城を目指す話であり、その不条理な訴訟、幻惑的な城という未知との遭遇を描く大枠の中で、『審判』の主人公は章ごとに別の場所で別の人物に会う、『城』の主人公は舞台となる村で次々に新しい人物に会って新しい情報を聞き出す——そうして問題の解決を試みる。しかし両作ともに、カールが決して安住を得られないのと同様、主人公は自らが巻き込まれた理不尽な窮状を解消する手だてを決して得られず、サディスティックな書き手によって、ひたすら盥回《たらいまわ》しのようにされるだけである。もっとも、いずれの主人公にも作家自身の名と同じ頭文字が冠せられており、従ってそれは単なる嗜虐ではなく、きわめて自虐的でもあるのだが。

　とはいえ『失踪者』には他二作と違う個性もある。たとえば『審判』は「書くことに捕らわれたせいで普通の生活が営めなくなる男」の隠喩的現れであり、結婚して孤独を失うと十分な創作ができなくなることを恐れて婚約を解消までしたカフカの、非常に切羽詰まった当時の心理が反映されている。また『城』には結核で若死にするカフカに近づいていた最期の気配、総決算に挑むような、創作の切迫が感じられる。いずれも暗く、特に後者は重たい。登場人物も底意地の悪い、たちの悪い、あくどい奴らばかりで、露悪的な傾向が強い。その一方で『失踪者』はカフカ自身、楽しんで伸びやかに書き進めたらしく、たしかに主人公の置かれた状況は悲惨ではあるものの、それをあまり感じさせないような変な明るさがある。これは他二作と違ってなまじ設定がリアリズムであるだけ、前述のような書き手の作為性、理不尽な展開の荒唐無稽《こうとうむけい》さが際立ち、それが可笑《おか》しみを誘う点、そしてその現実味からの逸脱に適合するように、主人公の純真な少年にもかなりズレたところ、どこか調子はずれの「天然」っぽい楽天性がある点、さらに加えて、カフカの小説には珍しく普通に気のいい登場人物も出てきて、人情、感傷、友情など、人間味のある感情を伴う交流が描かれることなどによるだろう。

もっとも、ディケンズへの言及として、カフカは「感情の溢れでる手法の背後にひそむ感情のなさ」とも書いている。それに似て、この小説の明るさの背後には空恐ろしいような、仄暗い虚ろさがひそんでいるように感じられる。とくに一番後ろの断片のくだり、誰でも受け入れてくれる夢のような劇場の存在、かつて別れた友人との偶然すぎる嬉しい再会、希望を帯びた出発――初めて読んだ時、虐げられた主人公がにわかに出くわすその不自然な明るみが、まるであの世かその一歩手前を描いているようで、うっすらと寒気立ったのを覚えている。日記の他の記述によれば、主人公は『審判』と同じく、最後には殺される予定だったらしい。

（きのした・ふるくり　作家）

世界文学全集Ⅲ－01『わたしは英国王に給仕した』
フラバル　阿部賢一訳

夢見る給仕の昼と夜

池澤春菜

これからする話を聞いてほしいんだ。

親戚にやたら面白いおじさんがいてね、会う度にいつもとびきりのお話を聞かせてくれた。本当かどうかはわからない、もしかしたら丸ごと嘘だったのかもしれない。でも、そんなこと気にならないくらい、おじさんの話は最高だった。

おじさんは、プラハって街でホテルのボーイをしてたらしいんだ。プラハってどこか良くわからないよね。この前地図で調べてみたら、ヨーロッパのど真ん中、チェコって国のさらに真ん中辺りだったよ。周りをドイツやオーストリア、ポーランド、スロバキアに囲まれて、ちょっと窮屈そうだった。

このプラハのホテルには変なお客さんばっかり集まってくるらしくて、中でも仕立屋さんのお話が大好きだったなぁ。お客さんのマネキンをゴムで作って、天井いっぱいに浮かべておくんだって。偉い人も偉くない人も、みんな天井に雲みたいにふわふわ浮かんでるの、いいよね。あと、エチオピアの特製料理！　ラクダの中にレイヨウを詰めて、レイヨウの中には七面鳥を、七面鳥の中には魚を、さらに隙間に卵を詰め込む詰め物マトリョーシカみたいなお料理、叫んじゃうくらい美味しいんだって。あれはいつか食べてみたいなぁ。

おじさんは息もつかせぬスピードでどんどんお話をするから、こっちが笑い転げて「ちょっと待って」とお話を止めてしまうこともしばしば。立て板に水って諺《ことわざ》があるけど、おじさんのお話は立て板に滝だったね。

でも最初は面白くて珍しいことばっかりだったお話も、だんだん様子が変わっていってね。おじさん自身はあんまり変わってないんだ。相変わらずチビで、でもそんなことを感じさせないように精一杯背中をぐいっと伸ばして、ありとあらゆるものを見て、ありとあらゆるものに耳を傾けて、それを全部自分の胸にしまっておく。でもそのうち、世界が変わり始めた。想像できる？　国が右や左にふらふら傾いて、今日はもう昨日の続きじゃなくて、大丈夫だと思ってたものは消えちゃう。高いところから紙を落として、ひらりひらりと裏返りながら落ちていく、あんな感じ。最後にどっちの面を向けて地面に落ちるか、そもそも地面があるのかすらわからないんだ。

おじさんが大事だと思っていたものも、どんどん変わっていく。お金だったり、女の子だったり、周りの人から偉いと思って貰《もら》うことだったり。何者かになりたい、とずっと思っているけれど、その「何者か」はすぐ目の前を翻り裏返り、ひらひらと逃げていく。捕まえたと思うと、紙くずだ。捕まえては捨て、捕まえては捨て、そうしながら前に進んでいくしかない。でもさ、だからといって、大事なのは心だ、とか、良くあるいい話じゃないところが、おじさんの面白いとこなんだよね。

じゃあ何が大事かって？　それはおじさんのお話を最後まで聞いてみてよ。

おじさんのお話は、美味しいものや、綺麗なものや、面白いものや、優れたもので満ちている。でもそれと同じだけ、邪《よこしま》なものや、間違ったものや、汚いものもある。どっちも、おじさんは見て、耳を傾けて、そしてただ受け取る。その全部が、きっとおじさんの心の中に百コルナのお札のように敷き詰めてあるんだと思う。お話を聞くのは、おじさんの部屋のドアをちょっとだけ開けて見せてもらうような感じ。

あ、そういえば、お話がとても面白いおじさんがいるよ、って薦めてくれた人がいるんだ。その人は、世界中の面白いお話や、自分の住んでる辺りの面白いお話、長い時間をかけてたくさんのお話のタイルを集めてくれた。今あなたが見ているのも、そのタイルの中の一つ。タイル一つ一つを見るのも、ちょっと離れて全体の色合いをぼんやり見るのも楽しい。なかなかいいよね、目の前にずらりと並んでる様子は。とっても大変だったみたいで、娘さんと約束していたことがもう三年もほったらかしになってるそうだけど、お話集めも一段落したから、そろそろ思い出してあげてほしいな……。

満足してくれたかい？　今日はこのあたりでおしまいだよ。

（いけざわ・はるな　エッセイスト）

崩れていく世界を生きること

世界文学全集Ⅲ―05・06『短篇コレクション』Ⅰ・Ⅱ

藤井光

日常という、ぼくらが生きている世界は、そのなかに何らかの崩壊のプロセスを抱え込んでいる。そのことを、短編作家は本能的に理解しているように思えるときがある。それが日常から生み出された一瞬の非日常であれ、人間同士の友情であれ、短編小説において描かれるなんらかの世界は、必ずどこかで崩れてしまう。物語の終盤で。あるいは、物語が始まった時点で。

二冊に分かれ、二十世紀中盤から現代までの世界の短編を選りすぐった『短篇コレクション』という書物を旅しながら、ぼくがそんな思いを抱いてしまうのは、フリオ・コルタサルの「南部高速道路」がその冒頭に置かれているせいだろうか。日曜日の高速道路という日常の平凡な光景が、一瞬で反転して異界に姿を変え、そして砂の城のようにあっさりと形を失っていくこの物語は、二冊の通奏低音を決定しているように思える。

ある世界がゆるやかに立ち上がり、次第に輪郭をなし、そしてまた緩やかに崩れていく過程を体験する。それが長編小説の読者となることの醍醐味だとすれば、ぼくにとって短編小説を読む体験とは、いきなり崩壊のプロセスを突きつけられる戸惑いに凝縮されている。バーナード・マラマッドの「白痴が先」で、物語が始まった時点ですでに、父親の死期が間近に迫っているように。物語のどこで崩壊が起きるにせよ、それは登場人物にも読み手にも心の準備をさせてくれない。気がつ

けば、奈落は目の前にある。

だとしても、世界のすべてが消滅してしまうことはない。崩壊のプロセスがあり、そしてそれを超えて続く何かがある。壊れゆく世界とは、同時に無数の生存者を生み出しもするのだから。

カズオ・イシグロの「日の暮れた村」の語り手や、チェーザレ・パヴェーゼ「自殺」のカルロッタのように、誰かをあとに残しつつ、崩れていく世界と運命を共にするのか。あるいは、ガッサーン・カナファーニー「ラムレの証言」やレイモンド・カーヴァー「ささやかだけれど、役に立つこと」の大人たちのように、生き残った者として語りを続けるのか。崩壊を前にして、みずからの居場所を選択せねばならない登場人物の姿には、おのずと倫理が宿るのだと言っていい。

望んでもいないのに生き残ってしまった者もいれば、生き残ることをみずからに課した痛快さを見せる者もいる。後者の代表は金達寿《キム・ダルス》「朴達《パクタリ》の裁判」の主人公だろう。日本による占領から朝鮮戦争へ、という時代を生きる朴達の「えっへへ」という笑いは、それを物語るのがかつての占領者の言語である日本語であるという事実とともに、不敵な光を放っている。

限られた言葉で異界をどう作ってみせるか、そこにも短篇作家の凄みはある。リチャード・ブローティガンの「サン・フランシスコYMCA讃歌」での、家の鉛管類が詩に置き換わってしまうという突拍子のなさ、オクタビオ・パスの「波」での、非人間的なものを人間的なものと同列にする言語遊戯の巧みさ、あるいはファジリ・イスカンデル「略奪結婚」、あるいはエンドゥール人の謎」で導入される架空の民族には、語ることが日常のなかに異界を出現させるという爽快さが刻印されている。そしてもちろん、そうして現れた異界は、やがて崩れていく運命にある。

世界は崩壊のプロセスから逃れられない。ある意味では単純な、その洞察を軸としつつも、物語作家が膨らませる想像力の豊かさには驚嘆するほかない。そして、ひとつの思いが次第に形をなしてくる。物語る行為が、国籍や言語を越えたところで連帯を生むのだとしたら、その基盤となるのは、世界の何かが崩れていくことを前にした人の「脆《もろ》さ」という感覚ではないのかと。世界に哀感を覚えるにせよ、唾するにせよ笑い飛ばすにせよ、その脆さは消えることがない。それを正面から引き受けていることが、逆に物語の「強さ」を生むのではないか。ぼくが世界の文学に惹《ひ》かれる理由は、そこにあるのかもしれない。

（ふじい・ひかる　英米文学）

世界文学と『苦海浄土』

——熊本県立図書館での講演から

池澤夏樹

「世界文学全集」を始めることになったきっかけ

熊本に来るのはこれで二度目ですね。

ここに来て僕が思い出すのは、内田百閒《ひゃっけん》という作家のことです。随筆がうまい一方、不思議な小説を書いた人ですが、その彼が最後に出した本が『日没閉門《にちぼつへいもん》』でした〔短篇「日没閉門」は日本文学全集第28巻『近現代作家集 Ⅲ』に収録〕。百閒先生は、日々、机に向かって仕事をしているわけですが、「今日はこれで終わり」と思ったところへまた仕事の客が来るのはたまらないから、門前に「春夏秋冬日没閉門」の札を掛けていたんですね。

ところで、百閒先生は汽車の旅が好きで、ある時、列車に乗って熊本まで来た。熊本城を見にいくと、ここでもお城の入口に「日没閉門　熊本城」と掲げてあったんですね。それでとても感心して、上の句をつければそのまま俳句になると考えた。「白映《しろばえ》や日没閉門熊本城」。そのあと先生は東京に戻りますが、「日没閉門」の札がトラブルを招くことになりました。

ある夜中のこと、ゴソゴソ怪しい音がする。「なんだ」と思って出てみると、若い男が垣根を乗り越えようとしている。「何をしているんだ」と言うと「あの、出前のお皿を下げに来ました」「正面から入ればいいではないか」「でも日没閉門と書いてありましたから」。「非常識きわまる」と先生は怒って——怒るべきところで怒る人なんですね——その出前をとった店に電話して「おまえのところの若い者がこういうことをした」と言った。すると「御宅が何を書こうが、こちらの知ったことではありません」と向こうも怒る。「だいたい御宅は遠いし出前も迷惑なんです」と言う。それで先生は「迷惑なら、よそうか」と言って、以来お膳が淋しくなった。こんな話です。それでぼくは熊本城に「日没閉門」の字があるかどうか見たかったのだけれど、今日は時間がなくて行けませんでした。

前置きが長くなりましたが、いま僕は、個人編集という形で「世界文学全集」を出しています。どうして文学全集をはじめることになったのか。話は、二〇〇五年くらいに遡ります。河出書房新社という出版社が「世界文学全集をやりませんか」と声を掛けてきたんですね。僕は「ちょっと待って。それはいくらなんでも時代錯誤だと思う」と答えた。

振り返ってみれば、昔、たいていの家に文学全集というものが一揃いありました。昭和初期に始まったことだけれど、戦後になってまた一種のブームが来た。文学全集を毎月一巻ずつ刊行のたびに買って棚に並べるというのがごく普通のことだったんですね。それで、いろいろな出版社がそれぞれ日本文学全集と世界文学全集を出した。七〇年代の終わりくらいまでは続いていたと思います。

なぜ世界文学全集という出版形態があったのか。その頃の人びとには、読むべきものを揃えて自分を高めたい、教養をつけたいという思いがあった。ベストセラーもいいけれど、きちんと体系づけられた文学の素養を身につけたい、とみんなが思っていました。しかし、何を読むべきか、素人が選ぶのはむずかしいしたいへんです。マニアックな読書家ならともかく、ふつうの人は選びきれない。そこで専門家が選んでセットにして毎月配本する、人びとは毎月配本された本を読むという、日本特有の形態がおおいに流行したのです。他の国にはあまりない形式ですね。

ブームになった理由はもう一つあります。日本人は、セットになったものが好きなんです。ここからここまでときちんと区切って、中にいろんなものが入っていて、バラエティに富んでいて、しかもこれで全部という完成感がある。そういうものが好きなんですね。幕の内弁当がいちばんいい例です。縮小されていて完璧である。文学作品はきりがないほどたくさんある。それを正しい比率で縮小して、手元に置けるサイズにまとめて身辺に置く。日本の文化の特徴が現れている。

文学全集というのはそういうものでした。それは知っていたけれど、しかしそのブームはずっと昔に終わってしまっている。河出書房はかつて文学全集の大手だった出版社ですが、しかし時代は変わった。

というのは、昔は、与えられたものを信用するだけのナイーブさが人々にあった。それから、与える方にも、「これを読みなさい」と言えるだけの権威があった。しかしその後で日本の社会は大きく変わりました。一言でいえば、人は教養人やその志願者ではなく消費者になった。いまは、人はまず実用のために読む。もちろんその実用の中には快楽、読む喜びもあります。遠い先の日に役に立つかもしれない教養のために読むのではなくて、その時々で自分が楽しいと思うもの、面白いものを探して読む。ある意味では、自分なりの読書の仕方を身につけた。

主流はいま役に立つものを読めばいい、という考えです。だから、エンターテインメントや癒し系、ケータイ文学が盛んで、そのほかに翻訳文学や純文学も少しは売れているという程度。そういった安定した本のマーケットがあるならそれでよろしいのではないか。そういう考えが、いまの読書をめぐる常識、了解事項です。そこにいまさら文学全集をぶつけてうまくいく理由がない、と、そのとき僕は思ったんですね。向こうも「そうですか」と言って引き下がった。

ところがそのあと、河出の、今度はずっと若い編集者に会う機会があって、その人も「世界文学全集、だめでしょうかねえ?」と言う。「まあねえ、まさかねえ」と言って別れました。

ところがその晩、気づいてみると僕はなんとなくリストをつくりはじめている。手が動いて紙の上に作品の名前を並べている。遊び半分で、まあ実行は無理だとしてもプランだけでもつくってみようかと。プランだけを本にする手もあるし、とか言って。そんな風にして、リストだけ、と言って話が始まるうちに、だんだんどちらも本気になってきた。

僕もリストをつくり、向こうもつくる。それで、これを入れる、あれを入れると会議をしますね。するとたいていのものは、もう日本で出ているんです。昔からの評価があるものを選ぶと、それはみんなすでに翻訳が出ている。しかも今でも買える。五百円の文庫本で売られているものもある。それをもう一度本にして果たして売れるのか。そのあたりから半信半疑のままリストづくりを進めました。

「世界文学全集」のねらい

そもそも、世界文学とは何か、という問題があります。私たちは、遠い昔から今まで生きていた無数の人たち、彼らの生き方、暮らし方、ものの考え方が知りたい。そういうものを通じて、「人間」のいちばん広い定義がほしいと思っている。世界には人種・民族、社会層、貧富、性別、思想、等々を異にするたくさんの人がいる。考えかたも話す言葉もさまざま。それら全部を含めてこの地球の上に暮らす人間です。これははっきりしています。

そういう多様性をふまえて、人はどういう時代に、どういう場所で、何を考えて生きてきたのか。それはいまの僕たちにどうつながっているのか。それを全体として捕えて考えるには文学がいちばん役に立つ。

そういう問いを基礎に据えてリストをつくっていったんですが、昔の世界文学全集は、だいたいラインナップが決まっていました。ホメロスがあり、中国だと『史記』、あとはシェイクスピアやゲーテがあって、だいたい最後がヘミングウェイやフォークナーあたりだった。でも、いまさらホメロスでもないよなあ、と僕は思った。もちろんギリシャ・ローマの古典は大事ですが、何か違う。いきなり古代までいってしまって、そこから帰ってこようとするのは、あまりに遠い迂回《うかい》というか回り道。そうではなく、いま我々が生きている、考え込んでいる、いったいどうすればいいんだろうと悩んでいること、そこに響いてくる文学とは何か。そういう方向で出せないだろうかと考えた。

はっきり言いますと、9・11からあとの世界を見ていて、なんで世界はこうなってしまったのか、なんでいま我われはこういう時代、こういう世界に生きているのか、それを文学は説明できるのか、という思いがずっとありました。それが、いま本を読むことの基本ではないか。ホメロスも『史記』もシェイクスピアも面白いけれど、いまの世界を読む、というこちらの気持ちはもっと切実なんです。

だから、たったいまから始める。しかし、だからと言って一昨年出たものを、そのまま入れるというわけにはいかない。もうちょっと評価が定まるというか、安定というか、みんなの「あれは面白い」「あれは凄い」という声が静まったあとですね。わっと盛り上がってさっと消えてしまうような作品は、ちょっと違う気がする。だからもう少し待つ。たとえば二十一世紀になってからのものは遠慮しよう、と考えました。だから二十世紀末あたりを最後として選ぶ。次に、始まりはどこにするか。僕はやはり第二次大戦が終わってからだと思いました。第二次大戦が終わって、ドイツ、日本、イタリアが負けてアメリカとソ連が勝つ。それにNATOの諸国とワルシャワ条約機構の諸国がくっついている。冷戦体制ですね。その一方で植民地がどんどん独立する。七〇年代になるとベトナムでアメリカが負ける。アフガニスタン侵攻を機にソ連そのものが崩壊する。そして今に至る。だから、始まりはやはり一九四五年。しかも、たまたまですが、それは僕が生まれた年でもあった。

一九四五年のあとの世界の変化を文学はどう書いてきたか。一つの基準をもうけて、それに沿って作品を選んでいく。これならば、いま僕が一人でやることに意味がある。昔の文学全集は、通常、四〜五人から十名くらいの偉い人が集まってつくっていました。フランス文学は誰それ先生、イギリス文学はなんとか先生、ドイツ文学はあの方、ロシア文学はあの人、というように。ところが、今回の全集は、僕ひとりでやるのが面白いところ。ほかには誰もいない。勝手にやっていいんです。僕は、大学の先生ではありませんし、文学の研究者でもありません。そんなに広く深くは読んでいません。でも、その範囲で選んでいいですから、と言われた。

国境を越える文学

世界文学という言葉を言い出したのはゲーテが最初です。そのときゲーテは何を考えていたのか。彼はドイツ語の作家でしたが優れた文学は言語を超えて読まれることに気づいた。あるいはそれを強く意識した。たとえば、シェイクスピアの作品は、ドイツ語に翻訳してドイツで上演しても楽しめる。シェイクスピアは翻訳にたえうる。移植ができる。そこで、たぶんゲーテは何かすごい原理に気がついたんですね。文学を楽しむという点においては、イギリス人もドイツ人も変わらない。当たり前のことのように思うかもしれませんが、実は、ゲーテの時代は、国という単位、一つの原理によって一つの国を固めることがまず大事である、という考えが重視された時代です。国民国家ができて、ひとつの原理によって統一される。そういう国家がいくつも並んでいるのが世界である、という発想です。ここからこちらがフランス、ここがイギリス、ここがイタリア。それを明確にするために国民の帰属意識を強化しなければならない。

そのための道具の一つとして言葉があり、文学があった。ゲーテも、もちろんドイツ語文学の雄でしたが、その一方で彼は、文学は国境を越えうるということを考えた。そのあたりからはじまって、各国のインテリたちは他の国の同時代の文学を読むようになった。それによって人間の普遍的な姿を探そう、と。そういう一種の理想をめざしたのです。

そこで日本の話になりますが、日本人は幸か不幸か、近代化に際して、ヨーロッパのように改めて国家像を構築する必要はなかった。というのは、日本列島は島国ですから、国境は海岸線でくっきりしています。何よりも、この二千年、異民族に支配されたことがありませんでした。一九四五年までなかった。今の日本の領土で異民族支配の辛さを体験しているのは、まずはアイヌの人々。彼らの場合は、支配どころか絶滅に近いところまで追い詰められました。それからもう一つは琉球です。琉球は、薩摩藩にずっと支配されてきました。この二つを例外として、日本はほぼ大和民族だけが住む土地だった。自ずから国民国家の体を成していたのです。

それでは、日本とは何か、日本文化とは何か。いかなる人が、何を拠り所に何を考えて生きてきたのか。

このことを考えるうえで、いちばんいい例を挙げましょう。司馬遼太郎です。司馬遼太郎は「日本人とは何か」ということをずっと考え続けた人です。だから、あえて言えば、司馬遼太郎は大変に優れた作家ですが、その作品は世界文学ではない。他の国の人が読んでも面白くないと思います。司馬遼太郎が考えたのは、「人間とは何か」ではなくて「日本人とは何か」。それに対して、たとえば宮沢賢治は違う。彼は、日本人のことはあまり考えないで、人間のことを考えた。東北の不幸を目の当たりにして、歯がみしながらそれでも銀河系のことまで考えていた。だから宮沢賢治は世界のあちらこちらでよく読まれている。

そんなふうにして、文学には、国境をしっかりと固めて、その内側を論じるための文学と、国境を越えてしまう文学があると思います。そういうことが、選んでいるうちに、僕自身にも明らかになってきたのでした。

翻訳とは何か

日本語以外の言語で書かれた文学を僕たちが読むためには、翻訳を経ないといけない。言語と言語の境界線を越えるために翻訳をしなければならない。かつて翻訳は一種の必要悪と思われていました。原文で読めない人のために仕方なく翻訳してやる。言ってみれば、翻訳家の人たちは、紹介者としてしか評価されていなかった。しかし、僕が最近考えているのは、翻訳はもっと積極的な、本質的な文学の作業であり、創造的な過程であるということです。さらに言えば、すべての読書は翻訳ではないか。作者が書いたことが全部そのまま読者に伝わるわけではない。読者は一人ずつ経験も違えば思想も違う。言葉遣いだって違う。それを越えて、作者の考えをそれぞれ自分なりに翻訳して自分の中に取り込むのではないか。昭和のはじめに宮沢賢治のつかった日本語と、いまの読者がつかっている日本語は違う。英語と日本語の違いは非常に大きいけれども、宮沢賢治のつかった日本語と、我われがいまつかっている日本語の違いも、そんなに小さくはない。

僕はたまたま外国に暮らしているからわかるのですが、外国では、人々の習慣、ふるまいが日本と違います。僕はそれを翻訳して、さらに自分なりのものの見方に合わせて解釈する。市場で売っている魚を買ってきて、彼らはこうやって食べるだろうと、そういう文化的な翻訳を通じて暮らしをたてている。外国にいる僕だけではありません。ほかの国の食べ物を日本流にアレンジして作り直すことは、日本料理全体がやっていることです。

今回の「世界文学全集」では、最初に出したのが、ジャック・ケルアックの『オン・ザ・ロード』という小説です。この本は五十年ほど前にアメリカで元の本が出て、その後、日本では『路上』というタイトルで翻訳が出た。では、その翻訳があるからそれでいいかと思ってめくってみると、言葉遣いがやはり古い。当時はピカピカ光って見えたはずなんだけど、いまは違う。

何が変わったかというと、僕らが変わったんですね。では、どう変わったのか。

まず、暮らしがとてもアメリカっぽくなった。当時は、日本人の知らないことがいっぱい出てくるから、翻訳も説明調になるんです。それは否めない。それから、あの頃、日本には自家用車なんてほとんどありません。珍しいからわざわざ「自家用車」という言葉が造られた。車をもっている人は運転手を雇えるような人だった。自動車の運転は専門の人がするものでした。だから、若い奴らが有り金をはたいて二百ドルで中古車を買って西海岸まで走るというような話は、日本人にはぜんぜんピンとこない時代だった。

今は自動車社会です。誰もが持っていて、もうそれにも飽きている。だから、四十年前の翻訳は使えないと考えて、新しい翻訳にすることにしました。そこでたくさんの問題が生じます。たとえばタイトルです。『オン・ザ・ロード』とはどういう意味か。昔の訳では『路上』となっています。でも、英語の『オン・ザ・ロード』の意味はだいぶ違います。『路上』は場所のことですね。『オン・ザ・ロード』は、道の上にいるという状態のことです。旅の途中、移動中。たとえば、夜、バーで飲んでいるとして、この一杯を飲んで帰るという最後の一杯を「ワン・フォー・ザ・ロード」と言います。道路のための一杯。「ロード」にはそういう意味がある。そこまで考えて、それで、カタカナの『オン・ザ・ロード』にしました。もちろん、これは翻訳者の青山南さんが決めてくれた。

この世界文学全集を編むに際して、タイトルはなるべく日本語で、という気持ちなんですが、でも、この場合は例外的にカタカナにしました。ところでカタカナのタイトルといえば、以前、村上春樹さんが『キャッチャー・イン・ザ・ライ』(J・D・サリンジャー、白水社刊)という翻訳書を出しました。あのタイトルはけっこう議論になったんですね。前に出た野崎孝さんのは『ライ麦畑でつかまえて』というタイトル。村上さんはカタカナのままにした。『ライ麦畑でつかまえて』は、相当に考えたあげくのひねった訳です。原題を直訳すると、「ライ麦畑にいる捕まえ係」になりますね。その意味ですが、非常に非現実的な、しかも子供に対する思いばかりが濃い、社会的にほとんど無意味な仕事、ありえない仕事、そういうキーワードなんですね。だから本当に訳しにくい。だからか、村上さんはカタカナのままにした。

でも、それで良かったのか？　というのが、そのとき僕たちが議論したことでした。原題がカタカナのまま表記されるという傾向がこんなに目立つようになったのは、ひとつは映画に理由があります。映画の配給元の大手はアメリカの会社ですが、彼らが「英語のまま、カタカナのままで」と言ってくるらしい。だから、昔のように凝った日本語のタイトルは少なくなった。「ダ・ヴィンチ・コード」だって、昔だったら「ダ・ヴィンチの暗号」と訳したと思います。「コード」は「暗号」の意味ですが、ちょっと英語の辞書など引かないと、ふつうの人はわからない。

というふうに、翻訳はとても大事です。翻訳を通じて、訳者も読者もいろんなことを考えるんですね。シェイクスピアにしても、イギリス人は可哀そうだ、というジョークがあります。シェイクスピアを原語のまま上演しないといけないから。英語圏以外だと全部翻訳です。そして翻訳のたびに何かが加わる。日本でシェイクスピアの訳は全部あわせると何十種類も出ていると思いますが、そのたびに、ちょっと違うやり方が加わって、それによって、ちょっと違ったシェイクスピアが生まれる。でも、シェイクスピアがすごいのは、どう訳しても、どう上演しても面白いんです。作品自体が、やはり普遍的な力をもっているんですね。翻訳を経てさらに輝く。

世界文学と石牟礼道子の作品

「世界文学全集」については、一九四五年よりあとの世界から小説を何十篇か選んで、それによって、いまの時代、いまの世界を読み解こうとした、ということをさきほど言いました。9・11以降を生きている我われが、なぜ、いまの世界がこうなってしまったのかを知ろうとする。何千年も前からずっと生きてきた人間がいまの時代にぶつかったときに何を考えるのか。そういうことを考えるためのもの、という基本方針で二十四冊を編んだということです。その過程で二つの方針が立ってきました。

まず、ポストコロニアリズムです。植民地以降という思想。第二次大戦が終わったあとのいちばん大きな世界の変化は、植民地がみんな独立したことでした。それまではイギリス領ケニアであったところが、ケニアという一つの国になった。ベトナムやカンボジアも同じ。朝鮮も、日本の植民地であったところが独立した。中国は自立した。そうすると、世界は中心と辺境に分かれているという思想、ヨーロッパとアメリカと、せいぜい日本あたりまでが指導的な国で、そのほかは支配されるという思想が、ひっくり返ってしまった。文学で言えば、もともと文学をもたない人たちが、言いたいことを言うようになった。それが、一つの顕著な傾向です。

もう一つは女性たち、フェミニズム、女性主義です。これまでは社会そのものが男性中心で運営されていましたが、女性たちが前に出てきて言いたいことを言うようになった。ポストコロニアリズムとフェミニズムという二つは、言ってみれば、どちらも弱者の視点から始まったものです。僕は初めからそれを意識したわけではなかった。けれども、実際に二十世紀後半の文学の流れを見てみると、旧植民地と女性たちの力が強いということが、結果的にどうしても出てきてしまう。

「世界文学全集」に収録される三十五人の作家のうち、十一人が女性です。何も意識せずに選んだ結果です。男性のほうが、経済的地位にしても社会的地位にしても、作家のような仕事を選びやすいことを考えると、少なくはないと思います。

それから、旧植民地のほうですけれども、これは旧植民地出身の作家というような狭い限定ではなくて、扱われる土地がいわゆる昔の先進国でない地域である。そういう基準で数えると、三十五人のうちの十二人になります。

例を挙げましょう。第二次大戦から生まれた作品というと、日本では大岡昇平の『野火』『俘虜記』がある。ベトナム戦争というと、ティム・オブライエンの『カチアートを追跡して』があり、開高健の『輝ける闇』がありましたが、実はベトナム戦争について、小説でいちばんいいものを書いたのはベトナム人だった。バオ・ニンの『戦争の悲しみ』という作品。これは本当に傑作です。たとえば大岡昇平の場合、彼は日本人であって、彼が行ったのはフィリピンですから、行った先についての戦争の話です。しかし、バオ・ニンはベトナム人で、自分の国が戦場になり、巻き込まれてしまった。出かけていく兵隊たちだけの戦場ではなく、残った人間、つまり女、子供、老人の戦場でもあるということです。残ったというか、そこが戦場なんです。その悲惨について、彼は実にいい作品を書きました。だからこれを選ぶ。

こういう具合にして、一つのリストが出来上がっていった。そこで次の段階です。このリストをつくって二十四巻の内容を発表して、まあ、けっこう評判になった。

しばらくしてから、当然の質問が僕のところに来ました。「日本のものは入らないんですか？」

過去、日本文学全集と世界文学全集は別々でした。僕は、今回はどうしようかと思ったけれど、日本文学を最初から排除しようと考えたわけではない。というのは、僕の基準によれば、日本の文学でも、国境を越える力をもっているかぎり、作者が有名であろうがあるまいが、排除されるべきではない。翻訳にたえられるものが世界文学であるとするならば、翻訳されて世界じゅうで読まれている村上春樹は世界文学に入る。大江健三郎も中上健次も当然入る。でも、ここに村上春樹を入れるということは、村上春樹は世界文学であるという一種のマニフェストにしかならない。それは、なんかちょっとむなしいと思ったんですね。だからはずした。文庫でいくらでも読めるわけだし。

そんなことを考えているとき、東京大学でこの全集に関するシンポジウムをしたんですね。そこでカナダ出身で日本文学の優れた研究者のテッド・グーセンという先生が「もし、カナダで世界文学全集をつくって、それにカナダのものを入れなかったら、みんな怒ります」と言った。ちょっと待って、それは違う、それは違う。なぜならば、広い英語文学の中でアメリカのものを入れる、イギリスのものを入れる、オーストラリアが入る。そうやって選んだところにカナダがなかったら、英語圏の国の中でカナダを過小評価したとみんなが怒るでしょう。言ってみれば、カナダという国がイギリスやアメリカにもっているコンプレックスの問題。しかし日本語の文学は今のところ日本にしかない。そろそろ、国籍の異なる人たちが日本語を駆使してもいい。リービ英雄もアーサー・ビナードもりっぱな日本語遣いです。ほかの作家たちも出てきています。

そう言いながら、実は僕は心の中で「しかし、あれを入れるべきだったな」というのが一つあったんです。さっき言った「弱者の側に立つ」。それから「周縁の視点に立つ」。そして「女性の視点」。この戦後の世界の状況を本にして、しかも非常に尽きぬ大きな力を持っている。これから先、我われが生きる世界はどんどん悪くなるでしょう。良くなる理由はない。格差が広がり、もっともっとひどいことになる。そういうときに、みんなの心に響く強い文学がここにあるじゃないか、と。世界文学全集の基本方針から言えばこれを入れるべきであった、そういう作品が一つあります。

それは石牟礼道子さんの『苦海浄土』なんです。決して中にこもっていない。地域と言語を超えている。だから『苦海浄土』を入れるべきだったと僕はちょっと悔しい思いをしました。何か方策を考えなければならないですかね。

『苦海浄土』がどうしてそんなにすごいのか。どうして僕が評価しているのか、どのように評価しているかをお伝えするため、最後に、石牟礼さんの全集のために書いた僕の文章の一部を読みます。

制度がそもそもチッソを生み、水俣病を生んだ。彼らがあまりに非人間化してしまったから、患者の方は人間として残った。だから、患者は、非人間化した制度側の元人間と自分たちを別するために、自ら非人を名乗る。つまりここでは人間とそうでないものを分ける基準を逆転させることで患者は非人間の群れから自分たちを救い出している。（中略）

制度の側に立つ人々がひたすら患者との対面を避け、制度の中に立てこもろうとするのに対して、患者の方は相手を人間として自分の側に回収しようとする。どうしてそのようなことが可能なのか、人間に希望があるとすればまさにこの一点、制度の壁を越えて、顔もなく名もなき、職名だけの相手の中に人間を見ようとするおおらかな、彼ら自身が笑うごとくどこか滑稽な姿勢の中にこそあるとぼくには思われる。（中略）

患者たちと支援の人々、そして石牟礼道子が戦後日本史に与えた影響はとても大きい。崩れて流動する苦界にあって、ここに一つ、揺るがぬ点があった。ぼくたちはこれを基準点としてものを計ることを教えられた。

今も水俣病を生んだ原理は生きている。形を変えて世界中に出没し、多くの災厄を生んでいる。だからこそ、災厄を生き延びて心の剛直を保つ支えである『苦海浄土』三部作の価値は、残念ながらと言うべきなのだろうが、いよいよ高まっているのである。

これで『苦海浄土』を「世界文学全集」に入れる理由としては充分だと思います。

ご清聴ありがとうございました。

（初出＝「COYOTE」No.31）

対談

石牟礼道子×池澤夏樹

記憶が紡ぐ歌、そして物語へ

石牟礼さんとは何度となくお目にかかってお喋りをしている。

だから普段のお喋りとこの対談のどこが違うかわからない。書かれたものを読んでいると知りたいことがたくさん湧いてくる。それを会った機会にまとめて尋ねる。そうすると日常の話題から少し離れて対談らしくなるらしい。

この対談は二〇一二年六月。その頃はぼくの頭はまだ半分くらい三陸の震災に領されていた。それでもその話題はこの場には出ない。石牟礼さんの世界を訪れることでぼくはしばらく三陸を忘れていられたと思う。

石牟礼さんとの対談は他にもいくつもある。遠くない時期に一冊の本にしたいと思っている。

池澤夏樹

世界文学全集Ⅲ−04『苦海浄土』
帯装画：チカツタケオ

日本文学全集24『石牟礼道子』
帯装画：クサナギシンペイ
月報：小野正嗣・多和田葉子

池澤　この間から考えていましてね、僕たちは皆、石牟礼さんに騙されているのではないかと思って。
石牟礼　どんなふうにですか（笑）
池澤　うん。最初はね、『苦海浄土』がルポルタージュである、ノンフィクションである、ということ。
石牟礼　ええ、ええ。
池澤　つまり『苦海浄土』は、石牟礼さんがテープレコーダーを持って、水俣病の患者さんのところに行って話を聞いて、それをちゃっちゃっちゃっと文字にして本にしたんだ、というふうな読み方が世間に広まっていたと思うんです。でも実はそうではない。患者さんの言葉も、お話も、一旦全部を石牟礼さんは自分の中に入れて、心の中にしまって、そのまま熟してくるのをずっと待って、それからご自分の言葉として患者さんのふりをしてお書きになっている……ということを渡辺京二さん〔『苦海浄土』編集者。著書に『逝きし世の面影』など〕がおっしゃった。
　僕はそのときに自分は迂闊《うかつ》であったと思いました。僕も『苦海浄土』のことをノンフィクションかな、と思っていたところがあるんですよ。それはたとえば、お医者さんの報告書とか、官僚たちの言葉、チッソの人たちに向かって患者さんが言ったことは、そのまま写していらっしゃる。その部分はノンフィクション、ルポルタージュですね。
石牟礼　はい、はい。
池澤　だけど、患者さんの心の中とか、病気になる前の漁師さんたちの暮らしのこととか、それは全部石牟礼さんの中を一旦くぐって出てきた言葉ですよね。それが後になってようやくわかった。「つくる」……つまり「嘘をつく」ではなくて、石牟礼さんが創作していく、石牟礼さんが一からひとつひとつ言葉を積み上げているということ。それに気づかなかった僕は、本当に迂闊でした。『椿の海の記』にしても、つい僕は、石牟礼さんがお若い頃、みっちんだった頃に、あのおもかさまや山のものたち、海のものたちの間で良い時を過ごされて、それを覚えていらして、文章に起こして、それが作品になった、と単純に考えていた。しかし改めて読んでみれば、実際には『椿の海の記』にしても、非常に手間のかかった凝りに凝った文章ですよね。
石牟礼　そうでしょうか（笑）
池澤　そんなにさらさら出てきたもののはずがない。だから「方言の力です」と石牟礼さんがおっしゃるのはよくわかるんだけれども、でも、あの魅力は方言の力だけではないです。たとえば語彙の数が本当に多いですよね。
石牟礼　そうでしょうか。
池澤　きれいな言葉やきれいな言い回し、そういうのをたくさんたくさん秘密の袋の中に持っていらして、それを次から次へと出してこられる。それは思いつきでさらさら書けるものではなくて、実は大変な技巧ではないかと思うんですよ。

石牟礼　ふふふ（笑）

池澤　それもまた、みっちんが書かれた世界が大変に魅力のある世界だから、ついそれに目をくらまされて、その後ろで一生懸命に動いている、石牟礼さんの心と手が、僕には見えていなかったんですね。

石牟礼　うふふふふ（笑）

歌の記憶、母の記憶

池澤　歌をつくりはじめたのは、自分の中から言葉をつくりたいという思いが湧いてきたからですか。年譜には十三歳からと書いてありましたけど。

石牟礼　考えてみると、母は全然教育のない人でしたけれど、天性の詩人ではなかったかと思いますね。私には「学校には、どこまでも出す」と言っていました。母の兄、つまりわたくしの伯父になる人は、ショモツガミサマ（書物神様）と呼ばれていた人なのですが、村の人たちに、読み聞かせをして、大変に楽しませていたそう。でも早死にしてしまうんですよね。

最初はクニトという名前でした。そこに「クニト様、雨の降りには書物を読んでくださいませ」と村の年寄りたちが頼みに来て言うんですって。雨が降り、仕事のないときには、皆が集まって来られて、「しぃのたまわく（子曰）」って（笑）

池澤　論語ですか。

石牟礼　ええ、論語（笑）。声が別の部屋から聞こえてきました。集まっているところに、伯父が先に言うと、お爺さんたちが付けておっしゃる。ところが「クニト様、『しぃのたまわく』はもうよか。まちっとおもしろかことば聞かせてくださいませ」って、どなたかが言っておられて、それを聞いた伯父はショックだったようです。伯父は心臓を患っていて、ごほんごほんと声が続かないときもある。けっきょく「そんなら何か考えて読んで聞かせましょう」と言って、そしたら今度はときどき爆笑が聞こえる。何だったんだろうと思います。母も聞きたかったそうです。自分の親が発狂していますから聞けなかった、と言っていましたけど。

母の母親も、「学校はどこまでも出す」と言っていたそうです。当時は長崎は、「花の長崎」と言われていて、今の東京よりもそっちの方がよかったって、母は言っていました。当時、普通の人は下駄を履いていたけれど、女学生は編み上げ靴みたいな靴を履いていました。それで、花の長崎の学校に行くならば「靴も取り寄せてやる。

袴《はかま》も、鞄《かばん》も、花の長崎から取り寄せてやるから行け」と母の母は言っていたそうですけど、結局母は行かなかった。「なんで行かんかったと」って言いましたら、「それは……」と大変に萎《しお》れた様子になりましてね。

学校の近くに、川があったらしいんですね。橋は一本橋で、渡ると恐ろしうして、母がためらっていると、男の子がひとり、橋の下で「ハルノさん、俺がおんぶしてやるけん、渡るぞ」と言って、いつも待っておってくれたんですって。その人が瘡《かさ》のできた人で、家中吹き出物ができている家の子だったらしいんです。それが恐ろしさに、せっかく親切で待っていてくれたのに、学校に行けなかったたって。受け持ちの先生がおんぶしに来なさったって。「私がおんぶして行くけん、学校に行こう」と言ってくれたらしくって。それで何週間か行ったそうですけど、その先生が結核になって休まれて亡くなられたそう。

その待っている男の子のことを言うときに、母は実にか細い声でした。あれは母の原罪意識でしょうね。さらに「おっ母様はおっ母様で倒れるようになっとったし」って言って。その年上の男の子というのを言うときに、大罪を犯したかのようにうなだれて言いました。

池澤　お話を聞かせてくれた時には、何十年もたっていたわけですよね。

石牟礼　ええ、何十年も。聞いたのは死ぬ前です。私が「おっ母様のお世話で大変やったな」って言ったら、「自分の方が親にならんばと思うとった」って、母親が狂ったときに思ったみたいです。「いくつくらいの時分《じぶん》やった？」って言ったら「十《とお》時分やった」って。十時分で自分の方が親にならんばって思ったそうです。感動しましてね、私。よくそんな風に思えたなと思って。

池澤　でもそれはね、たとえば水俣病の患者さんたちが、自分たちはチッソに代わって病んでいるんだ、と言うのと同じような考え方ですね。

石牟礼　そうですね。そのときの母は、その男の子のことを、初めて他人に告白したんじゃないかと思います。吹き出物ができた男の子が待っとったけん、学校に行かんかったって。「学校に行かんかったら子守りに出すぞ」って親が言って、赤ちゃんのいる家に連れて行かれたそうですよ。そしたら母は赤ちゃんが大好きで、すっかりその家になついてしまって帰って来なかったらしい(笑)。

池澤　脅しにならなかったんですね。

石牟礼　はい。子守り大好きで。わたくしは麦の粒を見ても母を思い出すんですけど——麦踏みというのがありますね、農作業のなかに。このくらい若い芽が出て。ずっと寒いときの麦畑の麦踏みに行くときに、私もついて行くんです。綿入れを来て。母は手で団子や餅をつくるのが大好きで、もちろん食べるのも。麦踏みをやりながら「団子になってもらうとぞ。鼠じょに引かるんな」って言っているんです。鼠に「じょ」という愛称をつけて、「鴉じょに持ってはってかるんな」って、麦の芽に言いながら踊るようにして、口に出してそう言って、麦畑を行ったり来たりする。私も真似して「鼠じょに引かるんな。雀《すずめ》じょに引かるんな」って言ってました。畑の農作業の間にも、即興の歌や踊りを大変楽しくやるんですよ。農作業というのは、田に草がいっぱい生えますから、草取りで腰が痛いんですよね。草取りは両方の手で取っていくんですけど、田んぼの水の中に四つん這いになって、ときどき水に浸かりながら、「蛭《ひる》たちに来らすんな」って言ってました。蛭って気持ち悪いんですよ。吸い付いたら引っぱるのも気持ちが悪いし。

池澤　血を吸うし。

石牟礼　触るのも私、怖がっていましたから。母が取ってくれましたけど、なかなか離れない、食いついて。あれはとても気持ちが悪い。なんか歌のようなことを言いながら。「こげんなところに吸い付くもんじゃなかろ」って言って、母が取ってくれていました。歌に聞こえるんですよね、母が言うと。

池澤　それはつまり、やがて石牟礼さんがおつくりになった短歌に繋がっている？

石牟礼　繋がっているんでしょうね。

池澤　そう、ですからね。石牟礼さんが言葉をたくさんお持ちで、それはとても味わいがあって、それは水俣弁であることもあるし、そうでないこともある。

石牟礼　天草弁ですね。

池澤　天草弁ですか。そのときは皆さんが言葉や上手な言い回しを持っていらした？　周りの方たち、お母さんをはじめ。

石牟礼　そりゃあ田舎の人たちはいろんな言い回しを、面白い言い回しをなさいます。

池澤　それも石牟礼さんの素材と言っていいのかな、お書きになっていくときの材料になった？

石牟礼　なってますね、はい。

池澤　でも、それだけではない気がするんですよ。つまり石牟礼さん自身がお集めになった、地方の言葉ではない、日本の文芸でずっと続いてきたような、いちいちここで読んだりはしませんけれども、それもとてもたくさんあって。

見えない袋の中からひゅっと絞り出す

池澤　お能を実際にご覧になったことはあまりなかった

とおっしゃいましたけど、でもお能の言葉遣いをよく知っていらっしゃいますよね？

石牟礼　知らないんですよ。

池澤　そうですか？

石牟礼　はい。知らないのに『不知火』を書いてしまって。だから、お能をちゃんと稽古した人から見たら、異端じゃないですか。

池澤　そこのところが不思議です。湧いて出てきますよね、言葉が。

石牟礼　はい。

池澤　だってこれまであんなにたくさんお書きになったんだもん。それはやっぱり湧いて出てきたんですか。

石牟礼　湧いて出てきたんですね。

池澤　たとえば『苦海浄土』で言えば患者さんたちのこと。それから、そこにいらしたときに見たもの、たとえば杢太郎《もくたろう》少年の話とか。それがあって、それからいきなりお医者さんの報告書があって、それから一緒に東京に座り込みに行ったときの記録があって、様々な文体を次々に使い分けて、繰り広げて、決して一本調子ではない複雑な構成になっている。それは長い間をかけていたからということもあるんですけど、とても手の込んだ細工をするおつもりがあったからですよね？

石牟礼　細工をするつもりはありませんでしたね。瞬間的に何か見えない袋の中からひゅっと絞り出すというか。それは村の言葉であったり家の言葉であったり。

　祖父の姉、妹、三人の婆様がときどき天草から出てくるんですけど、実に魅力的な言葉で。「水俣の言葉よりもよか言葉ね」って思っていました、小さい頃から。祖父の松太郎は兄弟の中でいちばん末っ子で、男の子ひとりで、惣領息子として育てられたんですって。姉様たちが来て、意見をするんですよね、私の祖父に。それを聞いて「ほほう、姉様というのは年を取ってからも弟を叱るんだな」と私は感心しました。祖父はなにしろ事業道楽と言われていたような人で、「お前様は惣領息子として育てられて、長着物を着せられて」と言われていました。というのも当時、働く人たちは男も女も、膝から上の短い着物を着ていましたでしょう。「それなのにお前さんは、裾まである長着物を着せられて大事に育てられたもんで、似合わん事業道楽ば始めて、家の財産のあっちの山、こっちの山、全部道に食わせてしもうて。惣領息子というものは一族ば養わんといかん」って、丁寧な言葉だけど、でもしつけ直そうとしている。それを聞いていると実に興味深くて。しかも「道に山を食わせてしもうた」って。「あっちの山もこっちの山も、ご先祖様の残してくださった山を道に食わせてしもうて、どうやって一族を食わせていくつもりかえ」って、代わる代わる三人で松太郎をたしなめているんですね。

松太郎様は長い煙管《キセル》を持って、刻み煙草を、煙管の雁首《がんくび》というのに詰めて吸うんですよね。火鉢の端にかけて詰めようとしているのを見たんですけど、いろいろ言われるもんですから、詰め損なって、なかなか火がつかないんですよね。するとひとりの婆様がマッチを擦って火をつけてやって、「そら、ついた。吸いませな」って煙草を吸わせて、でもそこからも延々と説教が続く。煙草の味はしよるかなって思いましたけど。「吸いませな」って。おかしいですよ、今思っても。

池澤　そういうおかしい場面をたくさん見ていらした、聞いていらした。

石牟礼　はい。

池澤　そういう方たちだったんですね。でもまだよくわからない、僕は。石牟礼さんの作品を読んでいて、どうしてこんなに心を動かされるんだろうって、毎回毎回そう思って。こうやって面と向かって伺って、「それはこうやったからです」と答えが返ってくるとは全然思っていないんですけど、でもね。

『苦海浄土』の描き方

池澤　賞を辞退なさったことがありますね。

石牟礼　ああ、大宅（壮一ノンフィクション）賞。

池澤　熊本日日新聞文学賞もですね。

石牟礼　はい。

池澤　あれはやっぱり自分が書いてきたことと、賞を貰うということがそぐわないと思われたんですか。

石牟礼　そぐわないと思いました。それに、ノンフィクション賞ということでしたので。聞き書きとして優れてるって意味でしょう。

池澤　それがさっき僕も言った世間の間違いですよ。

石牟礼　聞き書きじゃないもん、と思って。

池澤　そうか。そういうことだったのか。

石牟礼　そこに大変違和感がありまして。

池澤　そうだったんですね。

石牟礼　賞なんか貰ったら、これは患者さんの為というよりも、自分の文体の世界をつくりたかったのであんなふうに書いた、と思われる。でも「聞き書きじゃありません」と言うわけにもいかないので、黙って辞退しました。

池澤　恐ろしいですね。選考する側が読み間違いをしていたわけですね。いちばん大事なところでね。

石牟礼　でもまあ、褒めてくださったから。

池澤　それは賞を出すんだから褒めますけれども、全然見当違いに褒められても気持ちが悪いでしょう。

石牟礼　居心地が悪い。

池澤　石牟礼さんはなかなか一筋縄ではいかないんですね（笑）

石牟礼　あはははは（笑）。とぼけてますよ。

池澤　でしょう。それで皆、騙されるんですけどね。二段三段仕掛けがあるんだけれど、それが全部自然に動いているから、ないように見えてしまう。さらに、石牟礼さんがお書きになるものはどれも本当にいいから、そこのところをいちいち理屈をつけて言ってもしかたがない気がして、「読みましょう」と言って読んで、それで終わりになってしまうんですよね。

石牟礼　でも、この度は池澤さんのおかげで『苦海浄土』（「世界文学全集」Ⅲ－03）が売れているそうでして。

池澤　それは世間が気がついていなかったこと、僕がちょっと早く気がついただけのことです。

石牟礼　いや、ありがたいです。

池澤　巻末に僕がつけた解説があるんですが、あれは自分でもずいぶん頑張って書いたと思います。僕にとっても大事なものが書けたなと思えたし、石牟礼さんの大事な部分に近づいた気がしました。

石牟礼　いや、よくぞ読んでいただいて、あんなふうに書いていただいて、わたくし、とってもありがたかったです。

池澤　作品を読んで、石牟礼さんの憤りを何割か共有できたからですよ。たとえば単純に、チッソがいかにひどいか、厚生省がいかにひどいか、という告発の文章だけで構成すると、一本調子になってしまう。それに対して「幸せな暮らしがあったのに」という側をたくさんお書きになっていたという文学的な想像力があるところも、読み返してよくわかった。

僕は、世間の人たちが読み違いをしたり、長い本だから敬遠したり、「どうせ公害の話でしょ」で済ませたりする、そういうところを「そうじゃなくてこっちですよ。入口はこっちですから、ここから入っていくと、こういうふうに面白いですよ。そんな簡単な話じゃないです」と、世間様の手を引いて連れていくことがしたかったんです。

石牟礼　ご苦労でございましたね。

池澤　僕自身、解説を書きながらいろんなことを発見できたなと思います。何て言うんだろうな、後でいい気持ちになれた仕事でした。

石牟礼　ありがとうございました。あんなふうに読んでくださる方が出てきて、作者冥利につきるというものでございます。

池澤　でもそれは、先ほども申し上げたように、渡辺さんがいてくださったからだし、この間は鶴見和子さんとの対談を改めて読んでみて、「こういう側も自分には全然見えていなかったんだな」と思ってしまいました。まだまだ修業不足です。

石牟礼　嬉しゅうございます。ありがたく思います。

「無限というのは怖いです」

池澤　やっぱり昔から、世の中で栄えている人たち……、いや、違うな。上からものを言う人たちに対して、「それは違う」と言い返すような姿勢でいらっしゃいましたね。

石牟礼　はい。

池澤　だからたとえば谷川雁《がん》さん〔詩人。上野英信らと「サークル村」を創る〕に会われていろんなことをなさる。サークル村に入ったり、一時は日本共産党にも入っていらっしゃいましたね。

石牟礼　あははは、間違えて入りましてね（笑）

池澤　間違えたんですか（笑）

石牟礼　いや、間違えたんですよ。詩人たちの集まりとばっかり思っていましてね。

池澤　それは……（笑）

石牟礼　そのとき、わたくしは短歌を書きあぐねていまして。既に周りで奇病が出始めて、あちこちで異常なことが起きていまして「短歌の叙情ではこれは書けない」と思って、苦しんでいました。それで共産党に入れば詩人たちがたくさんいるし、そこで勉強すれば書けるかも、と思ったんです。どう書こうか、新しい文体を求めていたんですよ。既に雁さんは脱党しておられたのに、入れ替りに入党して。だけど入ってみたら、まあ、とんでもない。入党しましたら赤旗拡大月間とか党員拡大月間とか、成績を上げなくちゃいけない。でもそんなこと、わたくしはできないんですね。「赤旗を○○さんは○部増やした」とか「党員を○人増やした」とか。

池澤　それは担ぎ屋さんで山に行って鰯《いわし》をお米に換えられなかったのと同じではないですか（笑）

石牟礼　そうですね（笑）。そのうちに雁さんの一派ということもわかってしまって。雁さんは除名されていましたが、私はそれも知らずに入ったんですよ。そしたら第六十何回だか、三十何回だか、えらい差がありますけど、世界の党の大会で、中国とソ連の原爆はきれいだということが決議された。なんていう決議をするんだろうと思いましたね。「そんなはずはありません」って言いました。でも「党が決議したんだから間違いはない」って幹部が言うんですよね。「でもそれは絶対反対」って言うと、「あんた、世界の共産党の幹部たちが集まって決議したのに、ひとりで反対するのか」と言われたので、

「ひとりでも反対します」と言いました、これはもう絶対譲れんと思いました。そうすると「あんたは偉《えら》かね、世界の共産党にたったひとりで反対するって。トロツキストや」って。

池澤　そういう言葉が出てきたんですか（笑）

石牟礼　はい。でも「トロツキスト」って何のことかわからない。知りませんでした。トロツキーという人がいて、スターリンの敵だということらしい。

池澤　最後はメキシコで殺されましたね。

石牟礼　殺されたんですってね。そう、これも腹が立って「トロツキストって何ですか」って言って。「わたくしは共産党をやめる。こんな党って思っていませんでした。わたくしは間違ってた。わたくしはやめる」って言ったら、「やめたらいかん」って言うんですよ。「党の拡大月間にやめるとは何事か」って。無茶苦茶なところだと思いましたよ。そしてさらに波状攻撃が来るんですよ、説得しに二、三人ずつ、家に。その人たちも帰って「やれやれ、寝よう」と思って寝支度をしていると、また次のグループが来て説得にかかるんですよ。同じことを言う。阿呆ばっかりだなって、わたくしもさすがに思いました。八キロばかり痩せましたよ。

池澤　最後にはやめられたんですか。

石牟礼　やめましたとも。最後には除名となりました。

池澤　除名してもらえたわけですか。

石牟礼　はい。

池澤　組織にしたり、たくさんの人が集まって上から順番をつけるようなことをすると、どうしてもそういうことになりますよね。ただ人が集まっているだけではなくて。

石牟礼　あれは何でしょうかね。

池澤　僕は一度も党の類に入ったことがないというか、入ることができないというか。皆で一緒に何かやるというのが本当にだめなんですよ。

石牟礼　皆で一緒にやるとおかしな人が出てきますね。自分もおかしくなる。

池澤　たぶん僕がすごくわがままなんだと思うけど、野球なんかもできないんですよ。

石牟礼　スポーツ、何が勝ち負けという、ああいう種類のことは何の興味もないんです。

池澤　ないですね。ひとりで走ったり泳いだり、自転車に乗ったりするのは好きなんですけど。勝ち負けがだめで、チームをつくるのがだめですね。

石牟礼　はい。はい。

池澤　しかたがないんだな、これは。

石牟礼　そういう世界には全然興味がなくて、さらに数というのが出てくると、これがまただめ。

池澤　怖いとおっしゃっていましたね、限りなく続くのが。

石牟礼　数というのは無限にある。世の中が終わっても数というのは続くって、父が言いましたもので。無限というのを知ったわけですね。無限というのは怖いです。たとえば、おもかさまの病気は永遠に続くと思ったりしましたですよ。

池澤　もともと日本人はあまり無限とか永遠とか言わないんですけどね。永遠の命なんていうのは、あれはキリスト教の考え方で。日本は、時とともに全てが変わっていく、移ろう。それが世の中であり、世界であり、自分たちだと思ってきた。だから無限も永遠も、言葉としては元々の考え方とはずれているのでは、と思います。

歌から散文へ

池澤　ちょっと話を戻します。『苦海浄土』を書くにあたって、それにふさわしい文体を探していらした、と。

石牟礼　はい。ええ。

池澤　では、その後にいろんなものをお書きになっていますし、それらは全部『苦海浄土』の漁師さんたち、患者さんたち、あの言葉遣いやそれを伝えるために石牟礼さんがつくった文体がもとになっている。つまり『苦海浄土』があったから、後で『椿の海の記』も出てきたし、『アニマの鳥』も出てきた、ということですか。

石牟礼　そうですね。

池澤　短歌から散文へ、散文といっても、方言の絡み付いた散文へ、というところでできあがったんですね、作家、石牟礼道子は。歌人ではなくて。

石牟礼　まあ、短歌的な叙情というのは体質的に持ってはいるんですけど、短歌では水俣病のことは書けないと思いました。

池澤　そうですね。

石牟礼　ひとつには、大変尊敬していた男の歌人が自殺してしまったもので。彼は予告して死んだんですよね。何か自分が死んでいくのを、皆に見せたかったんだと思いました。大変に才能のある人でした。この世の虚無を全部ひとりで背負っているような。

池澤　短歌というものへの絶望も、その自殺の理由にあったんでしょうか。

石牟礼　よくはわかりません。もうちょっと事情を聞いておればよかったんですけど、当時は電話もないし、わたくしは水俣にいるし、その人は来民《くたみ》というところに。熊本市からちょっと離れたところです。

亡くなった後に一度訪ねていきました。彼の出身は来民団扇《うちわ》という団扇の名産地です。友人たちの話だと、終戦の直前には北朝鮮の辺りにいて、召集令状を受けてソ連に抑留されたの。何年か、二年くらいかな、一年ちょっとですかね、その後帰ってきて、それからその人は短歌をつくり始めて、「南風」という、歌人による雑誌がありましたけど、それに投稿して。

私は最初は毎日新聞の短歌欄に投稿していたんですよ。そのとき、彼も投稿していた。情感の実に深い、しかし哲学的な歌を詠む人がいるなと思ってました。それが、新聞の紙上で歌を取り交わすようになって、そのグループを中心にして「南風」という会ができて。さらに選者の先生が主宰して、雑誌が出るようになって。「南風」の歌会というのが毎月あったんですよね。でも私は水俣にいますから、毎月出るわけにいかないですよ。お金がないし。半年に一回くらい、何遍か会いましたけど。その人が私のところに訪ねて来たりして。あれは一緒に死ねばよかったんでしょうけどね。とてもいい歌を残してますけどね。わたくしは家庭がありますから。息子もおりますし。

当時、農薬自殺が流行っていたこともあって、彼は歌会に行くとよく毒薬の瓶をひらひら振って見せていました。そんな彼を取り巻いて、何人かの歌人たちが心配して見張っていました。でもその見張りの中にいて、とうとう飲んでしまった。毒薬の瓶を振って見せながら「まだ半分は残っているんだよ」とか言って。何ということを言う人だろうかと思っていましたけど、本当に死んでしまった。

そういうこともあったりして、短歌をやめたんです。会もやめまして。私の、何か影響が深いところにありますね、その事件。

池澤 その後、「南風」をおやめになったこととは別に、短歌そのものから遠ざかりました？

石牟礼 はい。書いてもなんだか嘘っぽいと言いますかね。自分の感情と、短歌的な美学そのものが。

池澤 僕は昔、詩を書いていて、それから小説を書くようになったら、逆に詩が書けなくなっていて。なぜかと考えてみましたらね、世の中で見聞きしたことや体験したこと、そのまますぐには文学にしないですよね。一旦自分の中に取り込んで、置いておいて、もうひとつ別の契機とぶつかったときに言葉が出てくる。最初に見聞きして「これは面白い」とか「これは大事なことだ」と思ったときに、詩の材料の形に仕立てて冷蔵庫に入れるか、小説用に下ごしらえしてしまっておくか、違う気がするんですよ。

石牟礼 そうですね。

池澤 後になって「この材料は小説の材料にしかならない」というものばかりが残って、そうするとなかなか詩は書けなくなりますね。

石牟礼　はい、はい。

池澤　だから、半分ふざけた軽い詩しかできなくなってしまいました。

石牟礼　わたくしは今、詩を書いているんですけど。

池澤　あの詩は素晴らしいですよ。

石牟礼　いやあ、まだ取りこぼしがたくさんありまして。取りこぼしの方がいいかといえばそうでもない。

池澤　あはは（笑）

石牟礼　最近なんともおかしな詩を書きました。『現代詩手帖』で「毎月、詩を書いてくれ」と依頼がきまして〔のちに『祖さまの草の邑』として出版。現代詩歌花椿賞受賞〕、「詩でも書くか」という感じがして書いたんです。これはおかしな詩だなと思っていたら、編集者からも「何度読んでもおかしみの残る作品です」と言ってもらいました。

あの、この頃、この施設にいる人たち〔石牟礼氏は介護施設で療養中〕からも貰うんですよ、詩の材料を。さっきここに座っていた人は、雀がお家の中に巣作りをしに来たんですって。そして糞を落とすもんで衛生上悪いと思って、ガムテープを棒の先にくっつけて追い出して。そして全部追い出したと思ったら、一羽か二羽か残っていたらしいんですよ。なのでさらに出口を塞いで「やれやれ」と思っていたら、雀たちが、あとの一羽が残っていたからでしょうね、チュンチュンチュンチュン、怒っているのがいる。そうすると前の方でグジュグジュグジュグジュって鳴いてるのがいる。中のが一羽、卵を温めているか何かしているんじゃないかって。でもそれも追い出してしまって、その場がしばらく、とても異常な雰囲気になったっておっしゃってました。

でもその雀たちを、路頭に迷わせたんじゃないかと思って、気が咎めて気が咎めてしかたがなかったらしくって。雀強盗というのがあって、「あんなことをしたことが人さまにわかれば、私のことを不人情な人だって言われるんじゃないかって、今でも気になる」っておっしゃるんですよ。それを詩の中に書いたんです。雀は「ちゅんちゅんちゅんちゅん」だけじゃなくって、非常の場合は「ぐじゅぐじゅぐじゅぐじゅ」って言うんです、って。

池澤　沖縄に住んでいたとき、僕の家で外の壁に燕《つばめ》が毎年巣をかけてましたね。たしかに糞が落ちるんだけど、ちょっと板を当てがって下の郵便物の上に落ちないようにして。でも燕も子育てをしているときは気が立っているから、突っかかってくるんですよね。その近くに行くだけで、もちろんこちらは手出しなんかしないんだけど、頭を目がけてひゅうっと飛んできますよ、「近くに来るな」って威嚇《いかく》する。

石牟礼　ほう、燕が。

池澤　「軒先を貸してやってるのに何だ」ってこちらは思いながら（笑）。でも燕の言うことを聞いて傍に行かないようにしました。

石牟礼　はいはい。

池澤　あとはイソヒヨドリという鳥がいましてね。それがやっぱり家の一階の軒に巣をつくって。そこだと蛇がのぼってこられないんですよね。ところがその一階の軒は、二階の側から見ると鉄の格子が載っているだけなので、丸見え。だからときどき、そうっと行って、影が見えると雛たちがちぃちぃちぃちぃと餌をねだるんですよ、僕は親じゃないのに。でも結局最後には、皆巣立っていきましたね。なかなか楽しいことでした、あれは。

石牟礼　雀が来ると楽しいですよ。皆が家族なんでしょうね。小さいのが回らない舌でちゅんちゅんと、首をちょっとかしげて親に何か言っている。親たちは、一家の朝の始まりが、首の動かし方でわかるんですよね。見てると実に楽しいというか、何を喋っているんだろうと思って。何か昨日見てきたこととか、何か変わった話題を言い合っているに違いない。ところがこの頃は来なくなった。昨日は二羽来て、なにか言い合ってました。ただ目的なしにさえずってるんじゃなくて、何か語り合ってますよ、よく見てると。

池澤　そうやって雀たちに目を注いでいらっしゃる石牟礼さんって、昔のみっちんとまったく同じですよね。

石牟礼　だって楽しいですよ。嬉しいですよ。わたくしも会話に入りたい。さっきの方も「雀語がわかれば、私も会話に入りたい」「路頭に迷ってるんじゃないかしら、私が追い出したから」って。それで罪の意識で家に帰ってから眠られんとおっしゃる。その日はとっても大変だった。雀だけじゃなくて、いろんなものたちが会話をしたり、呼吸をし合ったりしていました。鳩《はと》が自分よりも小さい、何の鳥かわかりませんけども、まだ生きてばたばたしてるのを、突ついて食べてる場面も見たらしくって、最近。「生きたまま食べるんですね。鳩っていうのは平和の鳥じゃなかですよ」ってわたくしにおっしゃる。そういう残酷な場面を私は見たことがありません。見たくもない。

池澤　「あんなに喧嘩好きな鳥がどうして平和の象徴なんだ」とピカソが言っていますよ。ピカソは鳩の絵をたくさん描いています。だから観察したんでしょうね。

石牟礼　見たんでしょうね。

池澤　ベランダに来る鳩を見て描いたんだけど、見てるとけっこう喧嘩をしてると言ってましたね。大事なことがひとつわかりました。歌から散文への。

（二〇一二・六・七）

Photo: Ohara Taihei

対談

大江健三郎×池澤夏樹

日本を変革する
新しい文学運動の始まり

――「日本文学全集」刊行開始にあたって

世界から日本へ

池澤　講演というのはいったん舞台に出たら孤立無援、最後まで一人で何とかするしかないので緊張するものですが、今日は大江さんがいらっしゃるのでとても気が楽で、嬉しく思っています。ようこそいらっしゃいました。

大江　こんにちは。

池澤　最初に、何で「日本文学全集」を一人で作ったのかということを、僕からお話しします。

前回、「世界文学全集」を編集した時は、書評家としてたくさんの本を読んできた僕が、面白いと思うものを集めて並べて、翻訳や内容を吟味すれば、みんなの手に渡るはずだという単純な思いで始めました。ただ、いまの時代にはもう昔のような教養主義はありません。娯楽のための読書だけが持て囃《はや》される、要するに教養から消費へというふうに出版文化は変わってしまいました。そこで、ホメロスやシェイクスピア、ゲーテを経てヘミングウェイまで、みたいな全集ではなく、むしろ古典は全部外してしまって、一九四五年、第二次世界大戦が終わって植民地が解放されてから9・11ぐらいまでのこの世界のあり方を、文学がどう描いてきたか、そういう視点から選びました。

おかげさまで好評をもって受け入れられたのですが、四分の三ぐらいまで刊行した時に、河出書房新社の若森社長（当時）が、「池澤さん、日本文学全集もやろうよ」と言いました。僕は、なんと安直なと思って（笑）、「できるはずがない。僕は翻訳ものはずいぶん読んできたけれども、日本の文学については全然明るくない。力がないからとても無理だ」と、いったんお断りしました。

そして、無事全三十巻が完結したのが二〇一一年三月十日。ご存じのとおり、その翌日から日本中が東日本大震災で騒然となった。原発は壊れてしまうし、たくさんの人が津波で亡くなったし、僕自身それをきっかけに東北に通うようになって、しばらくはそっちのことだけで頭がいっぱいでした。

ところが、東北に行って走り回っているうちに、いろいろ疑問が湧いてきた。なんで我々は、こんなに自然災害の多い国に暮らしてきたんだろう。しかし日本はいい国です。災害は多いけれども、その一方でお日様はよく照るし、雨も十分に降るし、作物の実りがいい。ほぼ日本語という言葉でまとまって暮らすようになって、国の体裁ができて、それ以来、一九四五年になるまで一度も異民族に支配されたことがない。

それから、この列島の中で、戦争はいろいろありましたが、ほかの国のように大きな戦乱が続いたり大量虐殺があったり、そういうことを日本はほぼ知らないできた。

そのことも含めて、日本人とは何者であるか、我々はどういう種類の人間か、それを知るために改めて「日本文学全集」をやってみようかという気持ちになりました。

あとはもう、必死で読みました。今回は「世界文学全集」と違って、我々日本人は何者かというところから始まるのだから、時期を区切って共時的に編集するのではなく、始まりから今に至るまでの文学史を主要な作品でたどる通時的な形に当然なる。考えてみれば、千三百年という長い文学史を持っている国や言語は、ほかに中国しかありません。ギリシャ・ローマは早かったけれども、早いうちに滅んだ。ヨーロッパ文学のたいていは、ずっとあとから始まった。世界中探してみても、この国の文学史は優れて長い。それを読むだけでずいぶんなことがわかるはずだというつもりで、一生懸命その配列を考え、作品の選択をしました。

新訳『古事記』の魅力

大江　第一回配本として刊行された『古事記』を僕は二日間熱中して読んで、本当に面白いと感じました。文学全集を読んでそのような経験をしたのは初めてのことです。最初の打ち合わせでは、まず、なぜこの全集を作ったのかということを池澤さんに話してもらって、全集について二人で話し、それから具体的に『古事記』の話をしようということになっていたのですが、『古事記』の話にまっすぐ入ってしまいます。この全体の個人編集者である池澤さんが、日本文学そして日本文化、あるいは日本人の歴史をどのようにとらえて、それをどう総合するか。『古事記』は、そのことを先頭に立って、心のこもった、親身な表現で示している翻訳だからです。

この本は何とも読みやすい形で編集されています。注釈が各ページの下にありますが、それを全部義務的に読ませるのでなく、無視させるわけでもない。本文を読んでいくと、ここはどうだろうと思う。そうするとしっかりと明快な脚注が目に入ります。その文章が、池澤さんの文体ですから、注釈も続いてスッキリ頭に入ってくる。

池澤　古典については、なるべく若い、いまガンガン書いている作家たちに翻訳してもらおうと決めた時に、編集部から「で、池澤さんは何を翻訳しますか」と言われて、「えっ、僕もやるの？　いや僕は……」とか言いながら、でもやっぱりせざるを得ない。それで『古事記』を選びました。

翻訳を始めてから、『古事記』がずいぶん雑然としたテキストであるということを改めて感じました。アマテラスが岩戸に隠れてしまうとか、海幸彦、山幸彦といったみんなが知っている神話・伝説と天皇たちの逸話の部分、それから歌謡の部分、さらにずらーっと名前だけが並ぶ部分があります。誰それの子の誰それ、誰それに子どもが何人いてその名前が七人も八人も続く。この三つの部分がそれぞれにまざりあうようなあわないような不思議なテキスト。僕は専門家ではないし、ともかく自分の読解力と文章力とで何とかゼロから翻訳するしかない。でもそれは本当に面白いことだった。古典を読むというのはこういうことなんだと初めて知りました。

『古事記』というのはスピードのある速い文体なんです。事がどんどん進んでいく。小さな部分部分、小さなユニットが次々連なって、速やかに状況が変わる。そのスピードを落としたくなかった。しかし我々が知らないこともたくさん出てくる。その説明を脚注にすることにしました。いま大江さんがおっしゃったとおり、読みたくなければ読まなくてもいい。気になったらちょっと目を落とせばそこに説明がある。組み方を工夫することで自分の不勉強を補って、学識の部分は大体、本居宣長の読み下しと西郷信綱さんの注釈を横目で見ながら組み立てていきました。

大江　いまの池澤さんのお話は、何というか、謙遜と配慮に満ち満ちていましたが、この『古事記』の翻訳自体は、そうしたものを直接には読者に感じさせないで、直接我々の中に入ってくる翻訳なんです。私は古典の翻訳を読んで、翻訳した人が僕たち読む人の心にこんなにまっすぐ入り込んできて、その翻訳者と一緒にこの本を作っているという感じさえある本は、初めてだという気がします。

太安万侶《おほのやすまろ》さんへの手紙

大江　最初に「この翻訳の方針――あるいは太安万侶さんへの手紙」という短い文章が収められています。それが実にいいんです。「親愛なる太安万侶さま　初めてお便りします」――まあ、こんな手紙を安万侶さまが受けとったのは実際初めてだろうと思いますが（笑）――このとおり池澤さんが親身に感じられてるのが伝わってくる手紙なんです。そこで太安万侶という人として、私の目に浮かぶのは四十代後半から五十代前半くらいの一人の人間の顔。穏やかな人です。ユーモアもある。しかし、自分のやりたいことをよく知っていて、その原則はしっかり守っていく、そういうタイプの人。その安万侶さんに池澤さんがこのような手紙で話しかけることによって、私たちは『古事記』を太安万侶が編集してる、その横に立ち会っているように具体的に感じ取ることになる、そういう本としてできています。それが私は驚きなんです。

私が『古事記』を通読したのも、四十代後半から五十代の初めでした。アメリカのカリフォルニア大学バークレー校で半年ずつ講師をやることになって、そのひとつに古典のコースを持ち、『古事記』を選びました。たまたま岩波書店から「日本思想大系」が出はじめていて、その第一巻が『古事記』でした。それは右ページに原文、左ページに訓読文、そして上段下段に註、さらに本の半分を註・補註がしめて、勢いよく読み通すというものとは別でした。

その時から現在まで、一冊の本としてスピードをもって読める翻訳があれば読みたいと思っていました。今度読んだのが、まさにそうなんです。

それから、この翻訳には、進行への配慮があります。古代歌謡は、まずそのまま引用されます。一行空けて、その穏やかな、平易な、しかし美しい翻訳が添えてあります。自分が読んで美しいと感じた古代の歌謡を、意味を深めて読み返しながら、『古事記』を読み進めているんだという幸福感とともに次のくだりに進んでいくようになっています。

まず原文が見事に訳されている。それから歌謡は原文が引用されて、しかもそれに私たちによく伝わる翻訳が添えられている。そして、その総体を含めて、どんどん読み進んでいく印象を持つ。「安万侶さん、私は初めて

手紙をお書きします」と言った池澤さんが、本当に太安万侶に対して語りかけ続けているようにこの翻訳がなしとげられているのです。

池澤　あまりに褒めていただいて、居場所がないような気がしてきました（笑）。

いまの歌謡ですが、一つだけ例を挙げます。スサノヲが詠んだという『古事記』の中の最初の歌です。五七五七七になっていて最初の和歌とよく言われる「八《や》雲《くも》立つ　出雲《いづも》八重《やへ》垣《がき》　妻籠《つまご》みに　八重垣作る　その八重垣を」。雲がむくむくと八重にも湧き上がる出雲の地／そこに八重の垣を作って愛しい妻を住まわせる／その八重垣の幸せよ――このくらいまでは崩していいだろうと思って、こんなふうに訳しました。

古典新訳が作家を変える

大江　池澤さんは「この翻訳の方針」の最後で、太安万侶が『古事記』を作り、書き上げた後の数日のことを書いています。想像されているわけです、池澤さんによって。なぜそういうことが想像されたかというと、それはこの翻訳が終わった時、池澤さんが太安万侶と同じ感情を味わわれたからだと思う。

『古事記』ができるまでに様々な伝承が日本中にありました。それを稗田阿礼《ひえだのあれ》が聞いて、あるいはそれらを集めてきたものを稗田阿礼が暗唱して太安万侶に示した。それを太安万侶が一冊の本に編集したと私たちは記憶しています。

その全体を演劇化したように、私らは長い年月、本当に太安万侶という人がいて、自分の書き上げたものを高揚して読み続けた、その声を脇で唱和して聞いている印象を持ちながら読むのが『古事記』の正しい読み方だったのだろうと思うんです。いま、池澤さんが太安万侶さんに手紙を書きながら、私はこのようにあなたの声を聞いた、私の心の中ではあなたの声がこのようになお響いているんですといいながら書き上げられたのが、この翻訳の特別なところであって、これから新たに皆さんがそう読みとられると思います。それを『古事記』の原文に引き寄せられながら続ける。それは古典を読むための教育になりますし、また自分がそれまでの自分を超えた表現をする人間になるかという経験でもあります。

これからこの全集では、三十人近い、本当に実力を備えた日本文学の現役作家たちが、同じことをそれぞれの古典に則してやることになります。これは日本人の心の歴史の上でも大きい出来事です。非常に具体的に実のある文学運動が、いまから数年の間に行われる。それは、まず翻訳した人間を変えるだろう。彼の文学観を変え、彼の文章を変えてゆくだろう。そしてそこには、これまでの日本人の文学とは違った性格や規模のものがあらわれてくるのではないか。私は大きい期待を抱いています。

池澤　最初にこの全集のプランを大江さんにお見せした時に、こんな話をしました。三島由紀夫さんは古典を訳してはいけないと言った。つまり三島さんは古典を女神様だと思って崇め祀った。僕は俗な人間ですから、女神さんの手を引いて連れてきて一緒に暮らしたい。そのために、ひらひらとしたお召し物を脱いでセーターとジーンズ姿になっていただく。もしも原文のほうが大事だったら、原文も注釈書も辞書も参考書もいくらでもあります。『古事記』関係の本なんて、それこそ本棚一本分くらいすぐ集まる。古典については翻訳したほうがずっとハードルが低くなる。それも問題は文体だから学者ではなく作家に翻訳してもらう。そうやって、広い入り口を用意するんだと申し上げたところ、大江さんがこうおっしゃったんです。「それは翻訳をする作家たちにとっても大変大事な体験になりますね」。そう言っていただいて、僕は初めて気がつきました。翻訳をすることで作家のほうも変わるんだ、と。実際、僕は変わりましたしね。

太安万侶さんについて言えば、彼は作家である以上に、詩人である以上に、優れた編集者だった。「編集」というのは集めて編むと書きますね。素材は、彼の時にはもうずいぶんあったんです。それを集めて、さっき申し上げた三種類の全然違うテキストを並べて、取捨選択して一冊の本にする。それまで日本になかった文学の作品というものを一個作る。そういうことをしたのが太安万侶であった。その点でたぶん僕は、この全集を編むことによって編集者同士として彼に親近感を持った。実際翻訳をすることでそれに気がついたし、それから日本の古典に対する姿勢がガラリと変わりました。

ほかの作家の皆さんも、たとえば『源氏物語』を角田光代さんが全帖翻訳すると言ってくださった。すごく長いし、大変だろうと思っていたので、僕は驚きました。でも、『源氏物語』を訳し終わったあとの角田光代は、それまでの角田さんと違うはずなんです。そういう機会を自分から背負い込んだ。それはこの三十人近い作家たち、みんながそういう覚悟でいると思います。自分の文体とこの古典が出会った時に何が生まれるか。やってみなければわからない。僕がやったのなんか何のお手本にもなりません。それは僕のものだから。ただ、ほかの方には「脚注をつけないでくださいね」と言いました（笑）。『古事記』だからこの方法でやったのであって、みんなが脚注をつけなければいけないわけではありません。翻訳を通じて作家たちは、小説を書くのと、あるいは書評を書くのと、エッセイを書くのと、旅行記を書くのとは違う体験をするはずです。それは大江さんのご指摘でハッと気がついて、自分でそれを体験してみて、確かに作家・池澤夏樹はバージョンアップしたと思っています。

大江　私は小説家ですから、この『古事記』も上巻・中巻・下巻から成る小説として読むことがあります。まず上巻はずっと、むしろ中巻に至るまで、まだ大きい長編小説を読んでいるという印象は続いています。そしてそれが私の『古事記』の受け止め方でした。下巻に至ると、同じ作家によって書かれた本当に優れた短編小説の幾つかをいま読んでいるんだという印象を私は持ちました。ここにあるたとえば五つなら五つの物語は日本人の作った代表的な短編小説として再評価し得るのではないか。

そのことを含めて全集第一巻を、これから翻訳する方たちは熱中して読まれていると思う。そこにはまず、長編の訳し方についてはっきりした手本が示されている。文体はそれぞれ違いますが、古典から現代に生きている自分の心のつながりの中で自分の文体を作っていこうという態度は同じです。それから、この全集には独立したさまざまな短編集が含まれています。その短編のいちいちを訳す人は、『古事記』の下巻にあったような完成度と短編小説らしい切れ味を生かした形で訳したいと考えるでしょう。

ですから、この全集全体が出来上がると、さまざまな長編や短編集やエッセイ集を通して、それを訳している人たちが持つある統一した文体、ものを書く人間としてのある統一した人間の態度を、私ら読者は読むことができる。すなわちそれは、過去の非常に長い時にわたって、この国の言葉で積み上げられた多様な文学を一冊にまとめて、これが私らの、この国に住んできた、この国の言葉を使ってきた、この国の特別な歴史を生きてきた人間の文学なんだと、私らが考える本当に最初の文学全集だと受け止められることになると思うんです。私はそれを楽しみにしています。

声に出して読み上げてみる

大江　そして、これから『古事記』の翻訳を読まれる方があれば、前半の長編と後半のさまざまな短編群が見事に語られていて、しかも読み終わると『古事記』という大きい物語を自分が読み上げたこと、そして常に巨大な音楽が響いていたという気持ちをお持ちになると思います。どんな音楽が響いていたかというと、日本の古代歌謡という音楽です。この一冊の中にはさまざまな歌謡が含まれていて、それはいちいち違った特質を持っています。しかし、一つのある大きい音楽、さまざまな部分に分かれた大きい音楽をいま聞き終わったというように、古代歌謡全部を受け止めることができる。そういう本は、ほかにないと思います。ですから、この本を面白く通読した方たちが、長編として、あるいは短編として、今度はこの歌を最初から通して声に出して読み上げるといいと思う。すると、この古代歌謡というものが、ほかならぬ『古事記』というもの、あるいは我々の歴史、私らの民族、国家、それのあり方全体の根本の音楽としてあるんだということを受け止められる。

池澤　いま大江さんがおっしゃったことは大切です。それは「声」についてです。太安万侶が、これができた時に天皇の前で、あるいは百官が並ぶ前で最初から最後まで朗々と読み上げる。そうすると、人の名前がたくさん出てくるんですが、「あ、あれはうちの祖先だ」と思って嬉しく聞いている誰かがいる、そういう場面を僕は想像しました。

文学作品には、声を伴うものと、そうでないものがある。だけど書いている時は必ず頭の中で声が鳴っています。それが自分の声であるから自分の文章になる。ふだん読む時は、僕らは自分の部屋で一人寂しく黙読するだけですが、本来はみんな声に出して読むものだったんじゃないか。

二週間ほど前にスイスに行ってきました。僕の小説の一つがドイツ語に訳されて、朗読会をやるから君も来て日本語で読んでくださいと言われた。ドイツ、オーストリア、スイスなどドイツ語圏の人たちは非常に朗読が好きなんです。朗読専門のラジオ局があります。それから、プルーストの『失われた時を求めて』ドイツ語訳全巻CD三十枚組みなんてものを売っている。朗読会では、決めておいたところを僕が日本語で読む。同じところのドイツ語訳を向こうの俳優さんが読む。それから内容についてちょっと喋る。それを二〜三回繰り返して一時間ちょっと。それから即売サイン会をする。もちろん彼らには日本語はわからない。けれども、もとの響きが聞きたいんだ、と言うんですよ。

実を言うと僕も、『古事記』を翻訳しながら、中村吉右衛門さんが読み下し文を朗読したCDを時々聞きました。古代といまでは発音は違っているだろうけれども、こんな響きだったんだろうなと思いながら。それからまた翻訳に勤しむ。だから買ってくださった皆さんが、大江さんがおっしゃったように、この歌謡のところだけでも声に出して読まれると、それはまた違う響きになる。二度も三度もやっていれば覚えてしまいますから、さっきの「八雲立つ　出雲八重垣　妻籠みに」みたいに。そうすると一つの歌、一つの詩が自分のものになる。これからこの全集では、たとえば『万葉集』や『百人一首』、それから連歌や俳句なども出していきますけど、詩の場

合、声を出すのは大事なことだと、自分で訳して改めて思いました。

大江　私もやはりドイツで朗読会をしたことがあるんです。私が自分の小説を日本語で読む。それが終わるとドイツ人の俳優さんがドイツ語訳を読む。それを一時間ほど続ける。その時、聴衆の皆さんは自分たちがいま読まれたドイツ語に一つのスタイルを感じるように、それから俳優独特の声というものを感じるように、あの作家も自分のスタイル、声を持っているらしい、と理解してくださったように思いました。

　ところが、私の小説を長年かかって訳した翻訳者が最前列の正面に座っていて、朗読が終わったら私のところにやってきて、「本当に驚いた。あなたの文章もひとつながりの声として読み得るものだということがわかった」というんです（笑）。あなたの作品を訳すために日本語を読んでいて、こんなに奇怪なゴタゴタした、わけのわからない文章があるのか、しかし日本語というものはそういうものなんだ、声に出すものじゃないんだ、と彼は考えたそうです。「そういう奇怪なテキストだった、あなたの文章は」といわれたわけです。私はがっくりきました（笑）。それに対して、「私の考えはおかしいですか？」と反問されたので、「いいえ、日本でもそういう批評はたくさんあるんです」と私は答えました（笑）。そうしたら、「しかし違うんだ」と彼がいいました。「いまあなたが声に出して読んだ文章を聞いていると、確かにあるリズム、ある音楽性をもつ文章が読まれていた」と。「声に出して読んで耳で聞いて理解できる、ひとつながりのものとしてあなたは文章を書かれているのですね」と彼はいった。私はなにやら深刻な感情とともに（笑）、「そのとおりです」と結びました。

すなわち、私の文章は声に出すためのものでないと彼は思っていた。そういう文体なのだと。ところが私たちは文章を書く時、どんな難しい文章を書く人でも、自分の文章が一つの声として自分の内に響いているのを聞きながら書いています。それを感じながら校正刷りの句読点を細かく直したりしているんです。書くということは内面に声に出して書くということなんだと、私は文学全体についてそう考えています。

だから、『古事記』の翻訳がこのような第一巻として先行していることは素晴らしいことですが、そのあと全集で現代の作家が何巻か続いていくということは、たとえば大江健三郎の巻が続いているということは、あまりたいしたことではない（笑）。そうではなくて、この古典の文章がどのように生きていたかということを、翻訳することによって本当に自分の内部の声として聞いた人たちがいる。そういう現役の作家が三十人近くいてこれから新しい文章を作っていこうとされる。そうすると私は日本文学は変わると思う。そのつなぎ目のところで、やはり古典の翻訳に比べて、どうも現代作家、とくに大江の文章には問題がある。それは音として美しくないとか……。

池澤　いや、ちょっと待ってください（笑）。

大江　そう思われることはありうる、そのつなぎ目なんです、私は。それを喜んで受け入れますが（笑）、そして、この『古事記』につながるような翻訳をどんどん続けていかれる人たちの文学全集の一巻に自分が含まれていることを誇りに感じます。

池澤　今度、僕が読む大江さんの短編の朗読会をやってみましょうか（笑）。そうすると、ちゃんと響きがあって美しいことがわかります。

丸谷才一とモダニズム

池澤　近現代の巻立てについては、僕は大変わがままをしまして、これまでに必ず「日本文学全集」に入っていた何人かの大作家たちの名前がありません。たとえば三島由紀夫、芥川龍之介、川端康成など。これは排除したのではなくて、短編の形で最後のほうの『近現代作家集』全三巻に入れるつもりです。敢えて一巻を充てるに及ばないというのは僕の勝手な判断で、異論がある方はそれぞれに文学全集を作ってください（笑）。

　この文学全集という企画を受けた理由の一つに、丸谷才一さんが亡くなったことがあります。僕は丸谷さんの文学観を非常に信用していて、大体彼の言うとおりに読むべきものを選んできた。だから丸谷さんが亡くなって、大変悲しく残念でしたが、そうだ、ご本人がいらっしゃらないんだから、いまならば丸谷主義を標榜して収録作品を選ぶことができると考えました。丸谷さんの基本理念とは何かというと、モダニズムなんです。モダニズムというのは伝統を重視すると同時に、大変斬新な実験もする。そして基本的に都会小説であって粋である――というのが丸谷式の定義であって、それに沿って彼は自分の作品を書き、多くの評論も書いてきた。そのモダニズムの一番の神様は、彼の場合はジェイムズ・ジョイスでした。だから一生かかって『ユリシーズ』をほかの仲間二人と一緒に訳して、それからまた二十年経ってから全部訳し直した。『ユリシーズ』はオデュッセウスの話をもとに書かれていて、しかも猥雑なダブリンのたった一日に全部を押し込めて、そこにむちゃくちゃな言葉遊びがぎっしり詰まっている。そういうものが丸谷才一にとっては理想の文学であった。それに対して明治二〇年代ぐらいから日本の文学を席巻してきた自然主義私小説というものは脇道に迷い込んでしまっただけではないのか。だから本来のあり方はやっぱり、若者の煩悶ではなく、文士の女遊びの真摯な報告ではなく、大人を主人公にした策略に満ちた小説なんじゃないかというのが丸谷さんの考え。その観点から改めて近現代も選び直して、だから田山花袋は入りません（笑）。

　丸谷主義に僕なりに反抗したとすれば、彼はひたすら中央志向・都《みやこ》あこがれの人で、世界の中心は紫式部の寝所にあると思っていましたが、僕は地方も好きなんです。それからたとえば宮沢賢治の存在は絶対無視できない。それから石牟礼道子も中上健次も、都会の小説ではないけれども、大変大事な仕事をした。たぶん大江健三郎における四国の山中もそうだったと思う。

大江　いま丸谷さんの名前が出て本当によかったと思います。私は年が明けると八十歳ですが、自分の文学的な人生で一番大きい、一番手強い対者は、丸谷才一氏でした。この人は自分の存在すべてに対して全面的に否定的だということを氏が亡くなられる二年前まで、つねに感じていた（笑）。そして、そのお仕事とこちらへの批判を忘れないから自分はダラダラしないんだと考えていました。
　私が大学に入ってフランス文学の講義を受け、一方で好きな英詩は自習することを始めた時に、私の年齢に一番近い外国文学の専門家が、ちょうど十歳から十五歳年上の丸谷さん世代でした。そして私が二十二、三で小説を書き始めた際、渡辺一夫氏を尊敬しているといったことに対して、丸谷さんをはじめ多くの先輩たちが「なにを」と反応された。大江が渡辺さんを自分の先生だというそんな恐れ多いことをあいつがいうのかというのが、彼らが持った僕への最初の敵意だと思います（笑）。

ところが亡くなられる数年前から、あれもそんなに捨てたものでないんじゃないかという顔を私に示されることがあるようになったんです。井上ひさし追悼の会で、日本の現代文学の出発点は昭和の初め、一九三〇年代にあるということを、丸谷さんらしい明快さで話されました。あの頃あった新しい文学の有力な党派は何かというと、一つはプロレタリア文学。それまでプロレタリアのために労働者はこのように生きるということを書いた文学は日本になかった。それから、外国文学の優れたものを学び自分の小説で何とか同じようなものに向かっていこうと考えた人たちのモダニズム。そしてもう一つは、近代を貫いて来た私小説、その三つの流れが新しい動きを起こし、大きい結果を残した。その復興がいま現在もあるんだ、と。

そして、まずプロレタリア文学を受け継いでいるのは誰かというと井上ひさしだ、といいました。私はそのとおりだと思った。

それから二番目の、外国文学の影響を受けながら、しかし自分たち独自の文学を作り出し、日本文学を更新しようとしたモダニズムの作家について、その代表は筒井康隆だと思うといわれた。私はそれに賛成ですが、この時、丸谷さんは十分正直ではないと思ったんです。何を隠しているかというと、丸谷才一という名前を隠している（笑）。池澤さんが先にいわれたとおり、丸谷さんはモダニズムの文学の研究者であり、最良の実践者です。

そして最後に、私小説の現代に根ざした表現者として大江がいる、といわれた（笑）。もちろん私は丸谷さんが、明治以来の自然主義的な私小説を排撃されているのを知っています。そこを私が超えたところに出ていると認めてくださったと受けとめたのです。丸谷さんは、あたかも友人であるかのごとく笑顔を見せてくださっていた（笑）。

あの夜、勇気を出して丸谷さんに話しかけ、一緒に仕事をさせていただくことがあったらどんなによかったか、と思います。今度の文学全集を見て、またこの『古事記』の翻訳を見て、池澤夏樹という人が丸谷才一をまっすぐ継ぐ人だということを確認しました。そうであれば、私はこれまでの話を、丸谷さんをふくめての新しい仕事を構想しながらやったように感じます。その仕事にはこれから文学を作り出そうとする実力派の作家たちが参加している。彼らは自分で、自分の文体でもって、いまの新しい世界中の文学というものを受け止めて、自分として表現しようとしている。

あなたは長生きされて、なによりその新作群によるそのようなかたちでの、この全集の続編を作ってください。

池澤　ありがとうございました。何か日本文学党結成総決起大会みたいに（笑）、勢いがついてきて、この全集の始まりにあたってお言葉をいただいて大変嬉しく思います。

どうもありがとうございました。

（二〇一四年十一月二十九日　第１４６回紀伊國屋サザンセミナー「文学全集の作り方」）

（初出＝「文藝」二〇一五年春号）

日本文学全集18『大岡昇平』

大岡昇平と戦後派

奥泉光

自分も何度か文学全集の編集に加わったことがあるけれど、限られた巻数、頁数でいかに作品を選び配するか、これは大変な難問で、外せない傑作だと信じても、何巻にもわたってしまう大長編は入れにくい、と云《い》うようなことが頻々として起こり、今後増えていくと思われる、分量への顧慮の要らぬ電子版と違って、紙の本は制約が大きく、しかし制約があるからこそ編者にとっては面白いとも云えて、物としての本の魅力が生まれる楽しさがあり、「小宇宙」に浮かび上がる編者の思想やセンスに読者の興味も集まる。

今度の河出書房新社の「日本文学全集」は池澤夏樹氏の個人編集と云うことで、編者の個性は炸《さく》裂《れつ》、特色は一瞥《いちべつ》にして著しい。近現代で眼を惹《ひ》くのは、吉田健一、須賀敦子、石牟礼道子にそれぞれ一巻があてられているあたりで、企画宣伝の冊子を見た自分は驚いた。月報を依頼された『開高健／日野啓三』にもやや意表を突かれた。もちろんそうでなければ個人編集の面白みはないわけである。

ところで自分はいま、全巻から注目する一冊を撰《えら》んで欲しいとの編集部からの依頼でこの文章を書いているのだが、素朴に注目と云うならば、古典作品を「現代語」に訳した現役の作家たちがどんなふうにテクストと関係を取り結んだのか、そこに浮かび上がるだろう「現代語」の諸相に一番

注目するのであるが、しかしそれでは一冊と云うわけにはいかぬので、ここでは「大岡昇平」の巻をあげたいと思う。

大岡昇平はいわゆる「戦後派」の作家と云われるが、野間宏、武田泰淳、梅崎春生、椎名麟三、埴谷雄高と云った作家と並べ較べたとき、西洋近代文学に学んだ方法への強い意識に文業が貫かれた点に他とは異なる印象がある。そもそも日本語の近代小説は西洋文学の移入にはじまり、リアリズムにしてもモダニズムにしても、西洋文学の方法に学んで培われてきたわけで、その意味では、明治期以来の近代小説の正統の流れのなかに大岡昇平はあると見ることができる。逆に「戦後派」は、武田泰淳にして埴谷雄高にしても大西巨人にしても、「手作り」の方法でもって小説世界を構築しようとの強烈な意思に特色がある。既に存する方法ではなく、自家製の方法で書かんとする態度は、端正とは正反対の、歪《いびつ》でぎくしゃくした小説を多数生み出し、しかしそこに籠る、ときに笑いを呼ぶ黒々とした熱情が魅力である。

してみると、「戦後派」と云う括《くく》りを、世代ではなく、方法意識のあり方でなした場合、大岡昇平は「戦後派」ではないと云いたくなる。もちろん「戦後派」作家らが西洋文学の方法とまるで無縁というわけではなく、たとえば島尾敏雄はシュールリアリズムの方法を使った作品を書いているが、しかし小説におけるシュールリアリズムの方法なるものがそもそも判然としないこともあって、島尾のテクストにはやはり「手作り」感が濃厚に漂うのである。思えば「戦後派」の流通イメージにおいて大岡昇平の存在感は大きく、彼を外してみたとき、「戦後派」はほとんど異形の群となってしまう感がある。

本全集では、大岡昇平が「戦後派」からひとり切り離された印象があって、大岡昇平への評価には大賛成だけれど、ほかの「戦後派」作家が見捨てられた（？）のは、自分としてはやや淋しく、しかし本巻に採録された作品の中心である「武蔵野夫人」にあらためてついてみれば、これこそ作家がフランス心理小説の方法を徹底導入した、最も大岡昇平らしい作品であり、全体を俯瞰《ふかん》するかたりを設置したうえで、三人称の視点を次々と横へ移動させていく書法は、後継作品があまりなかったこともあって、日本語の小説のなかでは孤絶しているが、ここまでの方法への徹底ぶりはやはり尋常ではなく、そう考えると、大岡昇平もまた「異形の群」に含めてもいいように思えてくる。

（おくいずみ・ひかる　作家）

『日本文学全集03
竹取物語／伊勢物語／堤中納言物語／土左日記／更級日記』
森見登美彦／川上弘美／中島京子／堀江敏幸／江國香織訳

五人の作家と旅をする

絲山秋子

人間が抱える多くの問題は、時間に関係したことである。生活の苦労も、仕事上の難題も、人と仲良くなれないことも、夢が叶わないことも、老いや病気のことも時間と密接に関わる問題だ。忙しいときには視野が狭まるし、急に暇になるとずっと先のことを心配したりする。だが、日常的な時間の尺度には、案外シンプルな思い込みの部分があって、地図の縮尺のように少しだけ見方を変えて調整することもできる。古典文学を読むことには、そういう意味もある。もしも文字が歴史的事象のためだけに使われていたならば、かつての人々の感性の豊かさを深く知ることは難しかっただろう。

一方で、千年前のことを思うことはできても、千年後のことは想像しにくいものだ。在原業平《ありわらのなりひら》だって紀貫之《きのつらゆき》だって、千年後の読者のことを想定して物語を著したわけではないだろう。過去を思うことは未来を思うこととイコールではない。それはなぜか。

私達はこの時代、つまり現在とごく近い未来の環境や社会を基準に生きていて、それが一つのゴールであり最適な状態だと思い込む癖があるからだ。この時代を最適と仮定すると、遠い先のことは「最適以上のなにか」となってしまい、想像しにくいのである。

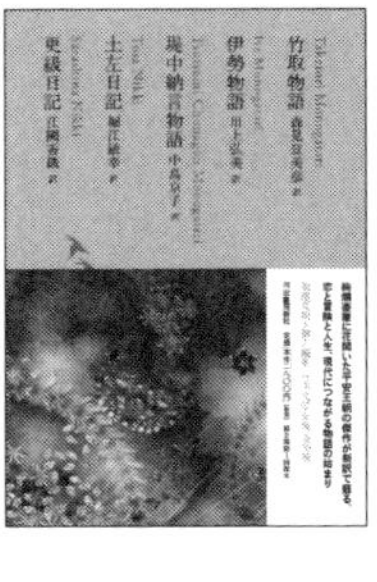

未来への見通しや過去への理解は、二十代と五十代とでは大きく異なる。それが問題となるのは「最適解」の導き方が異なるからである。しかし、ほんとうに今が最適なのだろうか。今と過去の人間は大きく違うものなのだろうか。

たとえば「更級日記」。

現実の世界よりも物語世界に憧れる少女時代、旅の記憶、仕事のこと、家庭のこと、精神世界への関心――偽らず、等身大に描かれた女性の姿は今の私達や今日の文学で扱われるテーマとそれほど変わらないと思う。夢見がちな少女が思い描いたように生きられるわけではないと知り、大人になってからの長い時間を生きていく姿に、鎌倉時代の人も江戸時代の人も私と同じように共感したことだろう。

あるいは「虫好きなお姫様」は、その賢さも変人ぶりも、身の回りに存在する誰かに喩《たと》えられながら愛されてきたと思うし、「竹取物語」では、求婚者をめぐる辛辣な会話や笑いがあったことだろう。そんな会話は今の時代でも女同士のおしゃべりの楽しみである。そう思うと「現在が最適であり、過去は劣っている」という考えは崩れ去って、過去と未来への信頼の気持ちが芽生え始める。

高校だったか予備校だったかは忘れたが、かつて古文の教師がこんなことを言った。

「今は皆さん古典の勉強なんて役に立たなくてつまらないと思うでしょう。でも、年をとると自然と読みたくなるものなんですよ」

実際、その通りになったので驚いた。今思えば、古典を読みたくなる気持ちは、修学旅行で良さもわからずに京都や奈良を訪れた人間が大人になってから再訪したくなるのに似ている気がする。かつて訪れた土地の良さが、今ならもっとわかるだろうと思っても、一人旅で切符を取ったり宿の予約をしたり地図を見て歩くことは少し大変かなあとも思う。

そんなふうに思ったときに、もしもすばらしい案内人が現れて「私が車で案内しますよ」とか「一緒に街を歩きましょう」などと言ってくれたら、どんなに嬉しいことだろう。

「日本文学全集」のこの巻の魅力は、そういうところにある。

五人の作家と、五つの旅をする。

道案内は彼らに任せておけばいい。彼らはどんな車に乗せてくれるだろう、どんな運転をするのだろう、どんな声で、どんなふうに景色や歴史の背景を話してくれるのだろう。

現代の私達にとって、古典文学には少し理解するのが厄介な言葉遣いや、和歌の解釈というハードルがある。もちろん価値観の違いもある。現代語訳は、親切な案内人でもある作家たちが丁寧に、ときに軽妙に導き出した「この時代の最適」の一つの解だと言えるのではないだろうか。そして五つの旅のプランは、年齢や性別を問わず、思いに寄り添うという文学の楽しみ方を知っている人々にとってベストな組み合わせになっていると思う。

（いとやま・あきこ　作家）

日本文学全集08
『日本霊異記／今昔物語／宇治拾遺物語／発心集』
伊藤比呂美／福永武彦／町田康訳

古典から聞こえてくる他者の声

関口涼子

翻訳者という職業に就いていると、テキストの翻訳だけではなく、料理から編曲、デザインまで、次第に何もかもが翻訳行為に見えてくる。実際、あるものや思考が他の場所に移動する時、そこには翻訳に喩《たと》えられる作業が含まれている。また、同じ言語の内部でも、方言のように地理的に離れていたり、古典文学のように時間的に隔たっていたりする言葉を現代日本語に連れてくる時、そこには翻訳と同じ仕草が現れるから、翻訳者にはこれ以上刺激的なテキストはない。

池澤夏樹さん個人編集の「日本文学全集」刊行の知らせを聞いた時には、その半分近くが現代作家による古典文学の新訳であることに興奮したが、その中でも特に第八巻は、伊藤比呂美の訳による「日本霊異記」や「発心集」、福永武彦訳の「今昔物語」、町田康の訳す「宇治拾遺物語」などが収録されていて気になっていた。時代の隔たりだけではなく、九世紀から十三世紀までの説話という、文学ジャンルとしても現代の文学とは遠い言葉を、どのように私たちの時代まで旅をさせるのかに興味があったからだ。

通常、私たちは、古典の現代語訳を、現代の読者をその世界に近づけてくれるものとして読む。登場人物が私たちと同じように考えていることを知った、などと言ったりするが、そこには文学を時代の軛《くびき》から解き放し、普遍的な地平に導く動きが働いている。その点では確かに、これら中世の

物語は私たちの世界の言葉に移されている。「こぶとり爺さん」、「わらしべ長者」、また芥川龍之介の翻案で知られている「芋粥」、「鼻」などが町田節の日本語で語られ、それはめっぽう面白くさえある。

しかし、現代の言葉になり、すんなりと読めるだけに、物語自体の他者性、分からない部分が時に一層際立つ。それが実は要なのだとこの本で気がついた。伝わらないということでは全くない。伊藤比呂美が後書きで語るように、景戒《きょうかい》の話は「思い込みとこじつけだらけ」だが、読み進めていくと「彼の思いつめた心が伝わって」くる。伝わらないのではなく、彼の持つ「古代性」、「ある意味でむちゃくちゃで、よくわからない」ことさえもが余さずこちらに伝わってくるのだ。「日本霊異記」の「野ざらしの舌の縁」では、一時も休まず法華経《ほけきょう》を読誦する僧が、髑髏《どくろ》になっても舌だけが腐らず、山で経を誦み続け、その声は村に響く。それを他の僧が見つけ、これも何かの縁だとその後は共に住み、毎日髑髏と一緒に経を読み続けるのだ。「その舌を見れば、舌はふるふるとふるえ動いているのである」と物語は終わる。髑髏の中で生き生きと赤く輝き、ちろちろと動く舌のイメージが私たちの心から離れない。

また、往生を求めて火に飛び込んだり入水する僧の話が出てくる。「宇治拾遺物語」では「入水の聖・狂熱のライブ、みたいなことになっていた」僧が死にきれず、「おっかしいなー。尊い聖の入水・往生のはずなんやが、近くで見ると、どう見ても、警告を無視して増水した川の河原でバーベキューをしていて溺れたアホにしか見えん」と見物していた男に言われるのだが、「発心集」では、やはり入水しようとする時になって思いとどまる僧が「入水はかんたんだと言いますが、ちゃんちゃらおかしい。水がどうやって人を殺すか知らないから、言えることです」と語る。生から死へ渡ることの苦痛、その人間の弱さを笑い飛ばす強さ、その両面が、「発心集」と「宇治拾遺物語」の両方を読むことで伝わってくる。そして、そうまでして往生を求める当時の人々の信のありようが、現在の私たちの心には謎となって石のように残る。また、「日本霊異記」にある、「にこやかで、優しくて、照り照りのふわふわな絹綿みたいな妻だった」のような存在、言葉に打たれもする。

外国文学の翻訳の際には、小説に包含される文化的な差異をどう「翻訳」するのかが問題になることがある。でも、文化や歴史の違いがどれ程あるにせよ、現代文学である限り、言語の差を乗り越えれば差異は理解可能になる。登場人物たちは、多くの場合、私たちと対話可能な存在として、そこにいる。

古典文学の場合、たとえ原文に触れ得たとしても、そこに生きる人たちとの理解が成り立つとは言えない。「発心集」であれ、「リグ・ヴェーダ」であれ、そこには私たちの想像を超えるロジック、世界が繰り広げられている。古典文学の現代語訳に重要なのは、分からないものを私たちの思考の方に引きつけてしまうのではなく、その他者性をそのままに置いておける能力なのかもしれない。

翻訳が、テキストを理解することで初めて可能になるのだとすれば、それは翻訳の原則をほぼ裏切らなければならない、限りなく困難な作業だ。どうすればいいのか、自分だったら途方に暮れてしまうその作業が、この巻では実現されている。町田康が「現代的な考えで読むと辻褄の合わぬ部分を凝視することによって自分の精神を変な感じにし、その変になった精神をパイプとして使う」と書いているように、この巻の「訳者」たちは、そのことを誰よりも意識している。稀《まれ》な分からなさの石が私たちの前にゴロゴロと転がっている伊藤比呂美訳の「日本霊異記」を読み、町田康がイタコとなった「宇治拾遺物語」の見知らぬ「声」を聞き、私たちは、日本語の中にかつて生きていた、貴重な他者の物語に囲まれる。

（せきぐち・りょうこ　著述家・翻訳家）

日本文学全集23『中上健次』

私の日本文学全集体験

木ノ下裕一

読みたいのに、どうしても読めない小説というのがある。私にとっては、中上健次がそうだった。何度もチャレンジしたが、たちまち〝路地〟というトポスの、磁力の強さにやられてしまう。血統（出自）という呪縛、猛る鬼神を胸に宿したような中本一族の男たち、人と人とが交わるたび肌に走る摩擦と痛み……。読み進めていると、路地の地熱にじりじりと身を責められて、全身にじっとり汗をかき、やがて体内の水分を全て奪われ、最後は焦げついてしまうような恐ろしさに耐えられなくなるのだ。『古事記』にしろ「説経節」にしろ、または鶴屋南北の戯曲にしろ、元来私は、〝大きな物語〟は好きなほうなのだが、中上文学だけはどうもイケナイ。古典というフィルターがない分、理性を軽々と通り越して、感覚のほうに直に届いてしまう。感覚だけではない、肌にまでまとわりつき、毛穴から浸透してくるような気さえする。これには、私自身が和歌山出身であるという個人的な事情も大きく影響しているのだろう。私が生まれ育ったのは泉南文化の色濃い和歌山市であり、熊野文化の新宮とは風土は多少異なるが、それでも南紀ことばの微妙なニュアンスは手に取るようによくわかる。オバたちが食す茶粥《ちゃがゆ》の味から、南国的な〝あけすけさ〟と神武東征以来宿してきた〝反逆心〟が同居した紀州人の独特な気質まで、よくわかるのだ。わかりすぎて、結果、痛点を刺激され続けているような苦しみを味わうことになる。

河出の日本文学全集23『中上健次』は、私の中上トラウマをものの見事に払拭してくれた忘れ難い一冊だ。特に長編『鳳仙花《ほうせんか》』に夢中になった。路地三部作の前史にあたる秋幸たちの母の物語だが、こんなにも〝美しい小説〟があるのかと思った。冒頭はきらきらと輝く三月の紀州の海の描写――そう、この小説は自然描写が実に見事なのだ。古座《こざ》の川面のきらめき、花々の色、新宮の夕暮れ、桃色の空……それらが、少女時代から中年期までの主人公フサを大きく包み込み、波乱の人生に寄り添う。そして時に、自然描写がフサ自身の心の描写へと巧みにスライドしていく。この瞬間、フサと自然は神秘的な同化を果たす。フサは自然そのものでもあるのだ。最初の夫・勝一郎が死に際に夢の話を彼女に語って聞かせるくだりがあるが、「山が青々茂っとるとこに、おまえがようさん子供抱えておるんじゃ。どうするんな、何を食わすんな、と言うたら、おまえが海も山もあるわいと言うんじゃ。おお、そうじゃね、と俺も言うた」という言葉は、まさしくそのことを言い表している。フサという広大無辺な胎盤の上に、〝路地〟はあったのだ。無性に〝路地〟が恋しくなった。巻末の参考資料にある登場人物系図を手掛かりにしつつ、中上作品を関連作品年代検証表の順に忠実に読み直してみた（この参考資料がまた素晴らしい！　最良のブックガイドだ）。読んでみると、なんと愛おしいことか。そこには、人が存在することの悲しみと生きることの切実さ、たぎるような〈生の熱〉があった。

中上作品の乱読がひと段落した時、次々に〝路地の子〟を産み育てたフサの姿は、『古事記』のイザナミによる国生み神話のようだなと思った。そこで、はたと、全集の前回配本が池澤夏樹訳の『古事記』であったことを思い出した。そして次回配本が一葉、漱石、鷗外であることに気がついて、二度はっとした。一葉は、情景描写と心理描写を縦横に越境し、読者をそのあわいに浮遊させる名人であるし、漱石や鷗外は、中上が痛烈に批判した近代小説（主に私小説）も、その発生当初は、近代という歯車の中で個がどう生きるべきかを問うた、小説ならぬ大説であったことを思い出させてくれるにちがいない。すべては河出と池澤さんが用意周到に仕組んだことなのだ。日本文学史を新たな切り口で編み直すこと。あの手この手と工夫を凝らし、文学の入り口を大きく広げること。入ってきた者を捕らえてずぶずぶと深みへ引きずり込むこと。そのためには少しも手間を惜しまない。編者である池澤さんは、全集全体のダイナミックなコンセプトから各巻のセレクトまで、画期的な編集方針を打ち立てる。この強烈なリーダーシップは〝個人編集〟だからこそ成し得たのだろう。それを受けて出版社は、配本の順、月報や参考資料まで、すべてに遣えるだけの神経を遣う。編集という仕事はなんと尊いことか。河出の全集は単に〝出版物〟ではなく、全集というものを根城にしつつ展開される新しい文学運動——ひとつの〝運動体〟なのだ。この全集の本当の怖さを思い知ったのは、その時のことだ。

（きのした・ゆういち　木ノ下歌舞伎主宰）

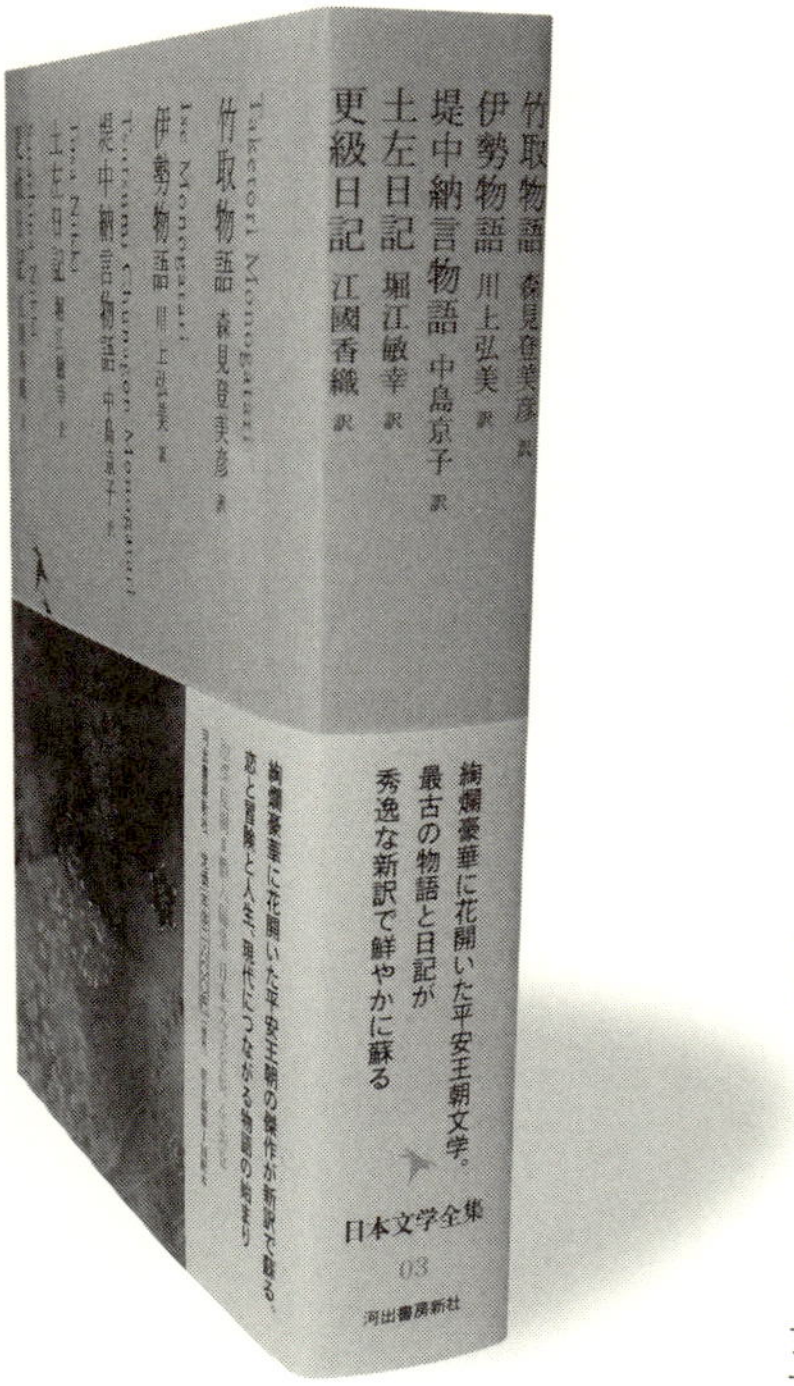

座談

森見登美彦

×

川上弘美

×

中島京子

×

堀江敏幸

×

江國香織

王朝文学は連環する

司会＝堀江敏幸

二〇一六年一月、「池澤夏樹＝個人編集　日本文学全集」第Ⅱ期スタートを記念して、トークイベント「竹取物語から更級日記まで。人気作家が訳す平安王朝文学」が開催された。同全集の第三巻『竹取物語／伊勢物語／堤中納言物語／土左日記／更級日記』はすべて、現代作家による新訳。訳者の森見登美彦さん、川上弘美さん、中島京子さん、堀江敏幸さん、江國香織さんが登壇され、第一部では一人ずつフリートークと朗読を、第二部では座談の形式で各作品について語り合った。

「竹取物語」　平安初期の最古の仮名物語。作者、成立年未詳。竹から生まれた〝かぐや姫〟をめぐる五人の貴公子と帝の求婚と月への昇天を描く。異類婚姻譚、求婚難題説話など多くの伝承説話の型を用いた作品と言われている。

［第一部　フリートーク］

森見登美彦
「竹取物語」を読む／語る

僕は朗読がすごく気になってしまうので（笑）、先に「竹取物語」の最初の部分を読みます。

今となっては昔の話だが、かつて竹取の翁《おきな》という者があった。毎日野山に分け入って竹を刈っては、さまざまなものをこしらえて暮らしを立てていた。

その名を讃岐《さぬき》の造《みやつこ》という。

……

（日本文学全集03「竹取物語」7ページより朗読）

「竹取物語」を現代語訳してみませんかというお話

をいただいたときにすごく嬉しかったんです。僕は昔から、竹と「竹取物語」が非常に好きで、自分が竹を好きなのが先だったのか、それとも「竹取物語」があったから好きになったのか、今となってはわからない。

子どもの頃は父親と一緒に祖父母の家の裏山に行って筍を掘っていましたし、中学生の頃は家の近所の竹林に無断でフェンスを乗り越えて入ってぼんやりするのが好きでした。大学では竹の研究室を選んで、竹を分解して大学院生時代を過ごしていました。京都の桂の竹林を貸してもらって、手入れをしながらエッセイを書いたりもして（『美女と竹林』）、できるだけ竹と関わり合いをもてるように生きてきたんです（笑）。

ですから「竹取物語」の現代語訳をと言われたときは、「ついに私の人生の目的が果たされる！」と嬉しかったんですけど、翻訳は非常につらかった。いくら竹が好きでも、現代文と違う形で書かれているものを、現代文に置き換えて自分なりのリズムで書いていくことは、ほぼしたことがなかったですから。

「竹取物語」は、すごく丁寧に書いてあるところもあれば、粗《あら》っぽく書かれているところもあって、そこをどう面白く読みやすくできるか、悩みながら作業をしていました。訳すにあたっていちばん力を入れたのは、かぐや姫に求婚するアホな男たちをいかに書くか、ということです。僕はこれまで片思いして迷走する男たちをいろいろ書いてきましたので、できる限り男たちのアホさを原文に従って書こうと一生懸命頑張りました。

平安時代に書かれた作品ですけど、僕にはどうしても、舞台が京都ではなく奈良のイメージなんです。自分が今、奈良で暮らしながら「竹取物語」を訳しているとすごくそう思う。なぜかと考えてみたんですが、他の平安時代の文学より、人間の周りの世界、たとえば草花や山の比重が大きい感じがする。もしかしたら単に京都に「竹取物語」を奪われたくないという反発があるからかもしれないですが（笑）。「竹取物語」は奈良のお話であったと主張できれば今日は満足です。

川上弘美
「伊勢物語」を読む／語る

私は高校の頃は理系で、古典がすごく苦手だったんです。古文の教科書に出てくる文章が、とにかく読めない。ですから「伊勢物語」新訳のお話をいただいて、最初はお断りしようかなと思っていました。ただ「伊勢物語」は恋愛のことを扱っていることもあって、小説を書くようになってからは、現代語訳されたものを時おりぱらぱら読むようになっていた。でも、いざ訳そうとすると、やはり平安文法に歯がたたない。そこで担当者のすすめてくださった小西甚一さんの書かれた『古文研究法』を読んだら、ちょっとわかるようになったんです。もし古典が苦手な方がここにいらしたらぜひお薦めしたいと思います（笑）。

　思い返せば、古文の教科書で最初につまずいたのはまさに、この「伊勢物語」の九段「かきつばた」（東下り）でした。漢文って、漢字の意味でなんとなくわかったりしますけど、平仮名で書かれた平安文学というのは、そのときの言葉、そのときの文法ですから。江戸時代の人が今の平成の世に来て私たちの話し言葉を聞いたら、全然わからないのと同じ。あれから何十年かたって、その「伊勢物語」を訳したことを昔の自分に教えてやりたいなと思いつつ、九段を最初に読みたいと思います。

男がいた。
みずからを、つまらぬものと思いなした。
みやこにはもう住むまい、東国に居場所をさがそう。
そう思い、むかしからの一人、二人の友と共に旅だった。……

（同「伊勢物語」69ページより朗読）

「伊勢物語」　平安中期の歌物語。作者、成立年未詳。「在五が物語」「在五中将の日記」とも呼ばれ、在原業平《ありわらのなりひら》と思われる男を主人公に、恋愛、友情、別離などが和歌を中心に描かれ、初冠《ういこうぶり》で始まり辞世に終わる小篇百二十五段。

「伊勢物語」は、和歌があり、それに短い散文もしくは物語がついています。かなり歌の比重が重いのですが、以前は現代語訳を読むときに歌をつい飛ばしちゃってたんです。現代の私たちには歌がそれほど大事なものという意識がない。今回訳して初めて和歌というものの大事さに気づかされました。

恋愛をおもに扱ってはいますが、恋愛的な要素ばかりでなく、平安時代の貴族のお勤めの話とか友情の話とか、いろんなお話があります。主人公は一応、在原業平《ありわらなりひら》とされています。色男ですが、色悪《いろわる》な感じのない品のよさが業平の魅力なのだと、今回訳してみてよくわかりました。業平という固有名詞が出てくる、おそらく唯一の段であり、いかにも業平らしいなあというエピソードのある、六十三段を読みます。

女がいた。
年をかさねても、恋することをあきらめられないのだった。
どこかによき男はいないかしら。
そう思っていたけれど、口にだすことは、はばかられた。……

（同「伊勢物語」152ページより朗読）

中島京子
「堤中納言物語」を読む／語る

「堤中納言物語」は、日本でいちばん古い短篇小説集なんだそうです。短篇集は私も時々出すんですが、いろんな雑誌に書いたものを集めてつくる場合、一冊にするからにはまとまりのあるほうがいいなと、

「堤中納言物語」　平安後期の短篇物語集。天喜三（一〇五五）年の「逢坂越えぬ権中納言」（女房小式部作）以外は、作者と成立年代未詳。「花桜折る中将」「虫めづる姫君」など十篇と一つの断章からなる。ユーモアに溢れた機知に富む作品が多い。

収録作品やその並べ方を編集者と一緒にいろいろ考えるんです。その作業がすごく楽しくて。

「堤中納言物語」は、きっとすごくいい編著者がいたとみえて、いろんな時期に書かれた物語を集めてうまく並べているんです。『源氏物語』など昔の作品を面白く使ったり、似せてみたりと、パロディもたくさんあって、全体に読者を喜ばせよう笑わせようという意図に満ちている。そこがとても面白いと思いながら訳しました。

それから、和歌が全篇にわたって、どうしてここに、というようなところにも入ってくるんです。

たとえば、最初に出てくる「花桜折る中将」（現代語訳「美少女をさらう」）の色男は、今付き合っている恋人を好きじゃなくなってきたので、朝早く恋人の家を出ちゃう。早く出すぎちゃったかなと思ってるんだけど、桜を見てハッと「こっちにいい女がいそうな気がする」と、ある家に入っていき、そこにいた女の子と付き合うことばかりを考えるようになる。

そのときに詠んだ歌が「そなたへとゆきもやられず花桜にほふこかげにたびだたれつつ」。これだけ聞くとなんだか美しい感じがしますが、意味はというと「今出てきたあの女のところにはもう帰れない。この美しい桜が匂っているところに足がどうしても行ってしまうんだ」（笑）。こんな感情をわざわざ五七五で詠んで、平安朝の人たちって、本当に雅なんでしょうか？（笑）

朗読はどこにしようかなと迷ったんですけど、やっぱり「虫めづる姫君」（現代語訳「虫好きのお姫様」）から。皆さんご存じのお話かもしれませんが、朗読してみると、なんだかミュージカルとかオペレッタみたいに夢中で皆が歌い始めたりする感じがして、おかしいんです。そこを読みます。

……兵衛《ひょうえ》という女房が、

いかでわれとかむかたなくいてしがな烏毛虫《かはむし》
ながら見るわざはせじ

——どうしたら姫を説得できるのか　毛虫は
二度と見るのも嫌よ

と言えば、小大輔《こだゆう》という女房が笑って、

うらやまし花や蝶やと言ふめれど烏毛虫くさ
きよをも見るかな

——うらやまし花や蝶々と遊ぶ人　毛虫まみ
れの世を見ていると

など言って笑う。……

（同「堤中納言物語」263ページより朗読）

というわけで、平安朝の皆さんは、さまざまなことを歌にしていますので、私も頑張ってその歌を五七五七七にして訳してみました。そこが今回いちばん難しかったかもしれません。

堀江敏幸「土佐日記」を語る

「土左日記」はもともと好きな作品ではあったのですが、よくわからないところも多かったんです。まず冒頭から難しい。「男もすなる日記といふものを、女もしてみむとてするなり」。漢字が入っていますね。漢字を使って書く「日記」は男が書くものですから、男がやるのが前提なのに、どうして男「が」ではなく、男「も」とするのか。ある部分は男の視点で書かれ、ある部分は女の視点で書かれている、というのが一般的な解説ですが、全部を女性の言葉で訳すという試みもありますし、文法に正確なフラットな形で男として書く手もある。

そこでどうしようかと止まってしまって、一向に進まなかったのですが（笑）、小松英雄さんの『仮名文の構文原理』や『古典再入門―『土左日記』を入りぐちにして』など、一連の著作を読んで、しっくりきた。紀貫之は『古今和歌集』で、「かきつばた」のように最初の文字を揃えるような歌をつくったり、歌の中に、ある言葉を忍ばせたりする。仮名文では中に埋もれてすぐにわからないけれど、実は何か言葉を隠すということをやる人なんです。

「土左日記」　土佐日記。古写本では土左日記。平安時代前期、承平五（九三五）年頃成立した最古の日記文学。紀貫之《きのつらゆき》作。土佐国司の任を終えて都に帰るまでの五十五日間の海路の旅を日記体で描いている。

こう考えると、冒頭の部分、「女もしてみむとてするなり」というところに何かが隠されているのではないか。濁点がない時代ですから、「女もしてみむとて」は「女もじ（文字）でみむとて」ではないかと小松さんは言う。女文字が仮名文字とするなら、男文字は漢字です。すると「男もすなる日記といふものを」が違う意味をもってくる。「男もすなる」という不自然な言い方に「男もず」、つまり男文字という言葉を隠しているのだとすると、非常にすっきりします。「男文字で書いているという日記を、あえて女文字で書いてみよう」。冒頭で、女文字で書くことを宣言しているんです。

では、なぜ女文字で書かなければならなかったのか。全文を読み返してみると、作者紀貫之の声があちこちから聞こえてくる気がしました。つまり「土左日記」は単一のテキストではなくて、なぜこれを今、この自分が書かなければいけないのかということを貫之は述べているのではないか。目の前に自分が書いたものを広げるような形で、書きながら読み返し、読み返しながら書いている。その書いている、読み返しているという気持ちが込められているのではと僕はとらえました。それで、こんなへんてこな訳になった（笑）。

最初に貫之が「土左日記」を書くまでの経緯について創作を入れました。そして「土左日記」を全部、女文字・平仮名で訳し、平仮名の本文の間にカッコを入れて、貫之が自分の声を男文字・漢字で解説するという書き方にしたんです。原文に漢字が使われていたところはそのまま漢字を残しました。つまり、この作者は女性であると言いながら、漢字を使って書くことができた人である、そういうヒントがちりばめられた、謎解きの形にしたんですね。

そんなわけでまったく朗読向きのテキストではありませんので、朗読はなしで終わりにします（笑）。

江國香織「更級日記」を読む／語る

「更級日記」　平安中期の日記作品。菅原孝標女《すがわらのたかすえのむすめ》作。成立は一〇六〇年頃。十三歳のときの父の赴任国上総《かずさ》より帰京する旅から、四十余年に及ぶ人生を回想した記録。物語に傾倒した少女時代から、孤独な晩年の境涯までが綴られている。

「更級日記」を訳してみて、まず平安時代の人たちは変なくらい物語が好きだということに驚きました。主人公の菅原孝標女は物語が大好きだと明言していますし、日記の中に、物語を「読みたい」「読んだ」という記述もよく出てくる。旅をしていても、「知り合った人がこんな話をしてくれた」と、その土地にまつわるちょっと不思議な話なんかを克明に書いています。「更級日記」は少女から晩年までの女の一生を描いていますから、結婚したり子どもを産んだりもするんですけど、それについてはちょっとしか書かれていません。自分の結婚や出産よりも、子どもの頃に旅先で出会った人の話——それほど面白い話でもないんですが（笑）——のほうが残すに値すると思っている。物語をすごく大切にしているんですね。

私は孝標女が都に戻った後、でもまだ結婚もしてないし宮仕えにも出ていない彼女の日々が気に入っていますので、そこを読みます。

その月の十三日は、月が地上を隅々まであかるく照らしていたので、家じゅうの誰もが寝静まった夜中に、姉と二人で縁側にでて坐《すわ》っていた。姉が空をつくづくと眺めながら、「いまこの瞬間に、もし私がどこへともなく飛び去ってしまったら、あなたはどんな気持ちがする？」と訊いた。……

（同「更級日記」428ページより朗読）

とにかく夜更かしで、ほとんど夜に生きている。姉と二人で、月がきれいだとか言っては夜の歌を詠んでいると、隣りの家の女にふられて帰っていく男に気づく。それを見ながら、「笛の音《ね》のただ秋風と聞こゆるになど荻の葉のそよとこたへぬ」——どうして女の人は応えないのかしらと妹が言えば、「荻の葉のこたふるまでも吹き寄らでただに過ぎぬる笛の音ぞ憂《う》き」——でも、あっさり行っちゃう男も男だわねと姉がこたえる。そんなことが夜じゅう続いていて、昼間に何かをしたという描写があまりないんです。だから昼の暮らしを想像しながら訳しました。

他にも驚くことばかりでした。少女時代にお父さんの任地である北関東の田舎から京都に旅をするんですが、そのくだりのワイルドさといったら。ホテルがないので、大工を連れて行って小屋をつくらせるんです。そこにお嬢様は寝て、家来たちは野宿。それすらできないところ、たとえば川の水なんかが来て建てられないところでは、知らない人の家に行って「今日、泊めてください」と言って泊まる。泊めてもらうくせに、主人公に家来が「こんなむさ苦しいところですけど、今夜はここしかありません」と言ったりする。

旅をする人もワイルドだけど、そういう人たちをちゃんと受け入れる普通の人たちもワイルドで、今考える日本人のイメージではないなと思う。すごく大陸的で、面白い人びとなので、ぜひ読んでほしいです。

［第二部　座談］

「竹取物語」の竹

堀江　第一部は、翻訳について語られているようで、実はそれぞれご自身の創作について伺っている感じがして、非常にワクワクしました。第二部では皆で各作品について語っていきたいと思います。まずは「竹取物語」から。森見さんは竹との密接なつながりがあるというお話がありましたが、付け加えることがありましたら。

森見　付け加えることですか（笑）。僕は実際に竹林の手入れをちょっとしていたんですが、竹を切ったことがある人はおわかりになると思うんですけど、枯れた竹を倒すのはあまり楽しくないんです。でも青々とした竹を切り倒すようになってくると非常に楽しくなる。

川上　「竹取物語」の竹って、どんな竹だったんですか？

森見　おそらく真竹《まだけ》だと思います。孟宗《もうそう》竹《ちく》という、筍を我々が食べている竹はもっと後の時代に日本に入ってきたものなので、筍の竹ではない。日本に昔からあって、それなりの太さがあって、いわゆる竹林のイメージを考えると、真竹のように昔から日本にある竹じゃないかなと。僕は別に竹専門家じゃないんですけどね（笑）。

竹はすごく不思議な形をしていて……こんな話をしていていいのかな。

堀江　どうぞ、どうぞ。

森見　青い竹の節の部分を切ると、その中がすごくきれいなんです。ぴかぴかしていて、全然黴菌《かび》がいそうになく、まるで人工的につくった空間みたいで。滑らかな木でできた小さな部屋がぽこっと出てくる感触がある。僕はそれを見るのが好きだったんですね。

しかもそこには何も詰まっていない。空っぽなんです。それを見た昔の人はなぜこんなものがあるんだろうと不思議だったと思う。当時、たぶん月も不思議な存在で、竹という身近な謎と月とをかぐや姫を介して結びつけて、自分たちが普段これは一体何なんだろうと思っていたものに対して、それらが関係しているということを見せたんじゃないでしょうか。

僕はこれは、物語や小説をつくるときのいちばん基本だと思うんです。いちばん身近で不思議なものを結びつけて、見たことのない世界を見せてしまう。昔の人も自分と同じような考え方で物語をつくっているんだなと思いました。

堀江　そこから何かが生まれてくるような空間があるわけですよね。身近なところの謎と謎を結びつけるという小説の書き方が「竹取物語」の頃から存在する。これは大変興味深い指摘です。

川上　竹の中の空洞は気にまったく触れ

ずにできてくるものなんですか。

堀江　あ、お二人は理系でしたね。

森見　筍《たけのこ》の皮を剝いたら、中が層になっていますよね。あれがどんどん大きくなるにつれて……理科の話みたいですね（笑）。だんだん固くなってくるんです。その過程でとはちょっと違う空間になってくるんじゃないかと思います。

川上　密閉された空間が生物の体内にあって、かつ空洞って、珍しいんじゃないですか。たとえば人間だと、胃や腸、女の人だと子宮とか、そういうところは密閉された空間かというとそうではなくて、口や肛門などにつながっているわけで、実は外に接しているんですよね。体内で密閉されている空間部分は人間でも少ない。平安時代の人たちが解剖学的にものを考えたかどうかはさておき、密閉された空の中に聖なるものがあることや、月から異生物が来ることなど、「竹取物語」は卓抜な発想に満ちていると思いました。

竹取の翁は二十代？

中島　私は今回読んで、あまりにびっくりしたので附箋《ふせん》を貼ってしまったんですけれど、「竹取の翁は帝からの使者に面会しても、涙に暮れているばかりである。あまりに激しく嘆き続けたために、その髭も白くなり、腰も曲がって、目のまわりはすっかりただれてしまっていた。翁は今年で五十歳（原文ママ）ばかりであったが、かぐや姫と別れる哀しみのあまり、僅かの間にすっかり老けこんでしまったとみえる」。竹取の翁は私より歳下だったんですね。しかも『かぐや姫を養い申し上げること、かれこれ二十余年にもなるのです』と言っている。ということは、竹を切ったときは二十代ですよ。このこと、森見さんはどうお考えでしょうか（笑）。

森見　私は訳しているときには単純にお爺さんとして考えていて、あまり実年齢的な解釈はしていなかったんですよ。「五十歳」というのも、最初のほうに七十歳とお爺さんが言っているところがありましたからそもそも矛盾している。ここで頑張って奇跡的に説明がつく解釈を見つけ出してもしかたがないと思いまして、もう諦めて「（原文ママ）」と補記しました。責任を原文に押しつけたんです（笑）。

堀江　実年齢に比例しないような人たちがいるわけですよね。

森見　最初に七十歳と言っていた通りだとして、かぐや姫を育てて二十余年もっているなら、最後に月の人が来るとき、あんなに元気じゃないですよね。「目玉を摑み潰してやる」とか言っている九十余歳のお爺さんも嫌だなと（笑）。

堀江　かぐや姫は変化《へんげ》の人と呼ばれていて、普通の育ち方をしない。それと付き合えるということはお爺さんもかなり不思議な人で、この人も月かどこかの人ではないかと思われるような展開です。最初からかなり飛んだ形の物語ですね。

和歌に託した「伊勢物語」

江國　「伊勢物語」は川上さんの創作を読んでいるような印象をもちました。一篇ずつは短いお話ですが、あの短さに、普段私たちが原稿用紙を何枚もかけて書こうとしているようなことのエッセンスがみんな詰まっている。文章がシンプルであるがゆえに、こうまで川上さんの風味が出ることが不思議だし、すごい。

川上　そのことについて自分でも分析してみたんです。私は昔から、恋愛小説は書くけれども実は恋愛の過程を全然書いていないじゃないか！　と言われてきたんです。つまり、男と女がいて、好きであるときの気持ちは書くけれども、その前後にたとえば三角関係があるだとか、葛藤があったとか嫉妬をしたとか、そういうことはほとんど書かない。それが偶然「伊勢物語」とフィットしたんじゃないかなと思いました。

　あとがきで、業平という人が好きになったと書いたのですが、私は一方で光源氏が苦手なんですよ。『源氏物語』は、複雑な人間関係や当時の風習などがこまやかに書かれているから苦手になる余地も生まれるのかもしれませんが、「伊勢物語」は枝葉が少ない。好きとか嫌いとか、「あなたは私のことを忘れたんでしょ？」という恨みごとなどが、和歌と断片的な散文に託されているので、シンプルで今の私たちが読んでもかえって感情移入しやすいと思うんです。

江國　平安時代は人の心の動きを重大視していないですよね。人の気持ちについてそんなに書かれていなくて、死んだとか生まれたとか、好きなことがばれたとかくらい。それからディテール、たとえば着物の柄などについての記述は出てきますけど、感情は書かない。

　想像なんですけど、当時は自我が今みたいになかったのではないでしょうか。誰であっても生まれては死んでいく大きな流れの中にあるものであって、どっちみち通り過ぎていくもの。今だったら登場人物が幸せなのかどうか、泣いているのか笑っているのか、恋愛がうまくいくかいかないかが、その作品の中ではすごく重大ですけれど、そんなのはどうでもいいというのが前提にあったんじゃないでしょうか。

川上　人の心も竹も月も、皆同等というか。

江國　日記文学では普通なのかもしれませんが、たとえば「更級日記」の最後のほうに「五番目の甥《おい》が」と出てきても、詳しい説明はないんです。それよりも桜のほうが書くに値するし、よそから聞いたその土地に伝わるお話のほうを書きとめることが大好き。今とは全然違う感覚だと思いますね。

和歌の余韻

中島　「伊勢物語」ですごいのは、すべてを削ぎ落としたというか、語らずして語っているということだと思います。川上さんが先ほどおっしゃったように、歌を読ませるものだからなんですね。歌がとても深い文化なんだということを教えてくれる作品でした。

　なかでもインパクトが強かったのは三十段です。「男がいた。／思いをよせた女は、わずかの時しか逢ってくれなかった。／その女に、詠んだ。／逢ふことは玉《たま》の緒《お》ばかり思ほえてつらき心の長く見ゆらむ」。この川上さんの訳が「逢うのは　一瞬　恨みは　永遠」（笑）。

堀江　好きになる過程を省いて、好きになったところから物語を始めるという川上さんの小説の秘密が、「伊勢物語」を読むことでかえってよくわかってくる。凝縮された出会いから始めるには、どういう言葉をつむいでいけばいいのか。和歌で支えている空間を現代語で埋める困難をあらためて考えます。それを易々と実現された人がここにいるわけですね。「伊勢物語」のいちばん最後についてうかがいたいんですけど、百二十五段、「男がいた。／病をえた」というところです。男が最後に歌を詠む。「つひにゆく道とはかねて聞きしかど昨日今日《きのふけふ》とは思はざりしを」は、「いつかは　ゆく道と　知っていたが　それがまさか　昨日今日のことだとは」とし、最後に川上さんは「生きるとは　なんと　驚きにみちたことだったか」と加えられていますね。

川上　私はとにかく古文が苦手なので、これを訳すにあたっては鈴木日出男さんの『伊勢物語評解』におすがりするようにして訳したんですけれど（笑）、たぶん鈴木先生の解釈の中にこのニュアンスがあったんだと思います。和歌って、書いてある文字以上の余韻がありますよね。その余韻があるということを、この言葉であらわしてみました。

堀江　なるほど。「恋するとは」ではなく「生きるとは」と書かれていますね。生きること全般に対して「なんと驚きにみちたことだったか」とまとめている。森見さんが訳された「竹取物語」も、これは異星人の話だけど、同じ側面を書いていると思うんです。それらを一冊の本の中でつなげて読めるというのが、平安王朝文学の巻の一つの喜びだなと思いました。

「堤中納言物語」と三十一文字のリズム

森見　私は非常にわかりやすい読者なので、「堤中納言物語」では、虫を可愛がるお姫様の話が大好きです。「竹取物語」を訳した私からすると、このお姫様はかぐや姫をもう少し我々にとって身近なかたちに置き換えたような存在だと思いました。最後が「続きは二の巻で」という「続きはウェブで」みたいな感じの書き方で終わっていて、僕はてっきり続きがあるんだと思って読み進めたんですけど、ないままに終わってしまって……本当にないというお話を今日聞いて非常にがっかりしました。でもそれがまさに「堤中納言物語」のいろんな断片が集まっている感じをよくあらわしている。

　以前、カフカが思いつきで書き始めたものの途中で終わってしまっている断片がいっぱい並んだ本を読んだのですが、そのときの感じに似ているなと。特に「堤中納言物語」のいちばん最後は「末尾断簡」という不思議な断片で終わっています。そういったものも削除されることなくワンセットで「堤中納言物語」という作品になっているのが、読み終えたときにとても不思議な、何か変なものを見た感じがして面白かったです。

中島　研究者が書いたものを読んでも、「続きは二の巻で」と書いてあること自体が遊びというか、作品の一部だと解説してあるものが多いですね。面白いなと思います。

　「末尾断簡」はその前までの文章とは全然違っていて、「あの人のところに行こうかなと思うんだけど、行ってもあっちはその気がないからちょっと冷たくされるかな、他の人のところに行こうかな。でもあの女はちょっとつまらないし」などということがぶった切られたように入っている。ちょっと現代小説っぽいというか。
　そういったものをポンと入れておいたり、古くからあったものを再話したりと、この短篇集をまとめた編者は、本当にすごい人だったんじゃないかという気がします。
堀江　森見さんのおっしゃったように創作ノートをそのまま起こした感じもして、微妙な未完成感がなんとも言えない魅力を醸し出していますね。各話のタイトルも中島さんが魅力的に訳されていますが、これにはどんな仕掛けがあるのですか。
中島　たとえば「花桜折る中将」は「美少女をさらう」としています。昔の人が読めば、「花桜を折る」というのは女をさらうということだとわかるのですが、我々はそこまでわかりませんものね。
川上　それから、歌を現代の言葉に訳すのは本当に大変だったと思うんですよ。和歌には言葉を遊ぶところがありますよね。たとえばワレカラという虫が「伊勢物語」にはよく出てくるんですけど、ワレカラだから「割れて別れる」という意味で使っていたりするんです。今の私たちの感覚で言うと、ほとんど駄洒落です。そういうものの、どこを入れて、どこを入れないのか、とか。
中島　ひとつの歌の中に込められているものがあまりに多いんですよね。意味はもちろん、掛詞や古い歌のパロディもあるし、それを全部説明するとしたらものすごく長くなるのですが、それをなんとか三十一字にして。本当に無謀なことで、とんでもないことをって怒る人もいらっしゃるかもしれませんが、怒られるくらいのことをしないと何かね（笑）。私も今まで歌の意味がわからず、つまずいては解説を読むということをずっとしていたんですが、そういうふうに読書を中断させたくなかったんです。あと、当時の人は歌としてリズムも楽しんでいたでしょうから、とりあえずリズムだけは生かしたいと。
川上　中島さんの朗読の、女房たちが皆で突然ミュージカルのように歌いだすのがとても面白かったのですが、そうか、リズムなのか。すごく腑に落ちました。

パズルを埋める

中島　「堤中納言物語」は成立したのがわりと後のほうだから、いろんな作品の影響を受けているし、言及があるのも魅力です。だから「堤中納言物語」を担当できて、得したなと思っています（笑）。たとえば「よしなしごと」（現代語訳「たわごと」）では、竹取の翁みたいな翁が出てきます。「伊勢物語」の「起きもせず寝もせで夜を明かしては春のものとてながめ暮らしつ」という歌も踏まえている。それから、さっき、江國さんと控え室で話していたんですけど、「堤中納言物語」に入っているあるお話が、物語り合わせ、つまり物語を持ち寄って話して、私の話がいちばん面白いと競争するようなところに出されたんです。そのとき菅原孝標女にも声がかかったんですって。だけど彼女は性格がとても地味な人なので「そんな華やかな席は私は……」と断ったらしいんです。
江國　そうそう、彼女は「やっぱり後から行けばよかった。もう一度、誘ってくれてもよかったのに」って。

中島　「土左日記」はさすがに関連はないのかなと思ったんですけど、紀貫之を引き立ててくれた兼輔という人は藤原兼《ふじわらかね》輔《すけ》ですね。
堀江　そうです。三十六歌仙の一人ですね。彼の長男、雅正の孫が紫式部に当たります。
中島　賀茂川堤に邸があり、堤中納言と呼ばれた藤原兼輔は、物語中の「中納言」や「中将」のモデルだという説があります。本当に皆つながっているので、皆さんの話を聴きながらパズルを埋めるみたいでとても面白かったです。

「土左日記」を平仮名で

川上　このままでは司会の堀江さんの「土左日記」の話ができないので是非「土左日記」について（笑）。堀江さんの訳の特異ですばらしいところは、「土左日記」の文章の前に「貫之による緒言」を、其の一から其の七というかたちで書いてあるところです。これはもとの「土左日記」には一切出てこない。だから貫之がなぜ「土左日記」を書いたのかという謎について、これは堀江さんが、ご自分で謎解きをしたことを貫之に語らせたという印象があります。
堀江　紀貫之という人は、国司として任国の土佐まで行くんですが、往路の記録はないんですね。そして四年ほどの土佐滞在中の記録も全然ない。空白の四年を過ごした人の、復路の記録なわけです。ここにいる皆さんなら空白の四年を小説で埋めることが可能でしょうけれど、僕には不可能です。そこで空白を空白のままにしました。この人の、真っ白なところから言葉をつむぐほかないと思い詰めてしまった気持ちは、原稿に詰まったときや行き詰まったときの励みにもなるんじゃないかと思います。
川上　私は平仮名のほうは読みにくいなって飛ばしちゃったりするダメな読者なんですけど（笑）。
堀江　読みにくいですね、たしかに。貫之は、平仮名は、『古今和歌集』で使いこなしてみせた。では「散文」もすべて仮名文字で統御できるかといえば、それはできない。漢字の頭がところどころで流れをさえぎる。そこを見なくてはいけない。動かしている手と文字を送り出す頭のあいだにずれがある。そこが僕にとっては面白い。
　彼は、漢字だけの文化から、どうやって漢字の要素を使いながら平仮名に移行していくか、平仮名に移行しなければ自分のよさが出ないかもしれないというところまで、自分を追いつめようとしていたのだと思いますね。

「更級日記」繰り返される歌

堀江　こうしてみてくると、平安王朝文学にとって、作中の歌は、考えられている以上に重要だと思われますが、「更級日記」ではいかがでしたでしょうか。
江國　「更級日記」には歌を詠む前に説明的な部分があって、個人的にはあれが邪魔だと思いました。たとえば「せっかく来たのに桜が散ってしまったから詠んだ」と説明があって、歌の内容が「せっかく来たのに桜が散ってしまったなあ」と半分くらい同じなので（笑）、それを取って読んだほうがハッとする。
　それからしつこいくらいに歌のやりと

りをする場面もありますよね。主人公のお姉さんが死んだときに、お姉さんに仕えていた乳母が、私はこの家にいてももうすることがないと言って暇乞いをして出て行ってしまう。そのあと「お墓に行きました」と報告があり、「お姉様を今も偲んでいます」と手紙で書いてきた。その乳母に主人公が詠んだ歌です。「昇りけむ野辺は煙もなかりけむいづこをはかとたづねてか見し――姉が煙となって空に昇った　その野辺にはもう何もなく煙も消えていたでしょうに　彼女はいったいどこを姉の　お墓と思ってお参りしたのでしょう」。そんなに意地悪に言わなくてもいいのになと思うんですけど。

　さらに主人公の継母がこういうふうに詠む。「そこはかと知りてゆかねど先に立つなみだぞ道のしるべなりける――ここがはかだと　はっきりわかったわけじゃなくても　先に立つ涙が　そこはかとなく　道案内してくれたのだと思いますよ」。それを聞いたお兄さんが、当時は男の人だけが野辺送りに行っていましたから、「見しままに燃えし煙は尽きにしをいかがたづねし野辺の笹原――みるみるまに　煙は燃えつきてしまったよ　あの人はほんとうにどうやって　あの野辺の笹原をたずね歩いたのだろう」と詠みます。その後も延々と続く（笑）。

堀江　「更級日記」は全体に淡々と進んでいきますが、今の部分は薄いところと濃いところが交互に出てきますね。そういえば、お姉さんが亡くなったときに、お姉さんが生前欲しがっていたという物語が親戚から届けられる、そのタイトルがまたすごい。

江國　「かばねたづぬる宮」というんですね。主人公は「亡骸《かばね》をたずねる物語なんかを　どうしてあの人は読みたがったのでしょう　いまや本人が　苔《こけ》の下に埋められてしまいました」と嘆いています。ここを読んでも、本当に物語が好きな人たちだとわかりますね。私も物語が好きですから、妙に親近感をもってしまいました。

連環する物語

堀江　「更級日記」を学校で勉強するときに必ず引かれるのは、最初の旅のあたりですね。富士山が出てきます。「富士の山は、この駿河の国にある」。彼女が育った上総から西のほうです。「その姿は、まったくこの世に類を見ない。他の山とは違う風変りな形だし、青く塗ったような色をしているところへ、雪が消えることなく常に積もっているので、色鮮やかな肌着の上に白い衵《あこめ》だけを着た、幼い人のように見える。てっぺんの、すこし平らなところからけむりが立ちのぼっている」。

　これは「竹取物語」の最後、「今もなお、その煙は雲の中へ立ちのぼっていると言い伝えられている」に直結します。「竹取物語」では、五人の男たちが束になっても敵わないような人が最後に出てきて、地球対宇宙のような展開になる。誰が来ても守りきれなくなったところで、富士山が最後に出てくるんです。

森見　今日は関西から東京に来ましたので、途中で新幹線から富士山を見てきました。新幹線から見る富士山は可愛くないので、「幼い人のように見える」という感じではなかったですが。

江國　さっき中島さんが、「堤中納言物語」のいろんな断片の物語やイメージは他の作品とつながっているとおっしゃっていましたね。

　この時代は読み書きできる人の数も少ないし、印刷技術がないので、知り合いを訪ねてお話を聞いたり、「『源氏物語』の続きを貸してください」と頼んだり、書き写して貸したりしている。だから仲間内で同じものを皆が読んでいて、そして書いている人と読んでいる人がだいたい重なるんですよね。

　なんだかすごく不思議なんですが、今回この本ができてから一つずつ読んでいくと、私は「更級日記」しか原文で読んでいないにもかかわらず、知っている人に会うような感じが、それぞれの著者に、あるいはそれぞれの登場人物にあって、何か一つのつながったものであるような気がします。

堀江　本当ですね。サークルなんて言葉を使うとよくないかもしれませんが、文学の継承の仕方が一冊の中にあらわれていますね。

川上　古くから和歌に詠まれてきたような場所を歌枕と呼ぶんですけれど、富士も歌枕なんです。こういう物語なり詩歌に親しんできた人たちは、たとえば芭蕉だったら西行が詠んだ歌枕の場所に行って自分も俳句を詠むわけです。つまり先行する人たちのつくってきたものを皆が知っていて、それが歴史として自身の血肉の中に刻まれている。そういう人たちがものを読み、書き、ということをしてきた。

　私は俳句を二十年くらい前に始めたんですが、しばらくたってから聞いた言葉が、「俳人・歌人はつくる人と読む人の数が一致している」。さっき江國さんがおっしゃったこととあまりにも一致していたのでびっくりしました。そういう小さいサークルの中で保ってきた文学が日本の古典であり、それが現代まで伝わっているのは奇跡的なことなんじゃないかなと、訳しながら思いました。

堀江　逆に言えば、それは決して狭いものではなかった。小さいサークルでただ書いたものを見せるだけであっても、それをくり返し行なって深めてきたものは、に出しても滅びないで残るんじゃないかという気がします。それこそ竹の中に入っていて、誰かが開けてくれるのを待っているという感じさえするんですよね。「竹取物語」の主人公は消えてしまいましたけど、もしかしたらそれは再生可能というか、見る人が見たら別のかぐや姫が竹の中に入っている可能性がある。それが古典の面白さじゃないでしょうか。

（二〇一六年一月一六日　主催：早稲田大学文化構想学部文芸・ジャーナリズム論系　於：早稲田大学）

（初出＝「文藝」二〇一六年夏季号）

日本文学全集11
『好色一代男／雨月物語／通言総籬／春色梅児誉美』
島田雅彦／円城塔／いとうせいこう／島本理生訳

帯をほどいて

中村佑介

二〇一五年、永青《えいせい》文庫にて行われた国内初の大々的な『春画展』開催に対し、「いかがなものか？」という論争がＳＮＳを中心に巻き起こった。浮世絵が役者や風景や文化などを紙上で楽しむ、いわば江戸時代においてのブロマイドだったことに対し、春画はその爽やかな名前とは裏腹に、ズバリ当時の無修正ポルノ写真。もちろん写真はまだ日本にない時代だったので、それらはすべて絵（版画）によって、浮世絵で有名なあの北斎や歌麿《うたまろ》も手掛けていた。そんな当時の純然たるポルノを、いくら十八歳未満を入館禁止にしようと一般公開するのはいかがなものかというモラル的意見の一方、四百年以上経った現代から見れば、その文化や技術に芸術性を見出すことも出来るのだから、話はむずかしい。「日本文学全集」の帯絵依頼があったのはそんな最中《さなか》だった。

「日本文学全集」は河出書房新社の創業一三〇周年を記念し、ご自身も小説家、詩人、そして翻訳家の池澤夏樹さんの編集により、「源氏物語」から近代までの古今東西の日本文学を全三十巻に亘《わた》り現代語訳で余すところなく網羅するという、自分でも途中から何を言っているのかわからなくなるくらい途方もなく壮大な企画だ。そして僕が帯絵を仰せつかったのは、その第Ⅰ期のフィナーレを飾る第十一巻の〝江戸文学編〟。それが人生ではじめて江戸文学にまじまじと触れる機会となった。読む前は、どうしても文学という単語の手前にぼんやり「純」という文字が浮かび、その崇高

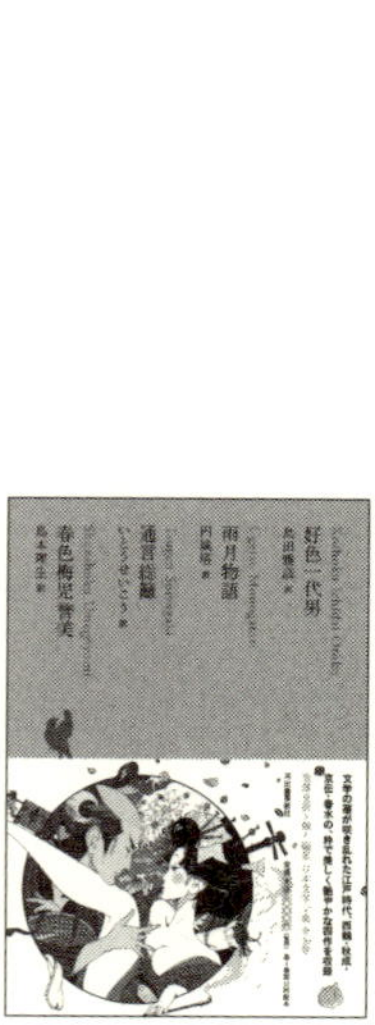

なイメージに腰が引けてしまったが、ひとたびページをめくってみると、井原西鶴『好色一代男』や為永春水『春色梅児誉美』をはじめ、〝純文学〟というより〝潤文学〟、江戸時代におけるポルノやロマンス小説だったのかと、ガラリと印象が変わった。そして各現代語訳を担当された方々の特色、また丁寧さやユーモアにより、一気に最後まで読み終えてしまった。そこには一貫して、男が金を持ち、旅をして、行く先々の女たちに挟まれ苦悩するという、可笑《おか》しいほどいつの時代も変わらないシンプルな欲望と愛のかたちが描かれていたのだ。これらを読んで当時の男たちは決してしかめ面で「フムフム」ではなく、「ムフフ」と鼻の下を伸ばしたことだろう。春画と同じように。

そこで帯絵も春画の現代解釈に挑戦してみようと思った。

そこにのしかかる大きな課題——書籍にとっての装丁とは、何百頁もある本の内容を一枚のビジュアルでわかりやすく表現する〝コピーライター〟的側面と、一人でも多くの読者にまずは見つけてもらうことを促す〝八百屋の呼び込み〟的側面がある。その両立だ。内容通りの性行為や裸体そのものを絵にしてしまうと、書店では面出ししてもらいにくい一冊になってしまうのだ。だから今回は直接的表現は避け、そこはかとなく性は匂わせつつも、一見綺麗なだけの絵に留める必要がある。しかもその上で、浮世絵ではなく明らかに「これは春画だ」とわかるように仕上げなければならない。この線引きが非常に難しかった。目指すは、よく繁華街の裏路地で黒地に蛍光ピンクで〝DVDアリマス〟とだけ書かれた看板。あの「わかるだろ？　皆まで言うな」感。そのために大人だけに伝わる間接的性表現を多用し、さらに肝心な部分は折り返しへ、本をめくってみないと見えないという思わせぶりな絵に仕上げた。帯を外し、隠されたものを露《あら》わにするという読者の行為も含め、春画の世界を再構築した次第だ。これはぜひ実物と、次頁からのメイキングも併せて楽しんで頂きたい。

そこから再び、春画の「ポルノ／芸術」論争を考えた。これは平たく言えば「春画はエロいか？

エロくないか？」というシンプルな問いだろう。受け手の倫理観や感覚は千差万別だが、ここで考えたいのは、当時それは〝ひっそりと楽しまれた〟ということ。そして男たちの期待に応えるため、あくまでポルノとして描いていた当時の絵師たちの気持ちを汲《く》み取ると、男としてもイラストレーターとしても僕は声を大にして言いたい。「エロい！」と。天国に向かって叫びたい。「モラルが崩壊した現代でも一般公開が問題視されるほど、あんたたち最高にエロかったよー!!」と。そして池澤さんと河出書房新社が「日本文学全集」を通して伝えたかったのもまた、このような美しさもどうしようもなさも含めた過去への敬意と、変わらない僕たち日本人の姿なのではないだろうか。

さて、それから数カ月後に「日本文学全集」第十一巻は無事店頭に並び、読者の方々からの好評な声に、ホッと胸を撫《な》で下ろしていたところ、出版社より「中村さんスミマセン!!」と緊急連絡。なんでも某大手新聞社から「広告を出すなら、そのわいせつな帯絵を外した状態じゃないと掲載できない」との諸注意を受けたとのこと。直接的表現を避け、一見綺麗なだけの絵を見て、「エロい！」と勘付く新聞社の眼力も相当なものだが、当時の絵師たちのように、僕がそれを最高の褒め言葉として受け取ったことは言うまでもない。

（なかむら・ゆうすけ　イラストレーター）

帯絵完成に至るまでのメイキング

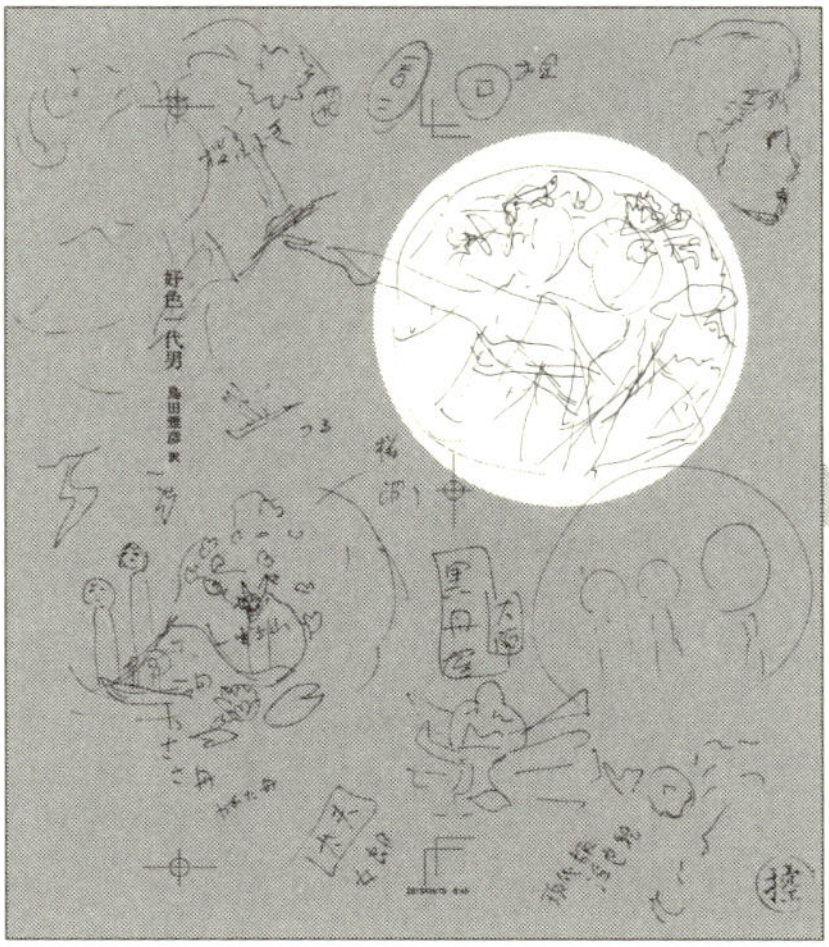

①アイデアメモ

原稿を読み、いくつか思い付いた走り書きの中から、完成図を予想して、いちばん内容が表現されており、かつ手に取りやすいと判断したもの（○で囲んだアイデア）を採用。

②ラフ・下書き

アイデアメモを『好色一代男』と『春色梅児誉美』の世界観を中心に、大きな紙に丁寧に構成しなおす。

③ラフ完成

ペン入れをして色をつけラフは完成。あくまで編集部にイメージを確認してもらう為の設計図なので、定規も使っておらず、色も統一感にも欠けるが、春画の匂いは出てきた。そして編集部のGOサインで本描きに移る。

④本描き・下書き

ラフを下にあて、構図や描写をより内容に合ったものに仕上げてゆく。隅々までかたちが決まったら、ペン入れ。今回は江戸文学の淫靡さだけでなく、共存する繊細さも表現すべきなので、ラフ時より細いペン（0.1→0.05）を使う。

⑤本描き・ペン入れ

ラフ時より、細かく変えた部分、追加した部分もあるが、線が細く、コンパスや定規を使っているので、一目で繊細なイメージが強調された。

⑥本描き・色塗り

そしてPCで着色。ラフの方は、それぞれの色が主張しすぎ、若干女性が背景に埋もれてしまっているが、本描きの方は、1枚の絵としてのまとまりを出しつつ、主役がきちんと目立つトーンに。そして、繊細にしすぎると、逆に人間らしい体温や、女性特有の柔らかさが減少してしまうので、頬紅だけはパソコンでの着色ではなく、画用紙にカラーインクを使って滲ませたものを合成し、温度を感じさせる1枚に。

編集鼎談

メイキング・オブ・文学全集

池澤夏樹×木村由美子（「世界文学全集」編集長）×東條律子（「日本文学全集」編集長）

池澤　まずね、いちばん聞きたいことなんだけど、そもそもなぜ僕が編者を頼まれたんだったっけ？

木村　そうですね、まず全集企画の成り立ちをご説明すると、会社の創業一二〇周年企画として「世界文学全集」を立ち上げたい、という当時の経営陣の意向があったんです。企画内容は社長と役員たちを中心に考えていて、現場の編集部はほとんどタッチしていませんでした。

池澤　上の人だけで？

木村　ええ、八〇年代に出ていた河出の「ステラ版　世界文学全集」を基に、新しい作品を加えて作ればどうか、と考えていたらしくて。それも、「一斉に定年を迎える団塊の世代向けに」と。その後、実際に編集作業を行う私たち翻訳課にこの企画がおろされたのですが、現場はみな、過去の全集の焼き直しになってしまうんじゃないか、それでは売れない、そもそも今さら文学全集なんて……と大反対でした。実は私はそのとき、海外文学の面白さを伝えるのに「文学全集」という形態自体はいい機会になるかもと思っていましたが、古いままでは届けられないだろう、とも思いました。経営陣はすでに、池澤さんはじめ作家や翻訳家の方々に打診をはじめていたようです。でも結局、現場の反対でボツになったのです。

池澤　僕も初めは蹴ったしね。「『世界文学全集』をやりたいから、池澤さん、やらない？」って依頼された。それはまだ僕だけでということではなかったかもしれない。しかしともかく関わってくれないかと、昔なじみのA氏が、当時僕がいたフランスまで来て言った。僕はそれこそ過去の版の焼き直しにしかならないと考えて、「そんなの無理だよ」と一蹴した。それで一旦終わったと思っていた。

木村　一旦は終わったんです。ただ私は当時、海外文学のシリーズを担当していて、若い読者に翻訳小説の魅力を伝えるにはどうしたらいいかすごく悩んでいたので、先ほど言ったように「世界文学全集」という発想自体はありかな、企画そのものをボツにするのはもったいないなと思っていました。それで、「セレクションも一からすべて新しいものにし、まったく新たな文学全集を自由に作らせてくれるんだったらやってみます」と当時の社長だった若森さんに言ったら、彼はすぐに「それでもいいから、とにかく『世界文学全集』を」と言ったんですね。それで、どうしたらこれまでと全く違う文学全集が作れるか一生懸命考えたのです。まず思ったのは、編集委員を複数にするとどうしても合議制のなあなあになり、これまでの全集の枠組みから自由になれないな、と。

池澤　持ち寄りか陣取りになってしまう。

木村　そうなんですよ。せっかく新しいものを自由に考えていい、と言われているのに、それでは面白くないなと思って。それで思いついたのが編者を一人にしては、ということ。で、一人編者としたらどなたにお願いするのがベストかと考えたとき、池澤さんしかいないと思ったのです。私は元々、池澤さんの書評のものすごいファンだったんですね。本を見る目は確かだし、ご自身で翻訳もされていて、海外のルポルタージュ文学賞の選考委員もされている。きっとカノンとご自身の偏愛とのバランスもうまくとってくださるだろう。一人編者は池澤さんのほかにはいない、と。それで、ぜひ池澤さん一人で編集する全集にしたい、と社長に言って、結果的にそれに会社のOKが出たんです。

池澤　僕は一人と決まってすぐに勇気凛々、ではなかった。仮の収録作品リストを作り始めても、ホメロスやシェークスピアやトルストイだと全然新機軸が出ない。ずいぶん考えました。そこで、十九世紀以前を切ってしまうという案がふと浮かんだ。さらに第二次大戦後という範囲にまで絞ると、ここ七十年の文学史の総括ができる、自分の読書体験も応用できると気がついて。次の問題は、それを「世界文学全集」と呼んでしまっていいのか、ということでした。

木村　そうなんです。大枠のリストができた段階で、営業部からも、従来の世界文学全集とは収録作品の方向がずいぶん違う、「現代海外小説選」とかそういった名称にしたほうがいいんじゃないかという意見が出たんです。でも私は、これを「世界文学全集」と呼ぶのがいいんだって主張しました。「名作選」とか「現代小説選」といぅんじゃ面白くない、「世界文学全集」と銘打つことに意味があると。そこは断固譲りませんでした。

池澤　それは一種のすり替えなんだけど、効き目がある。だってこれが「世界」であると言ってしまえばいいんだから。それで押してしまう。単純明快なタイトルで行く。出版形態においては間違いなく文学全集であるわけだし。

木村　お一人で選ぶわけだから、自由に選んでいただいて、池澤さんが「これは『世界文学全集』です」と言ってしまえばそれでいいと私も思っていました。

池澤　僕には昔から「世界」という言葉を濫用する癖があるんです。

木村　ご著書のタイトルにもありますね。

池澤　これは冗談じゃなくて、僕の世界観だと思うんだ。たいていの作家たちが人を見るときに、僕は状況を見てしまうんですよ。状況を用意して、舞台を用意してから、登場人物が出てくる。そのときの舞台というのは「世界」なんですよ。そういったものの考え方からいっても、「世界」という言葉をどうしても使いたいし、限定したくない。真正面からの直球ストライクでやっちまおう、という気持ちだった。

木村　そうですよね。いわゆる古今東西の名作を並べる、ということではなくて、いい作品だけど未訳のもの、絶版になってしまったものなど含め、「僕が読んで面白かったから君も読んで！」というものを集める、そして若い読者に翻訳小説の面白さを伝える……それが願いでした。ナビゲーターは池澤さん以外考えられなかったんです。

池澤　あと、自分で言うのも何だけど、一人のほうがずっととんがって見える。主張として強いでしょう。僕が適役かどうかはともかく、ここで一人で立つというのはいい戦略だった。

ひたすらリスト作り

池澤　あのときに僕が考えついた宣伝文句は、終戦の日から9・11の間くらいまで、つまり戦争が終わってからの世界のありようを文学がどう表現してきたか、ということでした。リスト作りのまず最初の手がかりは、元々自分の本にも入れていたこのリストでした。これを基にして、現代の作品を加えればけっこういける。それからあれもある、これもある、と思い出す。ともかく思いつくかぎりの長いリストを作った。そして「こっちとこっちだったら、こっちを取る」「これとこれ。こっちを取る」、残ったリストの中で、また一作一作を相手にそれを試みる。濃縮する。一段階ごとの評価を通じて、自分の中に隠れていた基準が見えてきたということです。それは面白い作業だった。

木村　そうですよね。池澤さんはお忙しいのに随分時間を取ってくださり何度も何度も会社に来てくださって、一作一作検討してくださいました。なるべく新訳・初訳を、という方針でしたが、何も全部新訳がいいということではなく、名訳の旧訳は当然活かしましょうとも。

池澤　『アブサロム、アブサロム！』は篠田一士訳を残しましたよね。

木村　何種類も訳が出ていたのを、池澤さんが読み比べてくださって、決めてくださったんです。ほかにも既訳があるものはすべて読み比べてくださいましたよね。

池澤　でもそうはいっても大事だったのは、新訳を基本原則とするということ。それは編集部から推してくれました。そうすると「あれはいい作品だけど、今の訳はちょっとなあ」と思っていた作品もちゃんと生きる。『存在の耐えられない軽さ』、バオ・ニン『戦争の悲しみ』もそう。そんなに翻訳者をこき使っていいのか、と思いましたけれど。

木村　でも本当に皆さん、力を入れて引き受けてくださった。「日本文学全集」もそうだと思いますけど、やはり「池澤さんからの依頼」ということが大きかったです。「この作品を入れたい。あなたの訳で入れたい」というふうに、編集部だけでなく、池澤さんが言ってくださったのが大きいと思うんですよね。

池澤　二十年前と比べて皆、翻訳の腕が上がっていると思いましたよ。それについては世界の風俗が今は昔より共有されているから、訳しやすいというのがある。また日本語そのものが欧米化したということもあったかもしれない。上がってきた訳も読みやすかったです。

日本の作家は?

木村　Ⅱ集を刊行している最中で、Ⅲ集も発表しましたね。

池澤　二十四冊を出すと発表した段階では、売れるかなという心配があったんです。「文学全集なんて、何を今さら」って元々僕も反論したくらいだから、しょぼしょぼと終わるかもしれない。でも始めてしまったら社運をかけてでも二十四巻ぜんぶを出すしかない。おそるおそる開始してみたら、第一回配本の『オン・ザ・ロード』がかなり話題になったし、その後も好調だった。けっこう終わりまで行けそうだねという見通しがついたあたりで欲が出て。

木村　そうですね。Ⅰ集Ⅱ集の二十四巻には短編が入れられなかったから、というのもありました。だからⅢ集には短編を入れたいと。それから、日本から石牟礼道子さんの『苦海浄土』を、というのがⅢ集を考えた大きな理由ですよね。

池澤　二十四巻でそのうちの一巻を日本にしてしまうのはちょっときつかったんです。なるべく手を広げたかった。もし入れるとしても、じゃあ誰にすればいいのかが問題。日本からも選びましたというアリバイとして村上春樹を入れても、今は文庫でみんな買えるじゃないか。中上健次でも村上春樹でも大江健三郎でもない、というところで一旦置いてしまったんだよね。それで「石牟礼さんの『苦海浄土』があった」と気づきました。全三部をまとめるとちょっと分厚くなるけど、これまで一冊で読めるものがなかったから。それで短編集二冊と石牟礼さんは絶対入れる、それで六巻を加えて全三十巻にしようということになった。

木村　そうです。たしか二〇〇七年の秋、東大で「世界文学全集」のイベントをしたときに、「もし日本の作家を一人入れるとしたら誰ですか」という質問があって、そのときに初めて池澤さんが石牟礼さんの名前を出していらっしゃいましたよね。

装丁、交渉。編集上の試行錯誤

池澤　装丁の話もありますね。そもそも全集にはつきものの「函《はこ》」をどうしようかと最初は皆で悩んだ。

木村　書店の方たちを会社にお呼びして、営業部も一緒にヒアリングをしましたね。セレクションに関しては「え、これですか」「知らない作家が多い」という声もあった。装丁に関しては、文学全集なんだから函に入れるべきだという意見も強かった。でも池澤さんも私も、全巻揃えるのがむずかしい若い人にも、せめて一冊、興味があるものを買ってもらいたい、そのためには店頭でぱらっと見られないと、と思っていて。函を作ると定価が高くなるから、それも嫌だな、と。最初はスケルトンの函を作ってみたりもしましたよね、軽い透明な感じで。

池澤　スケルトンだと函から本がすぐ滑り落ちる。逆に困るんです。店頭で見られるというのは大事で、昔みたいに「全集」といったって、本屋さんが毎月家に届けてくれるわけではないんだから。店頭で衝動買いを促すためには中が見えな

「世界文学全集」の巻立て作成の際の初期参考資料
池澤夏樹『海図と航海日誌』巻末収録「寄港地一覧リスト」より

【古代】
「ダフニスとクロエー」ロンゴス
「西遊記」
「サテュリコン」ペトロニウス

【フランス】
「パルムの僧院」スタンダール
「幻滅」バルザック
「ボヴァリー夫人」フロベール
「カルメン」メリメ
「海底二万里」ヴェルヌ
「スワンの恋」プルースト
「ジャン・クリストフ」ロラン
「チボー家の人々」デュ・ガール
「贋金つくり」ジッド
「夜間飛行」サン＝テグジュペリ

【イギリス】
「ロビンソン・クルーソー」デフォー
「嵐が丘」ブロンテ
「大いなる遺産」「デヴィッド・コパーフィールド」ディケンズ
「宝島」スティーヴンソン
「ユリシーズ」ジョイス
「月と六ペンス」モーム
「ブライヅヘッドふたたび」ウォー
「ハワーズ・エンド」フォースター
「チャタレイ夫人の恋人」ロレンス
「オオバンクラブの無法者」ランサム
「情事の終わり」「喜劇役者たち」グリーン
「アレクサンドリア四重奏」ダレル
「魔術師」ファウルズ
「鐘」マードック
「再会」ドラブル
「真昼の翳」アンブラー
「ザルツブルグ・コネクション」マッキネス
「スマイリーと仲間たち」「リトル・ドラマー・ガール」ル・カレ
「度胸」フランシス
「結晶世界」バラード

【アメリカ合衆国】
「白鯨」メルヴィル
「ハックルベリー・フィンの冒険」トウェイン
「エデンの東」スタインベック
「海流の中の島々」「キリマンジャロの雪」ヘミングウェイ
「パイロン」「野性の棕櫚」フォークナー
「セクサス」ミラー
「クーデタ」「結婚しよう」アップダイク
「母なる夜」「猫のゆりかご」ヴォネガット
「フラニーとゾーイー」サリンジャー
「キャッチ22」ヘラー
「やぎ少年ジャイルズ」「キマイラ」バース
「V.」「競売ナンバー49の叫び」ピンチョン
「アメリカの鳥」マッカーシー
「ロリータ」ナボコフ
「ゲド戦記」ル＝グイン
「アンドロイドは電気羊の夢を見るか？」「火星のタイム・スリップ」ディック
「ニューロマンサー」ギブスン

【ドイツ】
「デミアン」ヘッセ
「魔の山」マン

【ロシア】
「カラマーゾフの兄弟」ドストエフスキー
「戦争と平和」トルストイ
「犬を連れた奥さん」チェーホフ
「魅せられた旅人」レスコフ

【イタリア】
「マルコ・ポーロの見えない都市」カルヴィーノ
「薔薇の名前」エーコ

【その他ヨーロッパ】
「アレクシス・ゾルバスの数奇な生涯」カザンツァキス
「存在の耐えられない軽さ」クンデラ
「ソラリスの陽のもとに」レム

【ラテン圏】
「パンタレオン大尉と女たち」リョサ
「百年の孤独」「エレンディラ」マルケス
「失われた足跡」カルペンティエール

【日本】
「草迷宮」泉鏡花
「蘆刈」谷崎潤一郎
「銀河鉄道の夜」「水仙月の四日」宮澤賢治
「光と風と夢」「李陵」中島敦
「野火」「武蔵野夫人」大岡昇平
「修羅」石川淳
「風土」「風のかたみ」福永武彦
「雲のゆき来」中村真一郎
「邪宗門」高橋和巳
「第四間氷期」安部公房
「洪水はわが魂に及び」「M／Tと森のフシギの物語」大江健三郎
「笹まくら」丸谷才一
「夏の砦」辻邦生
「本当のような話」吉田健一
「夢の島」日野啓三
「羊をめぐる冒険」村上春樹
「コインロッカー・ベイビーズ」村上龍
「流れのほとり」神沢利子

きゃいけないんです。函があると立ち読みの手間が一つ増えてしまう。だからそれは要らない、カバーだけで勝負しようと。函に入れると財産という感じを出すのはもう古い。箱入り娘にはしたくなかったんです。

木村　とにかくいろんな国が入っているというイメージを出しましょうというのが基本にありました。そうしたら、デザイナーからカバーを六色で展開するのはどうかという提案があって、真夜中までいろんなカラーチップを前に、これにしよう、あれにしようって。

池澤　全集なんだから統一したデザイン。その中でバラエティを出すという意味で、とてもいいアイデアでした。繋がっているけど広がってもいる。バランスが良かった。

木村　鳥というアイコンもありましたね。「日本文学全集」にも引き継がれているけれど。これは「世界はこんなに広いし、人間の思いはこんなに遠くまで飛翔する」という池澤さんの全集宣言の言葉からデザイナーが考えてくださいました。何かモチーフが欲しいというときに、「やっぱり鳥ですよね」と。世界中をはばたいていく、というイメージで渡り鳥。三十巻分の鳥の捕獲にはデザイナーも苦労して、「WATARIDORI」という映画を見たりもしました（笑）。

池澤　各巻の解説は訳者がやってくれるから、僕は月報を全部書くということにしました。これはイントロダクションに徹する。入口まで読者の手を引いていって「あとはお一人で」と背中を押す。

木村　池澤さんじゃなかったらこれはできなかったと思います。

池澤　ともかく読んでほしかったんです。中身がいいから売れるはず、と言って待っていてはいけない。どうやったら読んでもらえるか。

木村　だからある意味でわかりやすく面白いところを前面に出して、若い子も「これは面白そうだ。読んでみよう」と、そういうのを狙って書いていただいて。

池澤　「夕刊フジ」の連載コラムもありましたね。後にまとまって『池澤夏樹の世界文学リミックス』という本になりましたが。これは若森社長が持ってきた企画だったけど、「書くよ。もう何でもやりますよ」と言った（笑）。

木村　でも反響も大きかったし、若森社長が会う度に「あれは面白い、面白い」って言っていた。文体も「夕刊フジ」用に変えられて。そういう仕掛けは池澤さんならではですよね。

池澤　中身の話でいえば、苦労したのは作品収録の許諾をくれない出版社があったこと。けっこう直談判に近いこともして。相手の立場から考えれば当然なんですがね。

木村　でも基本的には、皆さん協力してくれましたよね。あとは海外の著者との交渉で、他の作家の作品とセットで収録するお願いをしたときに、この作家とは思想が全く異なるのにどうして一緒にするのだ、と言われたこともあって。それで入れ替えたり最初とラインナップが変わってしまったり。訳者が著者に連絡して説得してくださったこともありました。

3・11と「日本文学全集」の胎動

池澤　その途中で若森社長が『日本文学全集』もやろうよ、池澤さん」と言ってきたんですね。なんと安直なことを言う人かとまずは思った。

木村 「世界〜」が成功して、その後何度か池澤さんに「日本文学全集はやらないんですか」と、私も言った記憶があるし、社長も言ったけど、池澤さんは固辞なさってましたね。

池澤 だって日本文学を知らないんだもん、正直な話。全然問題にならないと思った。

木村 だから私も、これは池澤さんは引き受ける気はないなと思って、社長にも「無理です」と言っていたんですよね。

池澤 『日本〜』について僕のようなことをやる人間がいたらやったら」と冷ややかな言い方をしていた。

木村 それが変わられたのはいつなんですか。

池澤 3・11です。二〇一一年三月十日に「世界文学全集」の最後の巻が出て、ああ終わったと言っていたら、翌日があの震災で。そのあと半年くらい、僕はずっと東北に入り浸って、瓦礫の山をさまよって、なんと情けないことになってしまったんだと嘆いていました。それをきっかけに、こんなに自然災害の多い国で生きてきた自分たち日本人とはどういう人間だったのか、という疑問が湧いてきたんです。我々は何者なのだろう。この悲惨な状態からやり直すとしたら、まず鏡を見なければと思いました。それまでの僕は日本の外に出て、そこで見たものを日本に報告するというのを方針にしてきた。本を読むのだって翻訳ものに偏って読んでいた。そういうかたちで外から見える日本像ともっぱら付き合ってきた。それに対して、内側からちゃんと見なければだめなんじゃないかと思った。明らかに自分は逃げてきた、古典を読まないし、近現代だってメインストリームはほとんど読まないし。三陸海岸の真っ平らになった所で、これは考えるべきかなと思い始めて。その頃に「もう一度だけ日本文学全集を考えてくれませんか」と若森社長がまた言った。大変な苦行になるのはわかっているけど、やってみようかと思った。勢いでした。

といっても即答すると後悔するかもしれないから、一晩だけ考えた。結局「やりましょうか」と言って、自分で「あ、言っちゃった」と思いました。

「世界文学全集」の経験があったから、三十巻出すというのはあの程度の作業で、だから頑張ればできるかもしれない、一巻ごとに勉強すればなんとかなるかも、と思いました。そこで、やるとしたら古典の新訳だなとまず思ったんです。

東條 池澤さんが古典から入れたいと思われたのは、やはり日本人とは何かを考え直し見つめたい、ということが大きかったということですか。

池澤 そう、それが一つ。それと明治以降の日本文学は面白くないと思っていた。好きじゃなかったから。

東條 日本文学は読んでいない、と、おっしゃっていましたけれども、それは昔から自覚的なのでしょうか。

池澤 そうです。もう子供の頃から。たとえば翻訳作品と日本の作品があったら、僕は翻訳のほうを読みますよ。児童文学で言えば、下村湖人『次郎物語』なんて実につまらない。あれが日本文学だとしたら、それはいらない、と。それで国内に目を向けずに外へ外へと出ていったし。だから日本というのは不得手だったんです。でも日本人論でやるなら古典は必須と考えて、昔すこし覗いたものを思い出す。『今昔物語』は面白かったよな、『古事記』もそうわからなくない、『雨月物語』はいいじゃないかとか。狂言と文楽は舞台をよく見ているんだから知っている。そのあたりを手がかりに何とか全体像が構築できないかと思ったんです。

木村 最初のラインナップはやはり池澤さんから？

東條 そうですね。早い段階に最初のリストをいただきました。池澤さんがお引き受けくださったと社長から聞いたときに、私も内心、古典から入ったら面白いだろうなと漠然と思っていたんです。それで若森会長や社長の小野寺らと池澤さんにお会いしたときに池澤さんから「古典から現代まで入れたい」ということをおっしゃったので、これは面白いものになりそうだと思いました。「世界文学全集」のイメージをまた覆すコンセプト、というところも意外性があってよかったです。

池澤 「世界文学全集」は共時的、「日本文学全集」は通時的、とちょうど対なんですよ。たまたまだったけれど。

東條 古典から現代まで収録する、古典は作家の現代語訳を入れたいということで、現代語訳は誰のものを入れようか、という話になりました。最初の頃の打ち合わせは、会議室に昔の河出の、四、五十年前の全集をずらりと並べて、それを横目に見ながらどういう風にしていこうかと話し合いましたね。このリストの既訳を基に、編集部でも手分けして読んで話し合ったのですが、やはり訳としては文章が古いな、という印象がありました。新しく立ち上げる全集を、これから先、十年、二十年と売っていきたいとなったときに、既に四、五十年前の訳だと、さらに古びてしまうのではないかという危惧があり、それで基本は古典を新訳でやったらどうだろうという提案をしたのです。

池澤 それが僕にはなかなか心地よい衝撃だった。そんなことを言い出していいのか、と思いました。その一方、今の作家に「古典を翻訳して」なんて言って、応じてくれるかしらとも思ったんです。でもここは老舗の出版社で、しかも文芸誌を持っているから、現代の作家たちとも付き合いがある。そういう現状判断の上でそのアイデアが出てくるんだったら、それは面白い。

東條 河出には、古くは昭和三〇年の「日本国民文学全集」のときから、作家の古典新訳がありました。福永武彦が「今昔物語」を訳していたり、円地文子の「雨月物語」があったり……。七〇年代に出ていた「日本の古典」シリーズは、それらの古典新訳に、また新たな作品の作家訳、瀬戸内晴美時代の寂聴さんの「とわずがたり」や野坂昭如の「宇治拾遺物語」を加えて出していたんです。現在、河出文庫に入っている作品も結構あります。またここ数十年の中でも、橋本治さんの『桃尻語訳　枕草子』があり、樋口一葉を現代の作家たちが現代語訳をしていたり、ということがあり（『たけくらべ　現代語訳・樋口一葉』『にごりえ　現代語訳・樋口一葉』）、作家の古典訳の歴史があったということもあるかもしれません。

池澤 そうでしたね。最初の段階で大事だったのは、入れるべき古典作品のリス

「日本文学全集」池澤作成の初期リスト

2013年2月作成

＊古代から現代（自分たちの世代）まで
＊近現代で一巻を立てるのは物故者のみ
＊古典は翻訳、それもなるべく作家に依る
＊読むことを誘い、挫折させないテクストとサポートを
＊優れた作家論作品論を併載
＊全巻に池澤が周到な解説を
＊このままでは40巻　削ること

日本詞華集　未來社版をそっくり

古事記　石川淳訳（論：西郷信綱）

今昔物語　福永武彦訳

竹取物語　川端康成訳（論：中村真一郎）

伊勢物語
土佐日記
落窪物語

源氏物語　翻訳＋あらすじ（あるいは円地訳？）（論：丸谷才一＋大野晋　古橋信孝）

枕草子　田中澄江訳（論：酒井順子）

紫式部日記
更級日記

和歌　百人一首　よい訳と解釈を探す
丸谷才一「新々百人一首」抄

平家物語
義経記

方丈記
徒然草

狂言と能　「わらんべ草」「風姿花伝」を添えて
説経節　「をぐり」「山椒大夫」伊藤比呂美に新訳を依頼

近松　曾根崎心中（田中澄江訳）／心中天の網島（諏訪春男）／冥途の飛脚（諏訪春雄）
仮名手本忠臣蔵（論：丸谷才一「忠臣蔵とは何か」）

西鶴　好色五人女／好色一代男（吉行淳之介訳）

上田秋成　『雨月物語』『春雨物語』（円地文子訳　大庭みな子もあり）
為永春水　春色梅児誉美（新訳？）

芭蕉と蕪村　『おくのほそ道』どうやるか　よき訳と注釈を添えて　安東次男？

日本語名文集　祝詞　六月晦日大祓（拙訳と解説）／菅原道真の漢詩（中村真一郎訳を添えて）／正法眼蔵「現成公案」（増谷の訳？論　加藤周一（『日本文学史序説』より））／般若心経（伊藤比呂美訳）／歎異抄（伊藤比呂美訳）／キリシタン版（伊藤比呂美訳）『聖書』文語訳の「馬太傳」／『聖書』新共同訳の「マタイ」／『聖書』バルバロ訳の「マタイ」／『聖書』山浦訳の「マタイ」／『聖書』「雅歌」秋吉訳／「おもろさうし」／『アイヌ神謡集』／大日本帝国憲法／日本国憲法（参考：池澤訳）／古典基礎語辞典「なる」の項／その他たくさん

夏目漱石　後期三部作　『彼岸過迄』『行人』『こころ』

森鷗外　『青年』『雁』『渋江抽斎』『諸国物語』抄

三遊亭円朝　「牡丹灯籠」「芝浜」（論　井上ひさし（学研『明治の古典』のうち））
樋口一葉　「たけくらべ」円地訳（論：高橋源一郎　（『大人にはわからない日本文学史』））

尾崎紅葉　「金色夜叉」森敦訳
泉鏡花　「龍潭譚」秦恒平訳／「高野聖」これは原文のまま

宮澤賢治　「春と修羅」「ひかりの素足」「水仙月の四日」他（論：入沢康夫　池澤夏樹（『言葉の流星群』から））

中島敦　『李陵』『光と風と夢』その他（論：三浦雅士）

柳田國男と折口信夫　『遠野物語』『死者の書』「妣が国へ・常世へ」（論：丸谷才一）

金子光晴　『マレー蘭印紀行』『どくろ杯』『西ひがし』『ねむれ巴里』『鮫』（論：野村喜和夫）

堀辰雄と室生犀星　「或る少女の死まで」

石川淳　短篇たくさん　『白描』『渡辺崋山』

福永武彦　『風のかたみ』『ある青春』

中村真一郎　『雲のゆき来』『夏』

大岡昇平

堀田善衞

吉田健一

日野啓三

辻邦生

丸谷才一

須賀敦子

中上健次

現代詩歌集　（詩集単位　これは物故者にかぎらず）田村隆一／谷川俊太郎／寺山修司／入沢康夫　「わが出雲・わが鎮魂」／大岡信「春 少女に」……

近代作家集／現代作家集
生年月日順
幸田露伴（1867年7月23日）／島崎藤村（1872年3月25日）／有島武郎（1878年3月4日）／永井荷風（1879年12月3日）「松葉巴」／志賀直哉（1883年2月20日）／中里介山（1885年4月4日）／中勘助（1885年5月22日）／野上弥生子（1885年5月6日）／石川啄木（1886年2月20日）／萩原朔太郎（1886年11月1日）／谷崎潤一郎（1886年7月24日）／夢野久作（1889年1月4日）／芥川龍之介（1892年3月1日）／江戸川乱歩（1894年10月21日）／金子光晴（1895年12月25日）／宇野千代（1897年11月28日）／井伏鱒二（1898年2月15日）「ドリトル先生」の訳も／川端康成（1899年6月14日）／稲垣足穂（1900年12月26日）／中野重治（1902年1月25日）／小林秀雄（1902年4月11日）／小林多喜二（1903年10月13日）／山本周五郎（1903年6月22日）／佐多稲子（1904年6月1日）／幸田文（1904年9月1日）／円地文子（1905年10月2日）／坂口安吾（1906年10月20日）／井上靖（1907年5月6日）「通夜の客」／宮本常一（1907年8月1日）／花田清輝（1909年3月29日）／中島敦（1909年5月5日）／長谷川四郎（1909年6月7日）『模範兵隊小説集』から／太宰治（1909年6月19日）／松本清張（1909年12月21日）／埴谷雄高（1910年1月1日）／森敦（1912年1月22日）／檀一雄（1912年2月3日）／武田泰淳（1912年2月12日）／杉浦明平（1913年6月9日）／深沢七郎（1914年1月29日）／野間宏（1915年2月23日）／小島信夫（1915年2月28日）／水上勉（1919年3月8日）／加藤周一（1919年9月19日）／安岡章太郎（1920年5月30日）／瀬戸内寂聴（1922年5月15日）／司馬遼太郎（1923年8月7日）／陳舜臣（1924年2月18日）／安部公房（1924年3月7日）／吉行淳之介（1924年4月13日）／吉本隆明（1924年11月25日）『共同幻想論』から／三島由紀夫（1925年1月14日）「孔雀」「橋づくし」／大城立裕（1925年9月19日）「恋を売る家」（長編×？）／立原正秋（1926年1月6日）／河野多惠子（1926年4月30日）／石牟礼道子（1927年3月11日）／……

拾遺集　最後に落ち穂拾い

トアップと、翻訳を頼む作家とのマッチングでした。これは僕だけでは決めきれないところもあって、それは実際に毎日作家たちと接している編集者たちのセンスに頼るところが大きかった。でも、あまり揉める、ということもなく、『平家物語』と古川日出男、みたいに最初からすぐ一致した人たちも多かった。

東條 編集部で「この人ではどうでしょうか」と案を出した後、池澤さんから「いや、この作家のほうがいいんじゃないか」ということもあったけれども、かなりの確率で一致したと思いますね。

「世界～」とは別の難しさ

東條 今当初のリストを見ると、既に「日本語名文集」と「日本詞華集」があったんですね。

池澤 未來社の『日本詞華集』(安東次男・西郷信綱・廣末保編)をまるまる入れるという方針でした。だからこのときのリストには「万葉集」はないでしょう。「百人一首」もないし「新古今和歌集」もない。「近現代詩歌集」案もなくて、かわりに全部含めて「日本詞華集」に任せようとしていましたね。

東條 古い本ですが、『日本詞華集』は今なお出ているので、そのままそっくりというわけにもいかなかったですね。

池澤 英語だと「ゴールデン・トレジャリー」という有名な詩のアンソロジーがある。そういうのがどこの国だってあるものだけど、なぜか日本には未來社版しかなかった。いつか谷川俊太郎さんに「古代から現代までのアンソロジーを作ってくださいよ」と言ったら、彼が「うん、いいね。池澤君、まず君が選んでみて」と投げ返されたことがありました。でも僕は二十代で、そんな大仕事には手も足も出ない。それ以来気になっているから、文学全集を作るなら詩歌の巻を必ず作ろうとは思っていました。

「世界文学全集」では無理だったんですよ。かつて篠田一士たちは集英社の全集で詩の巻を作ったし、作ることもできるのはわかるけれども、しかし読まれないだろうなと。

木村 詩の翻訳とは何かという問題もありますね。だけどいわゆる「全集」のイメージを拡張なさった、というところでいえば、「世界文学全集」のときも小説だけじゃなくて、カプシチンスキ『黒檀』といったルポルタージュを入れたということもありましたね。「世界文学全集」も「日本文学全集」も、それまでにない新しい視点を入れるというのは池澤さんらしさがあります。

東條 「日本文学全集」は民俗学をまとめた『南方熊楠/柳田國男/折口信夫/宮本常一』の巻も斬新でしたね。そういった巻立ての面白さはもちろんですが、各巻の収録作品のセレクトのすばらしさも特筆すべきところだと思います。「日本文学全集」は、古典巻は作品名が巻立てですが、近現代は作家名を巻立てにしていますので、それぞれの巻にどの作品を入れるかというセレクトが重要で、ここはかなり「世界文学全集」とは異なる作業で、池澤さん、ご苦労なさっていましたね。

池澤 何で苦労したかというと簡単な話、削ることです。分量に制限がある以上、削りながら何を残すかを考えなければならない。長いものは仕方ないから捨てる。

中村真一郎の「夏」はいい話だけど、「夏」を入れたら一巻がそれで終わってしまう。さらに三人の作家がセットになる巻だと、一人分はとても少なくなる。福永武彦も『風のかたみ』は入らない、等々。「そんなには入らない。ここまで抑えろ」と言われて苦悶しながらやると、やっぱりその分だけシャープになるんです。削るところで嫌でも特徴が出てきてしまう。捨てたものは惜しいですけどね。

東條　いわゆる、その作家の代表作は入れていないですしね。

池澤　うん。たとえば漱石で『坊っちゃん』を入れるのはあまりにも当たり前なんです。だから僕は漱石と鷗外をまとめてしまって、青年論で固めるということにした。このような別の基準で選ぶと、一巻としての特徴が出るでしょう。そういうことを工夫せざるを得なかった。

東條　「日本文学全集」は各巻に池澤さんの解説を付けていますが、その解説を読むことで、その巻がどういうコンセプトで編まれているかが非常によくわかる。解説から読むと膨らみをもって読めると思います。逆に言うと、なんでこの作家はこの作品なんだろう、というのがあっても、解説を読むと腑に落ちるし、もう一回読み直せます。

池澤　それが一人でやった強みだったと思う。三十巻全巻が僕の中では有機的に繋がっていて、それ全体が、たとえばモダニズムのほうを延長して私小説を省くとか、そういう僕自身の文学観がセレクションによって表現できた。

マルカム・カウリー方式のカットアップ

東條　「世界文学全集」とはまた一味違う池澤さんの編集の妙が、特に『日本語のために』や『近現代作家集』Ⅰ〜Ⅲなどに出ていると思います。特に顕著だったのが、「長編をカットする。しかも冒頭ではなくて途中の一部分を入れる」ということ。これまでのアンソロジーではなかなか見られない手法だと思います。

池澤　それはマルカム・カウリーの『ポータブル・フォークナー』を手本にしたものです（「フォークナーの作品群を編者カウリーがカットアップして、作品世界の全体像がわかる一冊の本に仕立て上げたもの。フォークナーがアメリカで広く読まれノーベル賞を受賞するきっかけとなった。詳細は「世界文学全集」第Ⅰ集『アブサロム、アブサロム！』解説を参照。現在、池澤、柴田元幸、小野正嗣、桐山大介の四人で翻訳中」。あのやり方があったなと思って。

東條　あのやり方は池澤さんからのご提案じゃないと、編集部からでは、なかなか作家にお願いしにくいですね（笑）。

池澤　僕も初めての試みでした。もし断られたら乗り込んで説得しようとは思っていましたが（笑）。

東條　先ほど話が出ていた装丁ですが、双子のシリーズとはいえども「日本文学全集」はどうするか、これも苦労しました。「世界文学全集」が、六色展開で帯に絵なり写真を入れていくというフォーマット。これをどうするかということに悩みましたね。このまま踏襲していくか、そうでないか。デザイナーの佐々木暁さんには何種かアイデアを出してもらったりして、かなり議論しました。でもやっぱり「世界文学全集」のデザインはかなりコンセプチュアルによくできているんですよね。また池澤さんの文学全集として、「世界」「日本」と対になって出し続けていく、となったときに、全く別に大きく変える必要があるのだろうか、というところに結局戻り、「世界文学全集」の装丁のコンセプトを踏襲しつつ、違いを出すことにしたんです。そして色に関しては「薄浅葱《うすあさぎ》」「若苗」「石竹《せきちく》」といった、淡い日本の伝統色を選びました。あとは結果的に鳥も引き継ぎました。日本独自のモチーフとか、池澤さんをあらわすモチーフとか、いろいろ考えたんですけど、やはり鳥、だろうと。ただ、日本の鳥となりました。だから小さい鳥が多い。

池澤　渡りをするだけの体力がないサイズだ。列島の中でだけ暮らす。

作家に古典の新訳を

東條　古典の巻についてですが、古典作品は池澤さんの解説だけで全てを補おうとすると、たぶんご負担だと思うところもあったので、解題を国文学の古典の専門家の先生にご執筆いただきました。また新訳をしてもらう作家たちも古典の専門家ではないので、あがった訳文は原稿やゲラ段階で一度は見ていただくようにしました。誤読しているところなどにチェックしていただいたんです。今回翻訳していただいた作家の方の中には、翻訳の経験がある方もいらっしゃいましたが、日本の古典を現代語にすることは、ほぼ皆さん初めてだったので、ご苦労をおかけしたと思います。

池澤　古典を新訳した作家が、創作と翻訳について考える、いいきっかけになっていればいいと思います。僕がこの個人編集をしてきた十年間でわかったことは、翻訳も編集も――編集というのは「集めて編む」という本来の意味で――創作と同じくらい文学の大事な営みであるということです。それはつくづく思いましたね。翻訳は原語がわからないので仕方がないからやる、のではなくて、再創作なんですよ。翻訳を頼む作家には方針を説明する手紙を用意しましたね。なぜ古典を現代語に訳すか、というこちらの意図を説明する手紙。〔→29ページ参照〕

東條　編集部で依頼をしたときに、一緒にそれをお見せして皆さんに一考してもらいました。

池澤　そもそも「古典を読むのは読書であってお勉強ではない」ということが、作家にお願いした理由です。世界文学の場合は、いくらバオ・ニンがいいから原文で読んでみよう、といったってなかなかそうはいかないでしょう。しかし日本の古典の場合はお勉強にするのは簡単。もしもその気になったらいくらでも参考書があるんですよ。大野晋さんの『古典基礎語辞典』というすばらしい古語辞典もあるし。それはどうぞ好きなだけなさってください。しかしこの全集では原文を読むお手伝いはしません、ということにした。

東條　依頼したときは予想以上、と言いますか、本当に多くの方にお引き受けいただきました。「光栄です」とか、「私でいいんですか」とかといった反応が多かったのが印象的でしたね。やはりお引き受けいただいたのは、「池澤さんに頼まれた」というところが大きいと思うんですよね。

池澤　僕は芥川賞の選考委員を十六年やってきて、その間の若い人の作品をだいたい知っている。川上未映子さんがいい例ですね。あと書評を書いてきて、どこかで彼らの作品を読んでもいる。つまり彼らにとっても知らない人ではない。

東條　本当に皆さん、その人らしい、すばらしい訳を上げてくださいましたね。

池澤　翻案にならない限りはどう訳してもいいです、と言っていたんですね。基本的に僕は口を挟まなかった。上がってきた翻訳を読むのは毎回それは面白かったですよ。「こうきたか、なるほど」「ここまでやるか、うんうん、いいぞいいぞ」、と。その人の文体で作品が読める嬉しさと同時に、文体を忘れて読みふける嬉しさがあるんですよ。それはやっぱりいい訳だから。角田さんの『源氏物語』にしたって、よくここまで磨き上げてくれたと思う。

東條　その中で池澤さんには『古事記』をお願いして、お引き受けいただきました。

池澤　いちばん易しいからです（笑）。あのあたりは一応読んで見当はついていた。福永訳もあるし、石川淳訳もあって。『古事記』に出てくる人たちは心がまっすぐで、ためらったり迷ったり二股かけたりしない、だから要するに主語と述語と目的語しかないような文章なんですよ。もってまわった修飾が少ない。そういう意味でひじょうに訳しやすい構文である。もちろん単語は知らないのが多いけど、それは調べればわかる。西郷信綱さんのすばらしい注釈書もある。さらに西郷さんの後ろには折口信夫がいるわけです。一旦翻訳を始めてみると、最初のポリシーを作ったらあとは労力の仕事だなと思った。早い段階で自分なりの『古事記』の訳し方が一応見通せた。できるな、と思った。そして僕に『古事記』ができたのなら、みんなも新訳ができるだろうと思った。それは作家同士の信頼感です。現代文を書いてきた作家にとって、古典というのはこの程度の難しさであって、それ以上ではないのだとわかった。それでちょっと安心した。皆さん、のびのび訳されたでしょう。文体を持った作家は攻めの姿勢で作品に飛び込めるので、そこはやはり作家にお願いしてよかったと思います。やはり、読書であってお勉強でないからなんですね。意味を取るだけだったら逐語訳の学者訳でいい。正確といえば正確。だけど楽しく読むためには文学作品だから文体がいる。それだけなんですよ。正確であることに比べたら文体のほうが役割は大きい。正確さは後でチェックできるけれど、文体は作家固有のものだから後から直しようがない。町田康はあの文体をもっているから『宇治拾遺物語』、みたいな。古川日出男だったら彼の文体の饒舌と『平家物語』の饒舌が重なるはずだし。それが思ったとおりに重なってくるから面白い。他にもそれぞれ工夫がありましたよね。高橋源一郎訳『方丈記』では各章のタイトルがみんなカタカナの英語になっている。あれがいきなり古代の災害が現代のそれに直接的にバンと繋がっちゃうわけで、当時の外来語としての漢語がきっとそうであったように、我々が使っている外来語の異化作用が実に巧妙に使われている。

文章論が皆の中にできたと思います。それは大江さんが前におっしゃったとおり、「これは読者を増やすだけじゃなくて、作家その人を変えますよ」ということが、実現しとが、実現しつつあるのではないか、と。そして僕もまあ、よく勉強しました。「世界文学全集」ならばポストコロニアルとフェミニズムと移動というのが見えてきたし、「日本文学全集」ならば時代による女性の力の消長ということがあった。古代から応仁の乱までは女性の文学者が多かったけれど、応仁の乱から戦後まではそうではなかった。一方戦後はしだいに増えてきて最終的に『近現代作家集 Ⅲ』では、結果、男女比が同じになった。これも意図したことではなかった。この全集を編集してみなければ気がつかなかったことなんですよ。そして、折口信夫がとんでもなく偉いということもわかった。古代日本人の精神なんて彼の書いたものがなければ皆目わからない。ここまであの人は見えていたのかと思ったね。

東條　巻をまたいで影響を及ぼしている人がけっこういますよね、「日本文学全集」の場合は。

池澤　そう。つまり準拠すべき批評家として折口がいて丸谷がいて吉田健一がいつつあるのではないか、と。

る。佐藤春夫や中村真一郎もいた。そうやって眼力がある批評家によって編むのがアンソロジーであって、それは個々の創作を超える文学の基本活動であると丸谷さんは言っていたわけですよ。かつては紀貫之であり藤原定家であり、ずっと時代が下って芭蕉になって正岡子規になって、今は吉田健一（実は丸谷才一もと彼は言いたかったのでしょう）。小林秀雄ではないと。この方針はそのまま踏襲しました。

東條　編集会議のときに時々、（頭上を指して）「丸谷さんがこの辺にいるから」とおっしゃっていましたね。

池澤　そうそう。いるけど、口は出さないでいてくれた。正直に言えば丸谷さんがご存命だったらやりにくかったと思います。僕はもし彼がいたらある程度のところで彼の所に言って「こんなものでどうですか」と、そこで彼が何か言うと、そうかなと思いながら変えたと思う。敬愛するけど煙たくもあるんですよ。

東條　ただ池澤さんは、「丸谷さんと一致するところもあるが、中心に向かうのとはちょっと違う」ともおっしゃった。

池澤　丸谷さんが全集を編めば石牟礼道子は入らなかった。中上健次だって認めていなかったから。彼の言うモダニズムは三つあって、一つは斬新な手法を開発する、前衛である。それであって伝統に則る。この二つは矛盾しない。二つは、これが丸谷的なんだけど、都会的で洒落ているということ。そうすると中上健次は入らない。石牟礼道子も入らない。だから僕はそれは脇に置いた。僕は辺境に向かう人間だから、彼のように都に向かう人とは途中ですれ違うんです。

池澤ジャパン？

木村　結果的に石牟礼道子さんは「世界文学全集」にも「日本文学全集」にも収録されましたね。

池澤　それは僕のわがまま以外の何ものでもない。「日本文学全集」の解説の際には、石牟礼道子を『苦海浄土』の作者から救出しなくてはいけないと書きました。他のすばらしい作品が霞んでしまっている現状はいけない。「しつこく言うけどこの人は立派な作家です」と。それに尽きるわけですよ。

東條　ネットでの読者レビューや読者からの葉書でも、この全集でこの作家を初めて読んだ、という人もけっこういるんです。それは石牟礼さんだったり須賀敦子さんだったり。この「全集」の中に入っているからこそ、初めてでも出会って読もうという気になる。そこは全集ならではの力ですよね。

木村　「世界文学全集」も読者の葉書が毎回たくさん来ましたけど、若い読者から、厚い本を毎月読破したのが自信になったという感想が、けっこう多かったんですよね。海外の作品って、よくわからないカタカナの名前がたくさん出てきて難しい、みたいなことってあると思うんです。それを池澤さんの手引きで、あれだけの厚さを一ヶ月かけて読破したんだという自信になり、今後の読書体験につながっていったとしたらうれしいです。そこが昭和三〇、四〇年代の全集ブームと違うところですよね。家具として飾っていたのではなくて、実際に読んだ、ということ。

池澤　そのためにいろいろ僕らは工夫をして、本棚で待っている全集じゃなくて、積極的に読者を読むことに引き込む全集にしたんです。最終的に僕らが面白かったのは、翻訳者たちも一種のお祭り気分になって、出版界全体で楽しそうなことをやっているという印象を与えて、妬みを買ったところだと思う（笑）。

東條　岡田利規さんが「池澤ジャパン」とおっしゃったことがありました（笑）。古典新訳の巻が出た後に、毎回、その巻の訳者である作家たちが集うトークイベントをやらせていただいたのですが、和気あいあいというか、いろんな意味でとにかく盛り上がるんですよね。翻訳のご苦労を分かち合う会みたいな側面もありました。

池澤　途中段階で、お互い横目で見ながら「あいつ、どこまで行ったかな」「え、もう訳し終わったの」っていうこともあったでしょうね。

東條　作家どうしが同じものに向かっていくってことがあまりないのかもしれませんね。また作家が「どう訳したか」を語ると、その作家の文学論が垣間見えて面白いんですよね。

未来の文学のために

東條　今年から電子書籍版もスタートさせました。全集の電子書籍、というのはこれまでなかなかなかったように思います。実はスタートしたときには考えていなかったんですけどね。でも刊行を開始してしばらくしたときに、部屋に置く場所がない、電子だったら読みたい、という声が読者からたくさん寄せられた。それで何とか電子版を出せないかと考えたんです。

池澤　ここ数年でも、時代がどんどんそっちへ進んできましたね。電子もより当たり前になりつつあって。

東條　池澤さんはこの文学全集にずっと関わってきたわけですけど、今後のご展望はいかがですか？

池澤　『源氏物語』はいつ完結なんだっけ？

東條　二〇一八年の終わり頃、完結予定です。

池澤　じゃあ、まだ終わりませんね（笑）。それはともかく、いったん、僕は自分の小説に戻りますよ。この十年は全集があって、それから3・11があって、白紙の状態から小説を書くということをあまりしないできたから。今はさて何がお前は書けるか、という議論を自分としています。

東條　全集を編纂した上でさらに新たな代表作となるようなすばらしい小説を書いたら、若手作家も負けていられないというか、刺激になると思います。ずっと個人編集をしてきて、いちばん変わった、とご自身が思うことはなんでしょうか。

池澤　文学観が広くて深くなった。前は好きな作家、参考にする作家を横目で見ながら自分のものを書いていたけど、文学そのものについての吉田健一的展望、文学の楽しみ、みたいなことがこれだけ勉強して、自分の中にできたという感じですよ。もうどこからでもかかってきなさいと。でも河出って、オスカー・ワイルドの「幸福な王子」みたいで、何か終わるともう一つってお願いしてくるから。ぼくはあの燕（笑）。結局最後は南へ帰り損なうんだと思う。

木村　いやいや（笑）。全体はおかげさまで本当にうまくいきました。売上ということだけじゃなくて、いろんな意味で収穫がありました。編集者もずいぶん勉強になりました。

池澤　お互い盛り立てたよね。

木村　池澤さんが前におっしゃっていたんです。「人が一人では生きていけないように、文学は一冊では成立しない。一冊の本の背後にはたくさんの本がある。本を読むというのは、実はそれまでに読んだ本を思い出す行為だ。新鮮でいて懐かしい」。またセルビアのベオグラード国際図書展で「人はつらいとき、迷ったときに本に戻るものです。お金は手の中で消えていくけれど、本の中の知恵は消えません。金融資本は人間の顔をもたないが、文学には人間の顔がある。もう一度そこに戻って、静かに本を読みましょう」とスピーチされました。本がそういうものなんだということを根本的なところで教えてくださった。これは本当に大きいことだなと。

東條　大江さんとの対談では「新しい文学運動」とありましたが、ありがたいことに読者も作家も編集者も、今日おっしゃっていただいたように池澤さんご自身も含めて、皆が未来の文学に向かういい運動体になったという気がしますね。

池澤　政治絡みで言えば、今の右の人たちが「本来の日本へ帰れ」というのは、せいぜい明治まででしかない。どう遡っても江戸がちょっとあるくらい。本来の日本というのは古代以来ですからね。そこまで帰ると、ともかく色事が好きで、互い同士けっこう優しくて、弱者への共感の強い人たちであったと。帰るならそっちへ帰ろうと言いたい気がする、武張った明治以降ではなく。

――この文学全集が、これからどこに向かうかわからない日本の礎になってほしいとも思います。

池澤　簡単に言えば、これもまた反知性主義に対する戦いの砦です。

（二〇一七・六・二二）

文学全集とその時代

斎藤美奈子

池澤夏樹の個人編集による河出書房新社の「世界文学全集」（全三〇巻）の刊行が二〇〇七年にスタートしてちょうど一〇年。二〇一四年に刊行がはじまった同じ池澤編集の「日本文学全集」（全三〇巻）の完結がいよいよ目前に迫ってきた。

たったひとりで日本文学全集と世界文学全集の両方を手がける離れ業。これまでの全集とは大きく異なった意表を突く作品の選定。世界文学（翻訳文学）は二〇世紀後半の作品に限定し、日本の古典文学はすべて現代語訳で（しかも訳者は当代一流の日本語の使い手ぞろい！）という今日の読者にフィットした設計。

しかし、この池澤夏樹版「世界文学全集」が刊行されるまでの間には、じつに一八年もの空白があったのだ。これ以前に出版された最後の全集は集英社版「集英社ギャラリー　世界の文学」（一九八九～九一年）だった。

じゃあ、その前は？　ということで、戦後を中心に、文学全集の歴史をしばし紐解《ひもと》いてみよう。

円本ブームと文学全集

全集が商品として成立するためには、いくつかの条件が必要だ。

①質的にも量的にも、全集を編めるだけの作品の蓄積があること。②作品の質を見きわめ、編集する力をもった専門家集団が存在すること。③全集を出版できる技量と財力のある出版社が存在すること。④中高等教育が普及し、それを読みこなすリテラシーをもった読者（知的中間層）が育っていること。

以上のような条件がそろったのは関東大震災後、大正末期から昭和初期にかけての、いわゆる大正モダニズムの時代だろう。出版文化史的にいうと「円本」の時代である。円本とは一冊一円の廉価本を指す俗称だが、ほかでもないこの円本こそ、文学全集の嚆矢《こうし》だった。一九二六（大正一五）年一二月に改造社から刊行された「現代日本文学全集」である。

書籍の市価が五円一〇円の時代に、一冊一円の本を出すのは出版界をゆるがす大事件だった。円本は、震災で本が焼け、古書の値段が高騰する中、特権階級に知識が独占されるのを危惧した社長・山本実彦《さねひこ》の決断によるものだったという。

価格のほかに、このシリーズのもうひとつの特徴は、派手な広告宣伝とともに、予約販売制をとったことだ。全集を出すといっても、震災の影響と相次ぐ発禁で、改造社には資金がない。借金をし、予約金を集めて部数を確保し、しかる後に印刷にとりかかる。無謀といえば無謀な方法である。

しかしながら、暴挙に近い形で出版された「現代日本文学全集」は大当たりした。新聞に予約を募る広告を打つと、問い合わせが殺到。予約締め切り日には改造社の前に長蛇の列ができ、第一回配本「尾崎紅葉集」は、じつに二五万人の予約会員を獲得した。以降もほぼ月に一度の配本を続け、そのたびに、宣伝を兼ねた文芸講演会を全国各地で開けば、それも超満員。同全集は一九三一（昭和六）年までに全六二巻（別巻一）を数え、最終的には一冊四〇～五〇万部にも達したというから驚く。

この状況を他社が指をくわえて見ているはずもない。改造社の成功は円本ブームに火をつけた。一九二七（昭和二）年には春陽堂が「明治大正文学全集」を、平凡社が「現代大衆文学全集」を刊行。いずれもよく売れ、作家の生活を支えると同時に、各社の経営危機を救うに至った。

さらにまた、同じ二七年に、新潮社が「世界文学全集」（全五七巻）の刊行をスタートした（第一期が二七～三〇年。第二期が三〇～三二年）。これが日本における本格的な世界文学全集の第一号である。

全集をめぐる当時の喧噪《けんそう》の一端は、岩波文庫の巻末にある社主・岩波茂雄の発刊の辞（「読書子に寄す」。草稿を書いたのは哲学者の三木清）からも知ることができる。

〈近時大量生産予約出版の流行を見る。その広告宣伝の狂態はしばらくおくも、後代にのこすと誇称する全集がその編集に万全の用意をなしたるか。千古の典籍の翻訳企図に敬虔の態度を欠かざりしか。さらに分売を許さず読者を繋縛して数十冊を強うるがごとき、はたしてその揚言する学芸解放のゆえんなりや〉

なんと円本批判である！　岩波茂雄は新潮社に世界文

学全集で先を越されたことが悔しかったという話も伝えられている。円本ブームは岩波文庫まで創刊させてしまった（一九二七年）のである。

改造社版「現代日本文学全集」のラインナップをあらためて見てみると、第一篇「明治開化期文学集」にはじまって「坪内逍遙集」「森鷗外集」「徳富蘇峰《そほう》集」「三宅雪嶺《せつれい》集」「幸田露伴集」「樋口一葉集、北村透谷集」などが並び、岩波が憤慨するほど雑な内容とも思えないが、とはいえ評論も詩歌も童話も脈絡なく混在しているのは事実だし、そもそも第一回配本が大衆的な人気の高い「尾崎紅葉集」（第六篇）であったことも、ライバル社をムカッとさせた（商売優先！）のかもしれない。

一方、新潮社の「世界文学全集」は、第一巻が生田長江訳のダンテ「神曲」、第二巻が森田草平訳のボッカチオ「デカメロン」、第三巻が横山有策訳の「沙翁（シェイクスピア）傑作集」。以下、セルバンテス「ドン・キホーテ」、ミルトン「失楽園」、「仏蘭西古典劇集」と続く、なかなか重厚なラインナップだ。ドイツ文学もフランス文学も英米文学もロシア文学もカバーし、長編も短編も戯曲も詩も網羅。長編小説は抄訳という限界はあったものの、世界文学といえばそれはもうヨーロッパ文学でしょう、という日本の常識（思い込み？）も含め、今日的な感覚の「ザ・世界文学」はこの時点で確定されたようにさえ思える。

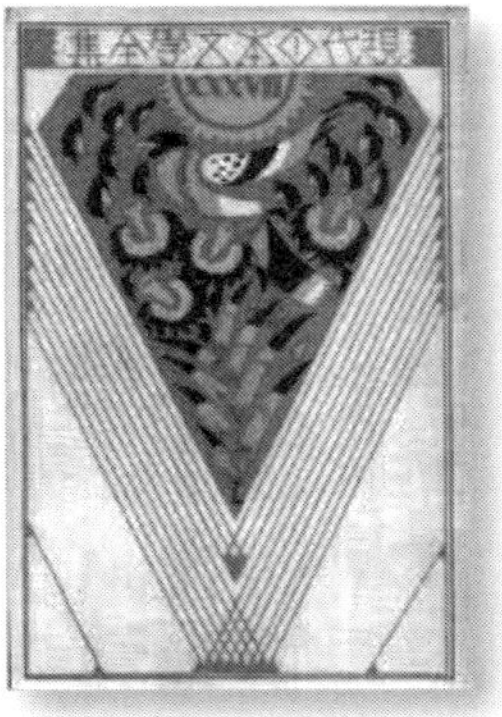
「現代日本文学全集」（改造社）装幀

とはいえ、時代は徐々に軍国主義へと向かっていく。昭和一〇年代に入り、改造社は井伏鱒二、石川達三、阿部知二、横光利一ら同時代の新進作家をフィーチャーした「新日本文学全集」（全二五巻。一九三九～四二年）を、また河出書房はヨーロッパのややマニアックな作家をそろえた「新世界文学全集」（全二三巻。未刊一。一九四一～四三年）を出して気を吐くが、物資不足と言論統制には逆らえず、戦前の全集の流れはここで途絶える。
背景に旧制高校的教養主義があったとしても、戦前の文学全集が文学の普及（あるいは大衆化）に貢献したことはまちがいないだろう。文学はけっして一部のエリートのためのものではなかったのだ。

河出・角川・筑摩の時代

戦後の文学全集は、敗戦の数年後からはじまった。

一九四七年には朝日新聞社版「日本古典全書」（全八〇巻。六五年に完結）の刊行が、四八年には河出書房版「世界文学全集　第一期・十九世紀篇」（全四〇巻。五二年に完結）が、四九年には同じく河出書房版「現代日本小説大系」（全六五巻。五二年に完結）の刊行がスタートした。

多くの本が空襲で焼け、活字に飢えていた人々にとって、それは待ちに待った新しい文学全集の発刊だったにちがいない。

当然、出す側にも気合いが入る。

河出版「現代日本小説大系」は、永井荷風、正宗白鳥、志賀直哉、谷崎潤一郎の四人を編集顧問に迎え、川端康成、中野重治、伊藤整、中村光夫、荒正人ら八人の作家・批評家が編集を担当するという豪華な布陣。加えて、この全集の特徴は、明治・大正・昭和の文学を全巻で俯《ふ》瞰《かん》するという文学史的な野望を秘めていたことである。

鼻息の荒さは「編集の辞」からもがうかがえる。

〈すべてが新しく生れ更ろうとしている現在は、過去三代の文学を、新しく、根本的に読み直し、理解し直す絶好の機会でもありますし、また一方、その必要の今日ほど痛切に感ぜられる時もありません〉（原文は旧字旧仮名）

さよう、当時の日本は「新生」を目指していたのだ。

事実、第一部「写実主義時代」から第十部「戦後篇」まで全一〇部・六〇巻（＋別冊三、序巻、補巻）立てで構成されたこの全集は年代別に編集され、初学者が文学史を学ぶにはピッタリ。第二部「浪漫主義時代」、第三部「自然主義」、第四部「新浪漫主義」、第五部「新理想主義」、第六部「新現実主義」、第七部「プロレタリア文学」……。学校で習った「文学史」はもしかして、こういうのを元にしていたのだろうか。

一方、同じ河出の「世界文学全集　第一期・十九世紀篇」は第二期、第三期も射程に入れた遠大な計画のもとに構想された全集で、第一期に収録されているのはヴィクトル・ユゴー、バルザック、スタンダール、メリメ、フローベール、モーパッサン、ゲーテ、シラー、ノヴァーリス、ハイネ、シュトルム、ディケンズ、エミリー・ブロンテ、ポー、プーシキン、ゴーゴリ、トルストイ、ツルゲーネフ、ドストエフスキー、ドーデ、ゾラ……。これを全部読んだら世界文学を制覇できるのではないか、と夢想させるワクワクもののラインナップだ。

もっとも文学全集が本格的に始動するのは、用紙の割り当てが撤廃された一九五〇年代以降である。

戦前に世界文学全集の先鞭《せんべん》をつけた新潮社も一九五二年に「現代世界文学全集」（全四六巻。五八年に完結）の刊行をスタートさせたが、五〇年代前半の文学全集業

「現代日本小説大系」（河出書房）内容見本

界をリードしたのは、主として河出書房、角川書店、筑摩書房の三社である。

河出書房の世界文学全集は「第二期・古典篇」（全二七巻。一九五一〜五六年）、「第三期・十九世紀続篇」（全二〇巻。一九五一〜五五年）が刊行され、さらに五三年には「決定版　世界文学全集」（全八〇巻。五九年に完結）がスタートする。

河出書房の後に続いたのは、一九四五年に角川源義によって創設された角川書店だった。

一九五二年一一月から刊行がはじまった角川版「昭和文学全集」（全五八巻＋別巻。五五年完結）は戦後もっともヒットした全集のひとつといえるだろう。第一巻「横光利一集」はベストセラーとなり、第二巻「山本有三集」以下のラインナップも「寺田寅彦集」「獅子文六集」「永井荷風集」「小林多喜二・中野重治・徳永直集」「志賀直哉集」「宮本百合子集」と、随筆から、純文学、ユーモア小説、プロレタリア文学まで色とりどり。「吉川英治集」（二六巻）のような娯楽小説と「小泉信三集」（二七巻）のような教養主義的な巻が同居しており、「硬軟とりまぜて」な雰囲気がこの全集の特徴である。当初、二五巻の予定でスタートしたのが、第二期として後に三三巻が追加されたことからも、人気のほどがうかがえよう。

一方、角川書店の成功を横目で見ながら、これに対抗する形で翌一九五三年に登場したのが筑摩書房版「現代日本文学全集」（五九年で完結）である。戦前の改造社を意識したシリーズ名。第一回配本は「島崎藤村集」で、以下、「芥川龍之介集」「森鷗外集」「斎藤緑雨集」という順で刊行されるが、純文学寄りの作家と作品を選び、角川版では未発売の作家を先に刊行しているあたり、角川版を意識している気配が濃厚である。

当初五五巻の予定でスタートした筑摩版「現代日本文学全集」も次々と巻を増やし、最終的には全九七巻（別巻二）の威容を誇る全集に成長。第一巻「坪内逍遙、二葉亭四迷集」から、戦後の大岡昇平、三島由紀夫までを含み、別巻として「現代日本文学史」と「現代日本文学年表」を配したこの全集は高い評価を得、戦後の日本文学全集のキャノンを示すことにもなった。

冒険好きの河出全集

では、五〇年代の河出書房はどうだったか。

角川が硬軟両方いける「話せるヤツ」、筑摩が本格志向の「保守本流」だとすると、五〇年代の河出は新しい企画に次々チャレンジしていく「冒険野郎」の印象が強い。

世界文学全集をせっせと刊行する一方で、五三年、河出は「現代文豪名作全集」という全八巻の（予定だった）日本文学のシリーズを出す。文学史的な「現代日本小説体系」とは逆の、いわばコンパクト路線である。芥川龍之介、夏目漱石、志賀直哉、谷崎潤一郎、永井荷風、有島武郎、二葉亭四迷、森鷗外という八人の選定は〈明治　大正　昭和三代に輝く文豪の名作〉と謳《うた》うだけあり、「これだけ読めば文学はオッケーよ」に見えるのが魅力（もっとも、この全集も結局は「文豪」をどんどん増やして、最後は全二四巻＋別巻にまで増えるのだが）。

それだけではない。同じ五〇年代の前半に、河出書房は日本文学だけであと二つ、全集を出しているのだ。

ひとつは「新文学全集」（一九五二～五三年）なる全一三巻の全集で、〈戦後文壇にかがやく明星〉と謳い、ぐっと新しい戦後の作品の集大成。選ばれているのは井上靖、三島由紀夫、野間宏、大岡昇平、中村真一郎など気鋭の作家一三人だ。

〈戦争がおわってから、もう七年たちます。いわゆる戦後文学も、一応の成果をまとめて世に問うべきときです〉

という中村光夫の推薦文が、この全集の意義を伝えてはいるものの、とはいえ敗戦から「まだ」七～八年しかたっていないのだ。それでも戦後の作品だけで全集を編んでしまうのだから、せっかちな時代というべきか、贅沢な時代というべきか。

河出の冒険主義を象徴する、この時期の全集その三は「現代語訳　日本古典文学全集」全二七巻（一九五三～五六年）である。「文豪」「戦後」に続いて、今度は古典、である。

この古典全集は、すべて現代語訳にしてしまった点がミソだった。〈日本の正しい伝統がともすれば危険にさ

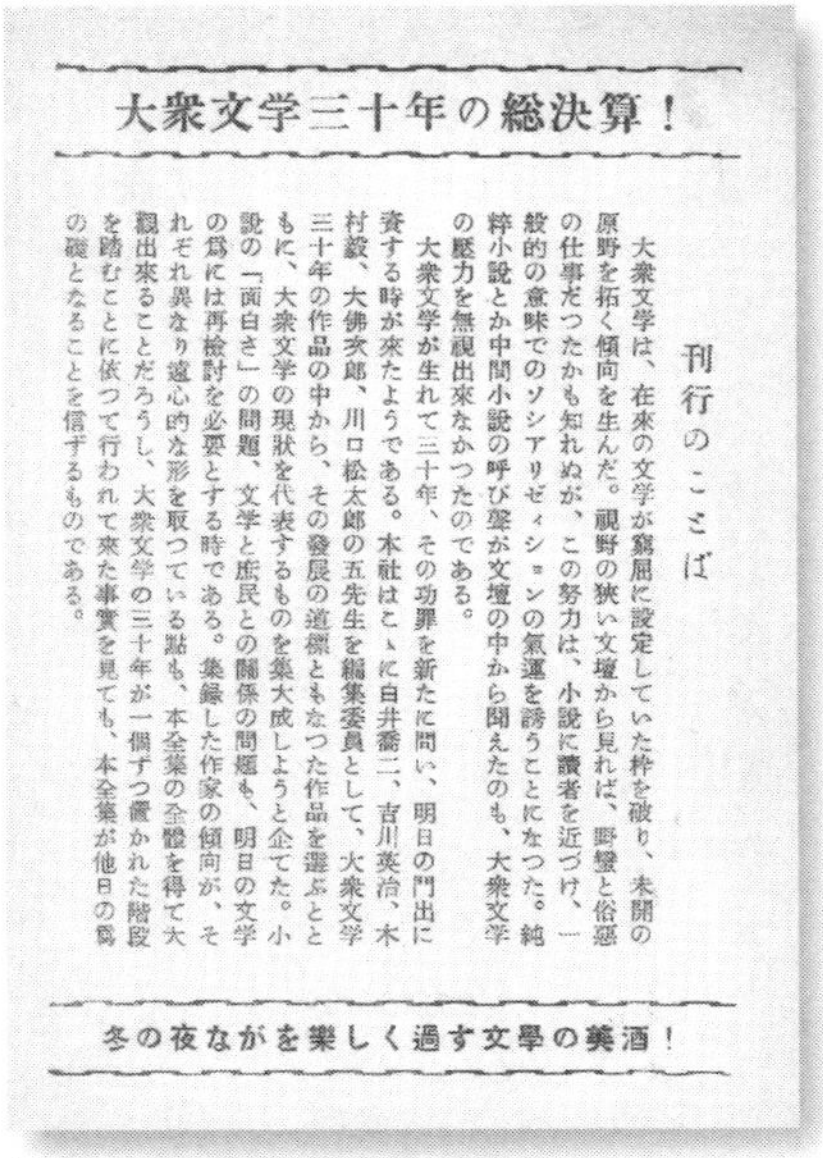

大衆文学三十年の総決算！

刊行のことば

大衆文学は、在來の文学が窮屈に設定していた枠を破り、未開の原野を拓く傾向を生んだ。視野の狭い文壇から見れば、野蠻と俗惡の仕事だつたかも知れぬが、この努力は、小説に讀者を近づけ、一般的の意味でのソシアリゼィシヨンの氣運を誘うことになつた。純粋小説とか中間小説の呼び聲が文壇の中から聞えたのも、大衆文学の壓力を無視出來なかつたのである。

大衆文学が生れて三十年、その功罪を新たに問い、明日の門出に資する時が來たようである。本社はこゝに白井喬二、吉川英治、木村毅、大佛次郎、川口松太郎の五先生を編集委員として、大衆文学三十年の作品の中から、その發展の道標ともなつた作品を選ぶとともに、大衆文学の現狀を代表するものを集大成しようと企てた。小說の「面白さ」の問題、文学と庶民との關係の問題も、明日の文学の爲には再檢討を必要とする時である。集錄した作家の傾向が、それぞれ異なり遠心的な形を取つている點も、本全集の全體を得て大觀出來ることだろうし、大衆文学の三十年が一個ずつ置かれた階段を踏むことに依つて行われて來た事實を見ても、本全集が他日の爲の礎となることを信ずるものである。

冬の夜ながを樂しく過す文學の美酒！

「大衆文学代表作全集」（河出書房）刊行のことば

「現代文豪名作全集」（河出書房）内容見本

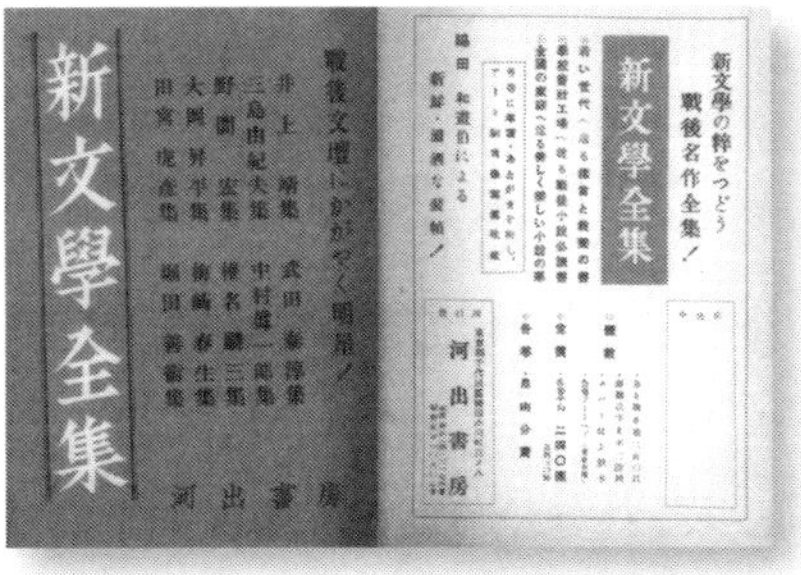

「新文學全集」（河出書房）内容見本

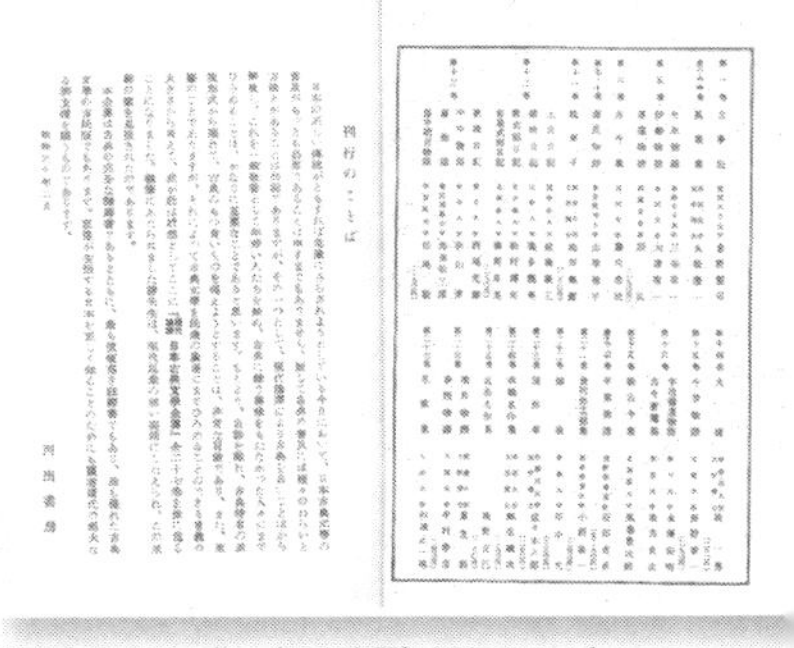

「日本古典文學全集」（河出書房）刊行のことば

「日本国民文学全集」（河出書房新社）内容見本

らされようとしている今日において、日本古典文学の普及がもっとも必要であることは申すまでもありません〉（「刊行のことば」）と表向きは愛国者ぶりつつも、「古事記」「万葉集」「源氏物語」から「近松名作集」「芭蕉集」まで、すべて現代語訳で読ませようという大胆な試み。訳者はすべて名門大学の名だたる国文学者で、内容見本に示された肩書きの威力も目を奪う。

気持ちはわかる。新興の出版社（筑摩書房の創業は一九四〇年、角川書店の創業は一九四五年）が文学全集で次々ヒットを飛ばしているのを見れば、老舗出版社の河出書房（設立は一八八六年、一九三三年に改称）としては、そりゃあ奮起せざるをえなかっただろう。

かくて老舗にして冒険野郎の河出書房は、この後、新機軸の日本文学全集をさらにあと二種類刊行するのだ。

ひとつはチャンバラなどの大衆文学に特化した「大衆文学代表作全集」（全二四巻。一九五四〜五五年。第一回配本は吉川英治「鳴門秘帖」と大佛《おさらぎ》次郎「赤穂浪士」）。もうひとつは現代語訳の古典から明治・大正・昭和の作品までを一堂に集めた「日本国民文学全集」（全三五巻＋別巻一八巻。一九五五〜五九年。第一回配本は与謝野晶子訳「源氏物語」）。

純文学が圧倒的に偉かった時代に大衆文学だけで全集を編むのも、古典と現代文学をひとつの全集にまとめるのも十分冒険だったはずである。〈大衆文学が生れて三十年、その功罪を新たに問い、明日の門出に資する時が来たようである〉と「大衆文学代表作全集」の「刊行のことば」が挑むような調子でブチ上げれば、「日本国民文学全集」の「刊行のことば」は〈国民一般がこれまで望んで求め得られなかった国民版の古典が現れたのである〉と胸を張る。

当時の河出書房には、企画力に優れたアイディアマンの存在と、それを速攻で形にするフットワークのよさがあったにちがいない。池澤夏樹版「日本文学全集」の特徴である「古典から現代文学まで」「古典はすべて現代語訳で」という編集方針は、この時代の全集の伝統を継承しているともいえそうだ。

五〇年代に全集文化が開花したのは、必ずしも人々の読書欲が旺盛だっただけではなく、図書館の整備が急務だったことも関係している。一九五〇年に図書館法が制定され、公立図書館の設置が進む一方、五四年に施行された学校図書館法によって、盲学校聾学校などを含むすべての小中高等学校に図書館の設置が義務づけられた。占領政策のひとつとして、民間情報教育局（ＣＩＥ）は図書館教育を重視したのである。学制改革で組織改編された国公私立の新制大学が、研究に必要な附属図書館の整備拡充に力を入れたのはいうまでもない。

空襲で焼失した大量の本を補塡《ほてん》するためにも、新生日本に賭ける期待値からいっても、新しい全集の発行は全国の公立図書館や学校図書館に歓迎されたことだろう。この時代には、各社とも文学全集だけでなく百科事典などの大型出版企画が相次いだ。

戦前の円本からはじまった文学全集は、こうしていよいよ百花繚乱《ひゃっかりょうらん》の時代を迎えるのである。

全集ブームがやってきた!

一九五〇年代後半から一九六〇年代末までの、いわゆる高度経済成長期は、文学全集の黄金期だった。

重要な変化は、業界をリードする大手出版社、老舗出版社、さらに新興の出版社が相次いで全集市場に参入したことだろう。

江戸川乱歩、菊田一夫、山岡荘八、吉屋信子ら、多彩な作家を集めた東方社の「新編現代日本文学全集」。後に「新日本古典文学大系」に引き継がれ、古典文学全集の最高峰となった岩波書店の「日本古典文学大系」(全一〇〇巻)。宮沢賢治、新美南吉、壺井栄、木下順二らを収録し、少年少女向け全集の先鞭をつけたポプラ社の「新日本少年少女文学全集」(全四〇巻)。いずれも一九五七年から刊行がスタートした全集だ。毛色の変わったところでは、東京創元社の「世界大ロマン全集」(全六五巻。一九五六~五九年)も特筆すべきだろう。

世界文学全集で先行していた新潮社は、近現代文学に全集としてはじめて注解をつけた「日本文学全集」(全七二巻。一九五九年~)を、業界最大手の講談社は全一〇八巻+別巻一というボリュームの「日本現代文学全集」(一九六〇年~)を、雑誌業界をリードしてきた集英社は「新日本文学全集」(全三八巻。一九六二年~)を、戦前の円本ブームさえ無視した堅物の中央公論社は「世界の文学」(一九六三年~)と「日本の文学」(一九六四年~)を、という具合である。集英社と中央公論社の参入は出版人を相当驚かせたらしい。ここまで来ると、文学全集を出さずんば出版社にあらず、の様相だ。

先行各社も続々と新シリーズを打ち出した。

筑摩書房の「新選現代日本文学全集」(全三八巻。一九五八年~)、「古典日本文学全集」(全三六巻+別巻一。一九五九年~)、「世界古典文学全集」(全五〇巻。一九六四年~)。

角川書店は「現代国民文学全集」(全三六巻。一九五七年~)、大成功した「昭和文学全集」とは別の「角川版昭和文学全集」(全四〇巻。一九六一~六三年)、さらにはそれを二分割した「サファイア版　昭和文学全集」(全二〇巻。一九六一年~)に、「ルビー版　昭和文学全集」（全二〇巻。一九六二年〜）。

さらに、この時期のトピックとして外せないのは、人々を魅了した二種類の世界文学全集だろう。

ひとつは河出書房の「グリーン版　世界文学全集」である。くすんだ緑色の箱に入ったコンパクトなサイズ（小B六判）のこの全集を、懐かしく思い出す人も多いのではないだろうか。

刊行がスタートしたのは一九五九年。第一回配本はスタンダール『赤と黒』だった。私が小学生時代をすごした小さな借家の本棚にもこの全集があって、「レ・ミゼラブル」とか「嵐が丘」とか「風と共に去りぬ」とか「アンナ・カレーニナ」とかいう作品のタイトルは（タイトルだけです）、ほとんどこの全集の背表紙から得たといっても過言ではない。

河出書房はじつは一九五七年に経営破綻し、「河出書房新社」として再スタートを切ったばかりだった。「グリーン版　世界文学全集」はいわば新生河出の起死回生を賭けた出版物だったのだ。実際、当初は全五三巻（五二巻＋別巻一）でスタートするも、あまりの評判のよさに第二期（二三巻）、第三期（二〇巻）を刊行。最終的に「グリーン版」は全一〇〇巻を数えるにいたり、河出の看板商品に成長した。戦後もっとも普及した文学全集といってまちがいないだろう。

もうひとつ、内容面で斬新だったのは集英社版「世界文学全集　20世紀の文学」（全三八巻。一九六五〜六八年）である。編集は篠田一士《はじめ》が請負い、収録作品の八割以上が「本邦初訳」。グレアム・グリーン、フォークナー、ヘミングウェイ、ヘンリー・ミラー、ブロッホ、カフカ、ギュンター・グラス、フィッツジェラルド、サルトル、サミュエル・ベケット……というラインナップを見ても、いかにも二〇世紀に特化した、新しいキャノンの登場という印象である。

この時期の全集ブームについて、紀田順一郎は次のように述べている（『内容見本にみる出版昭和史』本の雑誌社、一九九二年）。

〈戦後教養世代があえなくモウレツ世代に転落、高度成長のかけ声に唱和するようになると、出版界も一挙に大衆化社会への適合を目ざすようになる〉

大衆化社会への適合とは、内容というより、むしろ装丁や売り方の問題にかかわる。

全集バブルと版元の暴走

実際、六〇年代から七〇年代前半、高度成長期の各社の全集を俯瞰すると、正直「出しすぎではないか？」との印象は否めない。同じ会社で同時期に、何種類もの全集が刊行される。粗製濫造にはならないのか。

河出書房新社を例にとると、「グリーン版　世界文学全集」の大成功を受け、一九六〇年には姉妹編の「ワイン版　日本文学全集」の刊行がスタートしている。

ワイン版は「日本国民文学全集」（一九五五〜五九年）をコンパクトに編集し直したものだったこともあり、①古典文学と近現代文学を同居させる、②古典は現代語訳で読ませる、という編集方針を引き継いでいる（第一回配本は前と同じ与謝野晶子訳の『源氏物語』）。前の財産をほぼそのまま活用しているとはいえ、全二五巻中一〇巻を古典が占め、明治・大正・昭和文学までをカバーした混成チームである。勝算はあったのか。

むろん河出は勝つ気満々であった。

見よ、この「刊行のことば」を。

〈こうした、今日までの日本文学全集に欠けていた性格を補い、日本文学についてのかたよった傾向を正したい念願から、小社は、古今を通じてたえず読み直されるに値いするものを精選し、現代人の精神の糧としてここにおくる。全集流行のさなかにあえて本企画を刊行するゆえんである。／この『日本文学全集』全二十五巻は、二〇〇〇年をこえる日本民族の文学的所産として、古代から現代までの古典・新古典を厳選して、手ごろな形においてまとめた〉

古典と近現代文学を区別しないわが方式こそが国際スタンダードである、と河出は主張する。同じ「刊行のことば」には次のような宣伝文句も見える。

〈本全集は、各人が信頼して常備できる手ごろな巻数・買いやすい定価・ハンディな判型をもったスマートなホーム・ライブラリーである。（略）各職場の本棚に、各学校の図書館に、各家庭のリヴィング・ルームに備えられ御愛読されんことを切望する〉

「大衆化」の時代を迎え、河出書房新社もまた、会社で学校で家庭で「愛される」全集を目ざしていたのだ。

しかし、「グリーン版　世界文学全集」と「ワイン版　日本文学全集」をペアで世に送り出した後、河出の暴走（迷走？）がはじまるのである。六〇年代中盤から後半にかけて、同社は同工異曲の全集を「これでもか」というほど出し続けたのだった。

この時期に出たシリーズ名だけ列挙すれば、「日本文学全集　現代編」「現代の文学」「国民の文学」「豪華版　世界文学全集」「豪華愛蔵版　世界文学全集」「カラー版　日本文学全集」「カラー版　国民の文学」「豪華版　日本文学全集」、「豪華愛蔵版　日本文学全集」「カラー版　世界文学全集」。

カラー版だの豪華版だの、内容よりもブックデザインや装丁に凝ったシリーズが目につく。つけ加えると、河出は世界文学全集と日本文学全集をペアで売り出す方式をとっていたが、世界文学のほうは、「豪華版」「カラー版」「豪華愛蔵版」に加え、それとは逆の方向に振ったカジュアルで低価格の「カレッジ版」「ポケット版」「キャンパス版」まで刊行している。こうなると本というより、ほとんどグッズ感覚である。

この中で特筆すべきものがあるとしたら、「河出書房創業七七年記念出版」を銘打った「現代の文学」全四三巻だろう。「大衆化路線」をねらったこの全集は、松本清張、石坂洋次郎と同時代の人気作家を含めたほか、「作家のカラー写真と筆蹟」「美しい挿画入り」などに特徴があった。パンフレットに記された〈あなたにおくる10大特色〉の中にはこんな一文もある。

〈楽しい家庭ライブラリーの愛蔵本として好適、ハンディなコンパクトサイズなので、通勤の車中でも、読書会でも、デイトの時、どこでも何時でもお読みになれます〉

「デイトの時」に全集を読む、のである。イメージキャラクターとして吉永小百合が登場。宣伝文句だけをみても、かつての肩肘張った宣伝文句に比べると、ほんの数年の差でまさに「時代が変わった」感がある。

もうひとつ特徴的なのは「グリーン版　日本文学全集」（全五〇巻＋別巻二）で、こちらは夏目漱石『坊っちゃん』、森鷗外『雁』『青年』、石原慎太郎『太陽の季節』、大江健三郎『芽むしり仔撃ち』など、青春小説に特化したシリーズだった。

しかし、以上を除くと、他の全集は既存の全集と内容的に大きな差はない。六〇年代後半、文学全集はバブル化し、豪華絢爛な金ピカ路線に向かったのである。豪華版とカラー版と豪華愛蔵版の差は、要するに装丁と巻数と価格の差だ。

赤と金を基調に黒を配した百科事典を思わせる豪華な装丁。カラーの口絵を入れる、挿絵を加えるなど、ビジュアル的な工夫を凝らしつつも、ラインナップは相変わらず「二〇〇〇年の国民遺産」を踏襲した古典と近現代文学の同居路線、第一回配本は相変わらず与謝野晶子訳の『源氏物語』である。

このように、同じコンテンツで外側だけ変える方式は、河出のみならず、各社に共通した傾向だった。

なぜ、これほど複雑怪奇な商品構成になったのか。もちろん「出せば売れる」との目算があったからだろう。しかし根本的な理由は受け手の側にある。この時期の文学全集には、たしかに需要があったのだ。

「家具化」する文学全集

文学全集がバブルを迎えた一九六〇年代の高度経済成長期とは、ざっくりいえば、人々が「一億総中流」へと向かった時代だ。

全集バブルの背景は、三つほど考えられる。

第一の背景は住宅事情の変化である。

戦前の都市において、家とはそもそも借家であった。住宅政策が大きく変わったのは一九五〇年代だ。五〇年には高所得者層向けの「住宅金融公庫」が設立され、五一年には公営住宅法に基づき、低所得者層向けの「公営住宅」の供給がはじまり、五五年には日本住宅公団が設立されて、中所得者層向けの「公団住宅」が大量に建設された。

こうして住宅の階層化が図られる一方、六〇年代に入ると民間の住宅ローンが充実したこともあり、人々は「マイホーム」を求めるようになる。高度成長期とはつまり持ち家志向が一気に高まった時代だった。

かくして建設された核家族向けの住まいには「応接間」なる洋間が配置された。ソファとアームチェアとテーブルをセットにした応接セット。ウィスキーなどを入れるための、サイドボードと称する横長の奇妙な飾り棚。そしてガラス戸のついた書棚は当時、中産階級の暮らしを象徴する家具だった。

そしてもちろん文学全集は、この書棚に「並べる」ための大事なインテリアグッズだったのだ。その証拠に「豪華版」「豪華愛蔵版」などのパンフレットには必ず、全巻をずらりと並べた美しいカラー写真が入った。〈知的家具として最適な豪華愛蔵版〉とは「カラー版」の惹句《じゃっく》である。家具化する全集！

「知的な家具」として、文学全集と競合したのは百科事典だっ

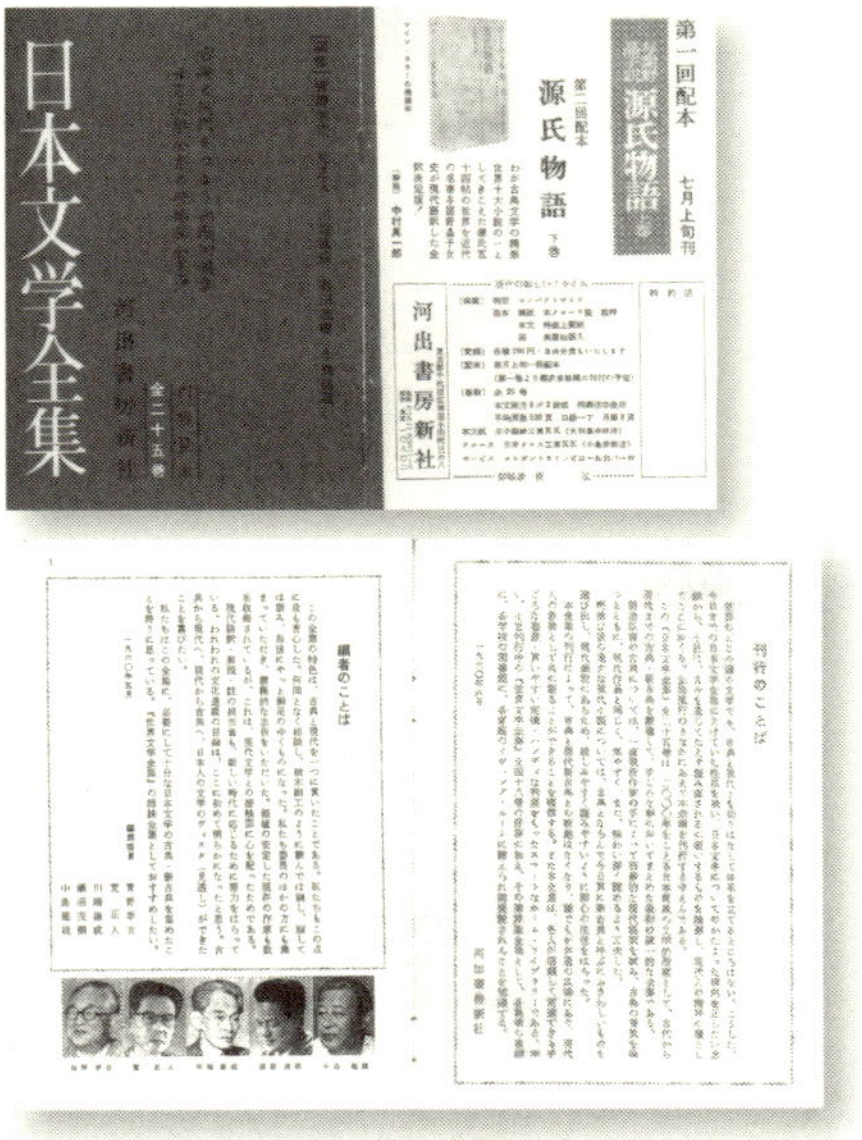

「ワイン版　日本文学全集」（河出書房新社）内容見本

「グリーン版　日本文学全集」（河出書房新社）内容見本

「豪華愛蔵版　日本文学全集」（河出書房新社）内容見本より

たと考えられる。平凡社「世界大百科事典」（全二六巻。一九六四年～）はじめ、六〇年代には各社が百科事典市場に参入、やはり「知的な家具」として一世を風靡《ふうび》したのである。

　文学全集が求められた第二の背景は、進学率、換言すれば教育熱の上昇である。一九六〇年の高校進学率は、男子五九・六パーセント、女子五五・九パーセント。男女ともに過半数に達した。

　文学全集や百科事典は、「子どもたちのため」にという理由で購入されたのではなかったか。六〇年代の小中学生の親たちは、大正～昭和一ケタに生まれ、戦時中に青春時代を送った世代だ。「私には学がないし、時代的にも勉強できなかったが、子どもには知的な環境を与えたい」。そんな切なる願いが、家具としての全集には込められていたように思われる。

　第三の背景は、以上二点の理由に加えて、戦後生まれの団塊世代が六〇年代に小中高校生の年齢に達したことだ。全集の爆発的な増殖はこの世代の数の多さ抜きには語れない。

　もちろん、以上のような条件が整うには経済的な基盤も必要だ。経済的な豊かさは「三種の神器」と呼ばれる家電製品の普及に象徴されるが、文学全集も国民所得の増加とともに伸びていったのである。

　というわけで、家具に相応しい装丁を整えた文学全集は、目論見通りに成功した。

　河出の「カラー版　世界文学全集」の第一回配本、トルストイ『戦争と平和』（一九六六年）は年間ベストセラーのトップ10圏内に食い込むほど。他社も同様で、六〇年代後半には景気のいいトピックが続いた。大衆化路線の逆をいくように、筑摩書房は研究者必携の「明治文学全集」（全九九巻＋別巻一。一九六五年～）や「現代日本文学大系」（全九七巻。一九六八年～）で気を吐く。文藝春秋も参入、小林秀雄の単独編集による「現代日本文学館」（全四三巻。一九六六年～）の刊行をスタートさせる。集英社は「デュエット版　日本文学全集」（全八八巻、一九六六年～）や「デュエット版　世界文学全集」（全六六巻＋別巻二。一九六八年～）をヒットさせる。児童書や学習参考書の業界で一日の長がある学習研究社も「現代日本の文学」（全五〇巻。一九六九年～）で仲間に加わる。その他細かい話題まで含めたら、枚挙にいとまがないほどだ。

　しかし、バブルは必ず崩壊する。一九六八年、河出書房新社を激震が襲った。四月の資金繰りが追いつかず、会社更生法が適用される事態に至ったのである。

田坂憲二は〈河出書房の倒産騒動は、広範な読者に支えられていた文学全集が次第にその基盤を失っていく予兆〉だと述べ、その迷走ぶりを「カレッジ版」「ポケット版」「キャンパス版」など廉価版の文学全集を脈絡なく出し続けた点に見出している（『文学全集の黄金時代』和泉書院・二〇〇七）。

〈しゃれたブックデザインで、映画との相乗効果で、入手しやすい価格設定で、次々と潜在的な読者を掘り起こし続け、やがて力つきて倒れた。そしてそれは、教養や読書が社会との間に築いていた理想的な関係が、爛熟から衰退へと向かう歩みと軌を一にしているのでもあった〉

「全集界の冒険野郎」だった河出書房は、冒険野郎であるがゆえにチャレンジを続け、そして「力尽きた」のである。

文学全集に未来はある？

黄金の高度成長期が去り、下り坂に入った文学全集業界。それでもまだ七〇年代は、六〇年代にはじまった全集の続刊が出続けていたし、黄金期に企画されたであろう大型新シリーズの刊行もあり、出版界において翳《かげ》りが意識されていたとはいいがたい。

小学館の「日本古典文学全集」（全五一巻。一九七〇年〜）、集英社の「日本文学全集　豪華版」（全八八巻。一九七一年〜）や「集英社版　世界文学全集ベラージュ」（全八八巻。一九七七年〜）、新潮社「新潮日本古典集成」（全八二巻＋別巻。一九七六年〜）などの大型シリーズはその一例である。

ただし、これらは黄金期に積み残した古典文学が中心。さらに一九七三年の第一次オイルショックは用紙不足と価格の高騰を招き、出版各社は新刊書の定価を上げざるを得なくなる。

河出書房と並ぶ全集業界のもう一方の雄だった筑摩書房も、河出の倒産から一〇年後の一九七八年に倒産、会社更生法が適用される事態に陥った。ここにいたって全集バブルは崩壊。読者の低価格志向が進み、出版界には重厚長大な全集ブームにかわって文庫ブームが訪れる。

もちろん、八〇年代以降も全集が出なかったわけではない。このジャンルでは後発だった小学館が「昭和文学全集」（全三五巻＋別巻一。一九八六年〜）、「新編　日本古典文学全集」（全八八巻。一九九四年〜。ただし権利問題で難航中）の刊行をスタートさせている。第一巻のホメロス「イーリアス」「オデュッセイアー」から、第九九巻ノーマン・メイラー「アメリカの夢」、ハイネ、ホイットマン、ボードレールなどを収めた第一〇〇巻「世界近代詩十人集」まで、全一〇〇巻の威容を誇る河出書房新社「河出世界文学大系」(一九八〇年〜)などは、全集の河出の集大成ともいえただろう。

また、この頃になると、企画や編集にアイディアを凝らした変化球型の全集が登場する。筑摩書房は、文庫版の「ちくま日本文学全集」(一九九一年〜)、「ちくま文学の森」(全一六巻、一九八八年〜)、坪内祐三編「明治の文学」(全二五巻、二〇〇三年〜)など、ユニークな企画を立ち上げているし、角川書店も「女性作家シリーズ」(全二四巻、一九九七年〜)という画期的なシリーズを刊行している。

しかし、文学全集の購買意欲を支えていた往年の教養主義は年々すたれ、しのびよる出版不況によって、文学全集はますますリスキーな事業とみなされるようになる。冒頭にも述べたように、二〇〇七年にスタートした池澤夏樹版「世界文学全集」「日本文学全集」以前に発行された最後の本格的な文学全集は、集英社版「集英社ギャラリー　世界の文学」(全二〇巻。一九八九〜九一年)だった。あらためて収録作品を眺めると、ゴールディング「蠅の王」、ポール・ボウルズ「遠い国の出来事」といった新しめの作品も、朝鮮語文学も中国語文学も含まれていて、それなりに意欲的な構成とはいえる。

とはいえ、思えば円本の時代から、この時点ですでに六〇年が経過しているのである。その間、出版各社は切磋琢磨して「ザ・文学」のメニュー整えてきたわけだが、気がつけば、内容自体は大同小異。はたして、文学全集の命脈はすでに尽きたのだろうか。

全集も家具化したらおしまいよ、という声も聞こえてくる。実際、六〇年代から七〇年代にかけて普及した文学全集は、次世代に引き継がれることなく「実家の備品」としてしばらくすごし、親世代の高齢化とともに整理される運命にあったといえるだろう。一時は家庭の応接間やリビングで、美しい背表紙とともに威容を誇っていた文学全集も、いまや売り払われ、古書店の片隅でホコリを被っていたり、ネットオークションに二束三文で出品されている始末である。

さらにいうと、今日ではインターネット上の「青空文庫」に加え、電子辞書にさえ版権の切れた「ザ・世界文学」「ザ・日本文学」が収録されており、あえて高価でかさばる全集をそろえる必要はないのである。

しかし、たとえ家具でも備品でも、紙の文学全集はたしかに大きな価値があった。

第一に「知の物量」が目で確認できること。相応の厚さをもった書物が数十巻一堂に会したさまは壮観で、

「ここに教養が詰まってる！」という印象を与える（これぱっかりは電子書籍には真似できない）。

第二に、背表紙自体がすでに重要な情報源となり得ること。たとえ内容は知らずとも、作家の名前や作品名を数十の単位で「知っている」「見覚えがある」ことの意味は大きい。「知的家具」として見たとき、文学全集が百科事典に優っているのはまさにそこ（「アーアン」などの文字が並んだ百科事典の背表紙に情報的な価値があるだろうか）。常に人目にふれる家具の装飾だからこそ、高い見識をもった編者によるスタンダードとしての固有名詞が示されることが必要なのだ。

第三に、読もうと思えば、もちろん読むこともできること。文学全集とは常に本が「ウェルカム」な状態でスタンバっていることを意味する。

という、きわめて優れた家具が、かつては多くの家庭に備え付けられていたのである！

日本人はかつて、知や教養に対する、よくいえばリスペクト、悪くいえばコンプレックスを持っていた。出版社の側からいえば、文学全集を出版することはひとつのステイタスであり、ブランドイメージを高める事業だった。文学全集はそんな読者と出版社の信頼関係（共犯関係？）によって成り立っていた。

では、二一世紀のいまもなお文学全集の価値は残っているのだろうか。もちろんイエスといいたいが、ただし、二〇世紀の全集とは、おのずとスタイルを異にする。

池澤夏樹版「世界文学全集」が二十世紀後半の作品に特化し、かつ石牟礼道子「苦海浄土」が入っている風景は私たちの硬直した観念を解放してくれるし、同じく池澤版「日本文学全集」から島崎藤村や志賀直哉が外されていることも、ある意味、衝撃的である。

二〇一〇年代には、他の全集の刊行も相次いだ。逢坂剛、大沢在昌、北方謙三、夢枕獏という四人の人気エンターテインメント作家が編集委員を務める、集英社版「冒険の森へ　傑作小説大全」（全二〇巻。二〇一五～一六年）は、小川未明や稲垣足穂から、最新のSFやハードボイルド小説までをジャンル横断的に集めた全集。また、同じく集英社の「戦争×文学」（全二〇巻＋別巻一。二〇一一～一三年）は、いわゆる戦争文学だけではなく、美輪明宏のエッセイなども収録し、「戦争」や「文学」の概念そのものにゆさぶりをかける。

文学全集を支えていた往年の教養主義は解体し、同時に文学も衰退しつつあるという声も聞く。しかしながら、ピンチはチャンス。新しい文学全集がいまほど求められている時代も、じつはないかもしれないのだ。

第一に、現代文学の財産を私たちが生かしきれているとはいいがたいこと。かつての全集は、いまでこそ

「ザ・世界文学」「ザ、日本文学」に見えるが、同時代文学をじつは果敢に取り込んできたのである。

しかるに、現代はどうか。文学は（いわゆるポストモダン文学の登場などで）七〇年代を境に大きく変化したと考えられるが、その全貌は把握しにくい。重要な作品でも文庫はすぐ品切れになる。中村光夫が一九六八年に『日本の現代小説』（岩波新書）を発行して以来、手軽に読める文学史的な書物も見当たらない。

それから半世紀。往年の文学ファンで、ある時期から新しい作品は読まなくなったという中高年。ライトノベルやミステリには親しんでも、純文学には縁遠い若い世代。彼らは文学が嫌いなのではなく、「何を読んだらいいかわからない」のだ。文学全集の出番である。七〇年代以降の作品のキャノンを示すことが、喫緊の課題ではないだろうか。

第二に、作家名を中心に編むだけが全集の仕事ではないこと。「戦争×文学」が好例だが、テーマ別、目的別、ライフステージ別。方法はいくらでも考えられる。二一世紀初頭の非正規労働者の増加が小林多喜二『蟹工船』をベストセラーにしたように、「生きにくさ」が増している今日だからこそ、文学の出番なのだ。

明治・大正・昭和の文学は過去の全集にお任せして、未来への橋渡しとなる全集を編むこと。それはけっして時代遅れな仕事ではない。応接間の飾りから、使える全集へ。教養の誇示から、いまを生きるための文学へ。池澤版全集の成功は、その可能性を示している。

（さいとう・みなこ　文芸評論家）

六本木

岡田利規

NŌ THEATER　©Julian Baumann

二〇一六年から、ドイツ・ミュンヘン市の市立劇場であるミュンヘン・カンマーシュピーレで、一シーズンにつきレパートリー演目を一つつくるという仕事に携わっている。二期目の今シーズンは『NŌ THEATER』という演目を発表した（初演は二月）。「日本文学全集」の「能・狂言」の訳を担当することが決まってから謡曲を読むようになり、以来、能という形式のフォーマットは非常に「使える」ものだと感じ続けていた。このフォーマットを用いて自分の演劇をつくってみたいというアイデアを実現する最初の機会がこの『NŌ THEATER』となった。

『NŌ THEATER』の上演は、オリジナルの能のスタイルとは大きく異なる仕方で行われている。当然ながらここに掲載されているテキストの、ドイツ語に翻訳されたものによって上演は行われているし、ト書きにも記したように、東京の地下鉄のプラットフォームを模した舞台美術を用いている。音楽についても、現代音楽家の内橋和久氏に、作曲および上演ごとのライブ演奏を手掛けてもらっている。テキストは謡曲の形式に準じて書かれてはいるものの、オリジナルの能の形式で上演されるためのものではない。

けれども、能のフォーマットの骨格に従ってテキストを書き上演をしたのだからこれは〈能〉だと、あくまで私的に、だけれども私は思っている。

「六本木」は、生前に犯した殺生の罪の報いを受けて死後においても苦しむ猟師の話である「善知鳥」などからインスピレーションを受けて書かれた。『NŌ THEATER』は「六本木」のほか、もうひとつの〈能〉、差別的な野次を飛ばされた女性議員の話「都庁前」（これは「巴」などにインスパイアされている）と、ふたつのあいだに上演される、せりふをおぼえる舞台役者の話である「ガートルード」という〈狂言〉からなる。

岡田利規

男（シテ）　かつて投資銀行の証券部門で勤務していた男
青年（ワキ）
駅員（アイ）
地謡　駅員と一人二役

舞台は東京の地下鉄のプラットフォーム。
青年登場。

青年（次第）
世の中は、僕に対する需要はない。
世の中は、僕に対する需要はない。
暇だけは、だから有り余ってる。

青年
僕は今、真夜中近い東京を、地下鉄に乗って徘徊《はいかい》しているところです。そうしたくなる衝動がときどき、ペースとしてはだいたいひとつの季節のあいだで一度くらい、ふいにやってくるものなんです。意味もなく、目的の行き先もなく、理由もなく、電車を乗り継いで都心をさまよいたい衝動がやってくるんです。そのとき僕はそれに素直に従います。今もそうです。だからさまよってる。ちょっと変だとは思う。でもこの衝動には従ったほうがいい。従わないときっと自分はもっと変になる、たぶん、取り返しのつかないくらい。僕はそれがなぜかしら、わかってるんです、直観的に。自分を正気に保つためには変なことをするのが賢明なときがある。僕はそれを知っている。まだ若くて、知らないことが僕にはたくさんある、でもそのことはもう知ってるんです。

青年（上歌）
地下鉄の、中の人々を僕は客観視する。
車内の人々を僕は客観視する。
無感動に。無表情で。
ヘッドフォンで耳を塞《ふさ》ぐ。世界と距離が生じる。
重さ三十グラムの小さなデバイス内に記憶された
千曲の音楽データ。シャッフルモードで演奏されてる
無数の広告。車内に貼られ、または吊られた、視覚情報の洪水。
催眠術の掛け合い。
誰も興味津々で見てなんかいない。表向きは。
でも広告には誰しも平等に被曝《ひばく》する。
僕はこうして現代社会の観察者をきどって

唐突に決める、次の駅で降りることを。
意味はない。意味のなさに自分自身も振り回されて、
僕はホームに降りていく。
僕はホームに降りていく。

男登場。

青年（着キゼリフ）
どこの駅か確かめもしないまま僕がこのとき降り立ったのは、六本木のホームだったんですが、

青年（サシ）
六本木なんて、稼ぎのいいやつらが浮かれに行くための場所。じゅうぶんな金をかけて教育を受けさせてもらった連中。それで手に入れた能力で、成功を競う野心のゲームの参加有資格者になった、限られた連中。そういうやつらがひとときの気散じに興じる場所。彼らの虚栄心を満たす消費活動の受け入れ先。そんなとこに金を使う必要があって、かつそのための金を持ってるんだったら勝手にどうぞ。そうすればいい。僕には無縁の話。六本木は僕には何の用もないゾーン。でも、それ以上に六本木のほうだって僕になんて、何の用もないだろう。よりによってそんなところに降り立つなんて。

男登場。

男（一声）
罪が小さいときにだけ、その罪は咎《とが》められる。
あまりに大きな罪は、大きさゆえに姿をとらえられることがなく、問われもしない。
しかし咎められない大罪の一端を担った者は、未来永《えい》劫苛《ごうかいな》まれることになる。咎められないことの苦痛に。

（問答）

男
君は若いな。九〇年代生まれかな？

青年
どうしてそんなことを訊くんですか？
でも、そうです。生まれたのは九二年です。

地謡
つまり今は、

青年
二十四歳ですね。

地謡
そう聞いて、自分の推量は正しかったとわかり、男は少し微笑んで、そして言う。
「君のような若者に訊いてみたいことがある。」

青年
なんでしょう？　僕なんかに答えられることかどうか。

男
どんな気分がする？　衰弱に向かう国の若者でいるというのは。

青年
いや別に、どんな気分かと言われても。だって自分の直面しているこれと比較する対象になるような、別の在りようの人生を送ったことがあるわけじゃないし。

男
君は君自身の人生のケースしか経験し得ない。私にしたって私のケースしか経験し得ない。私が若く血気盛んだった頃、この国も血気盛んだった。若かったんだ、この国もまた。当時は特にそのことを深く考えなどしなかったが、思えばあのときは、私という個人とそれが属する共同体との、気運がたまたま一致していた。君のケースは違う。今の君は若く、血気盛んで、しかしこの国はとうに精気を失い、老いの一途を辿っている。君という個人と、君の属する共同体との、気運の不一致は、どんな気分がする？　若者にとって。

青年
そういうことなら今の僕だって、世の中の気運とそれはそれで同調してると思いますけどね、たとえば、未来に対して特に何の期待も持ってないところなんかは。あなたのケースと違って、ポジティヴな気運じゃないにしろ。

男
では別の質問にすると、そんなふうに未来に期待するところの何もない若者でいるというのはどんな気分なんだろう？

青年
それもやっぱり、どんな気分かと言われても、別に、という感じですね。だってそれ所与の条件ですから僕らの生まれたときからの。他にどうしようもない。

男　なんて白けた物の見方だろう。

青年　確かにそうかもしれませんけど、でもしかたがないですよ。あの、あなたはもしかして今僕のこと、責めようとしてるんですか？

男　いや違う。責めようなんてつもりはない。ただ、嘆かわしいんだ。

青年　そうですか。であれば、僕もたった今わかったんですが、人から嘆かわしく思われるというのは、ほとんど責められているように感じるものなんですね。

男　第一、君のことを責める資格など、私にはない。
私は想像さえしたことがなかった。

絶望的な未来を前にして若くあるということを、
経験せずにやり過ごすことのできた世代だった。

青年　けれども現実ですからねそれは、
僕たちにとって受け入れるしかない、社会のデフォルト。
そしてそれは、変わらない。

男　変わるとしてもそれは、日本国債がデフォルト（債務不履行）に陥るとかそういった、
今よりさらに悪化する未来だろう。

地謡　以前はたとえ誰かがそんなことを言ったとしても、
一笑に付されていただろう。あり得ない、の一言で片付けられていたはず。

男　今は違う。それは起こり得ると多くの人が恐れている。
内心では。
たとえそう口にすることはなくとも。

地謡　小さな出来事でさえ引き金になり得る、そしてそれが現実になる。

男　日本国債は、急場しのぎに見境なしに、発行され続けてきた。
未来へと責任は、転嫁され続けてきた。無責任に。

地謡　そのツケはすべて君たちにまわってくる。
君にも、君の子供たちにも。
君が子供を持つならば、その子にはそれが課される。
この世に生を享《う》けた、その瞬間にただちに。

青年　さっきから僕ずっと、ちょっと不思議に思っていることがあるんですが、それはあなたのことなんですが、というのもあなたはさっきからこのホームにいるけれども、地下鉄を待ってるようには見受けられない。あとそれに、さっきあなたは、自分には僕のことを責める資格がないとかなんとか言いましたけど、その意味もよく分からなくて、ですから単刀直入に言ってあなたの佇《たたず》まいをちょっと不審に思ってるんです。

男　けれども今君にはそれよりももっと不審に思ってることがあるだろう？

青年　と言いますと？

男　なぜ君はここで地下鉄を降りたのか。よりによって六本木駅のホームに。

青年　それはでもただの偶然ですよね。まあ確かに、どうして六本木なのかよりによって、とは思いましたけど。

男　君は私に呼ばれたんだ。
君を呼んだ私は、ここで君を待っていた。
だから君はここに降りるのを定められていた。
六本木駅のホームに。

これは偶然ではない。
六本木は私が長く勤めた投資銀行の、オフィスがある
場所だ。
私はここで証券部門の業務に明け暮れた。半生はここ
で過ぎていった。

青年
投資銀行のディーラー？　そんな人が僕をいったい何
の用があって呼んだんですか？
思うんですけど僕たちには全然、接点がないんじゃな
いかと。

男
接点のない振りをしたままでいることは、容易にでき
る。
難しくもなんともないだろう。人によっては。しらを
切り通す。
そのほうが私にだってほんとのところ、都合がいい。

地謡
けれども私と君には接点がある。実のところ。
私が犯した罪、
希望のない若さという残酷な事態を生み出した罪によ
って、
私と君はつながっている。

男
私の罪。
いや、これは決して私の罪ではない。私だけの罪では
ない。
あのときの私には為す術《すべ》がなかったのだから。
ただ手を拱《こまね》いているよりほかは。

地謡
だから君を呼んだのだった。
無慈悲な金融の、この惑星全体を覆い、襲う、
合理性の津波に、飲み込まれるままに
一矢《いっし》報いることもできずに終わった私の、忸怩《じくじ》たる思
い。
ふがいなさが申し訳ないと
謝ったところで取り返しは、なんにもつかない
けれどもせめてもの罪滅ぼしに、話をしたい
その話のひとときの、受けとめ手となる若者を
ひとりでいい、誰か求めていた。
……そう男が言うと、ホームにはまた八両編成の
地下鉄の車両が音を立て、滑り込んできて、

乗る者と降りる者の、決してカオスに陥りはしない
その二歩手前で保たれる東京の、秩序ある交錯の中に
彼は紛れて、姿を消した。

男退場。

駅員 （これまでの地謡が駅員の役になって）私はこの地下鉄の都庁前駅の駅員です。（青年に）行き先はどちら？

青年 行き先？

駅員 乗り換えようとしてる？　乗り換え方わかりますか？　わからなければ教えますけれども。

青年 僕東京の人間なんで地下鉄のことはわかります。

駅員 そう。あなた、大丈夫？

青年 え、大丈夫ですよ。大丈夫じゃないように見えます？

駅員 いや大丈夫なら別にいいんだけど、でもさっきから見てて、ちょっと心配だなと思ったんです。酔ってる？

青年 いえ。アルコールは飲まないんです。自分を失ってしまう感じが好きじゃないんです。だいいち僕はまだ自分のことを、見つけられてさえいないですし。

駅員 私としては電車を待ってるようでもなくひとりで意味なくあちこちフラフラしてる様子だったから有り体に言うとあなたのことちょっと不審だなと思ったわけ。

青年 いえ、僕、別に意味なくフラフラはしてなかったですよ。ここにいた年配の男性とちょっと話をしてはいましたけど。不審ってことを言うんだったら、あの人こ

そ不審だったじゃないですか。来る地下鉄に乗ろうとするでもなく。

駅員　年配の男性？

青年　ええ。

駅員　いましたか？

青年　いましたよ。気が付かなかったですか？

駅員　気が付かなかった。だって、いなかったから。私にとっては。でもあなたにとってはいた。それは、背の小さな男性でしょ？

青年　そうです。ビジネススーツを着ている。

駅員　仕立てのいいスーツを。

青年　そうです。

駅員　それなのに晴れない顔をした男。だとしたらあなたが会ったのは、この六本木駅のホームに飛び込んで命を絶ったある男の幽霊だよ。この六本木って場所は、夜遊びでも名高いけれど、同時にビジネス・ディストリクトで、たとえばほら、森タワーがあるでしょ、あの超高層ビルは貸しオフィスで、中には今をときめく、グーグルとかアップルとか、そういう名だたる世界的企業もたくさん入ってるけれど、その最たるものが、オフィスフロアの最上階部分、四十五階から四十八階までを全フロアー、まるごと占拠しているゴールドマン・サックスで、タワーを縦貫する高速エレベーターのうちの数台までも、彼らの専有物になっている。都心を見わたせる眺望を手にし、この国の国会議事堂も、皇居のことさえも見下ろしている。天文学的な金額を日々こともなげに、梃子《レバレッジ》を利かして動かし、利ざやを手にし、六本木の最上部、世界の最上部に君臨してる。彼らにとってはあのビル全体が、自分たちが上部に乗っかるための台座みたいなものなのかもしれない。そのゴールドマン・サックスのエグゼクティヴだった男が、今から十年前の話だけど、ここで自殺したんだよね。

青年　そんな華やかなキャリアの人が、そんな痛ましい最期を迎えるなんて。どうして彼はそうしなければいけなかったんです？

駅員　それについてはネット上にもさまざまな噂があがってるけど、巨額の損失を出しただの過労死だっただの、でもどれも真偽のほどはわからない。

青年　彼はさっき僕に、罪滅ぼしに話したいことがあるって言ってました。どういう意味がわかりますか？

駅員　私にわかるわけないよ。

青年　確かにまあそうですよね。

駅員　彼はあなたにもうなにか話をしたの？

青年　いえ具体的なことはほとんど何もまだ。彼は謝りたいとも言ってましたけど、それもどういうことなのかよくわからない。

駅員　それだったらこのホームにもう少し、とどまってないとね。話したいと言ったのだから、じきに戻ってくるはずだから。

青年　そう思います。

駅員　あなたが話を聞いてあげて、それで気懸《きが》かり、心残りが晴れたら彼も成仏できて、このホームを去ることができるかもしれない。だとしたらそれは私にとってもぶっちゃけ非常にありがたいというか、だってやっぱりさ、ここって幽霊がいるんだよなっていうところが自分の職場だっていうのはさ、まあ決して気分のいいことじゃないわけで。

駅員舞台奥へ退く。

青年

僕はまだ、なにひとつわかっていません。あなたはなぜ僕を聞き手に選んだのか。どんな話をしたいと思ってるのか。謝りたいと言ったけれども、一体何を。見当さえ付かない。けれどもそれを聞く用意だけは、できています。

男登場。

男

こうならないことも、あるいはできたはずだった。
この頭上にひろがっている、地上の表層、都市の様相、刷新は変わらず今も絶えまないようにみえて、
その実それは、発展というのとは何か別の代物、悪あがきのようなものでしか、もはやない。
でもこれとは別のありようも、可能なはずだった。

三十年かけて、ここは曠野《こうや》へ変じていった。
私はそれを見届けてきた。
見下ろしてきた。高い塔の上から。
眺めているだけ。為す術は何も持たず。

男（サシ）

一九八五年。ニューヨーク。フィフス・アヴェニューとセントラルパーク・サウスとが交わるところ。
ザ・プラザ。その三年後にドナルド・トランプが、三億九〇〇〇万ドルで所有することになるホテルの、
スイート・ルーム「ホワイト・アンド・ゴールド」に、
先進五カ国の蔵相たちが集まって、
アメリカの、
主要非ドル通貨、なかでも円の、ドルに対する秩序ある上昇のための、
市場への国際協調介入の意向に、合意させられた。
円に対して高すぎるドル。
ドルに対して安すぎる円。
そう考える、ロナルド・レーガンのアメリカによって。
一九八五年。九月二十二日、日曜日だった。
会議は開催直前まで、秘密にされた。
ニューヨークに旅発つ日、日本の大蔵大臣は午前中、
空港ではなく、その近くのゴルフ場に赴いた。カムフ

ラージュに。
記者が皆いなくなるのをみはからって、大臣はゴルフウェアのまま、
そそくさと空港に向かい、そのまま飛行機に飛び乗った。
前週末の取引で、一ドルは二百三十五円だった。
会議の翌日の月曜日、それが二十円下落した。
たった一日で。
一年後には一ドルは、百六十円になっていた。
そう、これがはじまりだったんだ。

地謡
三十年かけて、ここは曠野へ変じていった。
私はそれを見届けてきた。
見下ろしてきた。高い塔の上で、私のデスクの上の、
ディーリングシステムを構成するいくつものモニターを前に、
ただ手を拱いて、眺めているだけ。
為す術は何も持たず。

男
わかりきったことだった。
円が高くなれば、輸出産業がくじかれる。
そして日本に不況が訪れる。
なのに政府は署名した。世界金融の中心地、プラザ・ホテルで。
双子の赤字に苦しむ主人の言いなりに、
唯々諾々《いいだくだく》と、尻尾を振る犬は、
内需拡大の要求に応え、金融を緩和した。
5パーセントだった政策金利は、一九八七年までには、
2・5パーセントにまで引き下げられた。
それによって招かれたのは、あのバカ騒ぎ、
あとになってしかあれはバカ騒ぎだったとわかることのできない、
バブル経済。
借りやすくなったカネを企業は、
長期的にみて未来に利益をもたらす生産設備や人材育成への投資には向けなかった。
かわりに株と不動産に注《つ》ぎ込んだ。
だってあのとき株価は地価は、無限に上昇していくように見えたから。
あのとき六本木は繁栄した。享楽を思うままに吸い込んで。
私も恩恵にあずかった。でも私が特別だったわけじゃない。
多くの人間が当時あずかったんだ、君があずかったこ

とのない、
そしてこれからあずかることもおそらくない類いの恩恵に。
ここが曠野と化すプロセスの、あの繁栄も、一環だったのだと、
今となっては人びとは、とらえることができる。
今となってでなければ、できない。
あのときにはそれは、彼らにはできなかった。
ただし私にはできていた、ある程度は。
わたしにはわかっていた。
金融から世界をとらえるパースペクティブは、それを見えやすくするから。
それにわたしは塔の上からの、見下ろす視点を有してもいたから。
とはいえ私にはなにもできなかった。
でも、できなかったのではなく、
しようとしなかっただけかもしれないのだ。

地謡
だとしたら、それは罪ではないか？
それは罪ではなかったのだろうか？

男
高みにあってこの惑星の、資金の流れを操作し、
世界をデザインする。
この最強の力の一端に、この自分がなっている感覚に、
私はあのとき痺《しび》れていたかもしれない。
いや、痺れていた。それは認めなければいけない。

地謡
だとしたら、それは罪ではないか？
それは罪ではなかったのだろうか？

男
誰しも聞いたことがあるだろう。あの弁明、
〈バブルはバブルとわからない。それがはじけてみるまで。〉
戯言《ざれごと》にしか響かないだろう。経験しなかった者には。
あれは、大音量のダンス・ミュージックを浴びた状態。
きらめく照明の中、体力なら無限にあるという錯誤の中、
踊り明かす。
翌日の予定など気に留めず、
瞬間だけですべてを満たして。
過去や未来は、思慮から締め出す。
歴史からの教訓。未来への責任。

そんな重苦しい、うっとうしいものを今は、
相手にするモードじゃない。
そう。それはモードだった。
そういうモードになることは、人間にはたやすい。
実にたやすい。

地謡
でもその音楽は、ふいに止んだ。

男
すると途端にわからなくなるんだ。なぜあんなに踊り狂っていたのかが。
証券会社や銀行の破綻《はたん》。
そんなことが起こるとこれまで誰も考えたことのなかった事態が起きた。

地謡
地下のフロアーから外に出て、
早朝の光の眩しさに瞳孔が、急激に収縮する。

男
でも中央銀行は、さらに弛緩《しかん》させていく。
無担保コール翌日物（overnight）の金利を。
ほとんどゼロにまで。

地謡
それが夜通し（overnight）踊り明かしたあとに待ってた現実。

男
選択肢はもう、それしかなかった。

地謡
あのときどんな音楽で、どんなダンスを踊っていたか、
もう誰も何もおぼえてない。
デフレーション。デプレッション。
デフレーション。デプレッション。
浮かれたパーティーの後遺症が、苛む。
今も苛んでいる。私たちを等しく。
それを経験した連中のことをのみならず、
経験することなく遅れて来た世代のことも。

男面をつける。

地謡
効果はなかった。ゼロ金利政策は。

デフレ時には。
それでも元には戻せない。
ゼロより低くすることもできない。
つまりもうそのとき、すでに袋小路に入ってた。
ただしそうと認識してはいなかった気がする。
受け容れ難いから。その認識は。
受け容れ難い認識を、人は先延ばしにする。
そのときの私たちもそうした。
二〇〇一年。政府が量的緩和をはじめた。
苦し紛れに延命装置のスイッチを入れた。
毎月八千億円、中央銀行が自国の長期国債を買い上げる。
翌年からは、一兆円ずつになった。
金融機関の当座預金残高が、みるみる積み上がる。
大量に供給されてくる資金は、
しかし市場で運用されなかった。日本の市場では。
ゼロ金利の日本市場では。
私たちはロンドンに、ニューヨークに貸し出した。
少しでも金利の高い場所に、カネは行く。
それが金融の摂理だ。
一日何千億とヘッジファンドに渡った円が、
注ぎ込まれた先は、アメリカの住宅市場。
知ってるだろう？　当時そこもまたバブルだったことを。
そして知ってるだろう？
それが二〇〇八年に引き起こす、カタストロフを。
金融は、関節が外れてしまった。
金本位制から離脱したとき米ドルは、幽霊となった。
以来この世界は、幽霊に支配されている。
君はそれを受け容れられるか？
君たちのためのものはずだった国の資産が
国の外へ流れ出て、消えた。
抗《あらが》うことのできない金融の、摂理の前に。
徐々に揮発していく樟脳《しょうのう》のように。
私はそれに手を貸すだけ。
抗うことのできない金融の、摂理の前に。
そのことにある日、もう耐えられなくなった。
あの高い塔の上から身を投げることを考えた。
けれども反対にここまで、地下深くまで降りたんだ。
そしてこの身をクラッシュ（＝暴落）させた。
その魂が幽霊になって、こうして許しを乞いにやってきたのを、
君は許してくれるだろうか？
いや許す必要などない。
君は許してくれるだろうか？
いや許す必要などない。

苦しみ続ける死者は、
しかしホームにゆっくりと現実感が取り戻されてくるにつれ、
存在が困難になり、消えていくよりほかない。
徐々に揮発していく樟脳のように。

（ここまでに男退場）

若者はここを立ち去る。
深夜の六本木の街を一目見ようと思って、地上に上がる。

青年退場。

インタビュー

角田光代、『源氏物語』を訳す

聞き手＝瀧井朝世

日本文学全集04
『源氏物語　上』
帯写真：荒木経惟
月報：瀬戸内寂聴・大和和紀
『源氏物語　中』　2018年7月予定
『源氏物語　下』　2019年3月予定

——今回の新訳、とても面白く拝読しました。『源氏』に関しては有名なエピソードを知ってはいたものの、どうも学校の古文の授業の苦しさを思い出すことがあって、これまで敬遠していたんです。だから丁寧に読み込んだことはいちどもなかったのですが、今回、わかりやすくて、なおかつ親しみやすい訳で読めたことで、作品に対するイメージがかなり変わって驚きました。

角田　ありがとうございます。

——非常に長い作品でもあるので、相当大変な作業かと思います。角田さんが最初にこのお話をいただいたのはどれくらい前になりますか。

角田　たしか四年くらい前……二〇一三年の夏だったと思います。

——「こういう『日本文学全集』が出るんです。……で、角田さんにはこれをやってほしくて」というような？

角田　そうです、そうです。

——その依頼を受けたときはどう思われたんですか。

角田　正直、ちょっと嫌だなと思って

（笑）。最初は「こういう巻立てです」というラインナップの一覧を貰ったんです。そうするとその中から選べるのかなとか思うじゃないですか。で、それを見たら、それぞれの巻の古典作品の訳者はほぼ誰かが決まっていて、選べないということがわかって。リストの中に自分が興味がある作品もあったのですが、「この作品はこの作家に決まっているのか……」「そして私は『源氏物語』なのか……」と思いました。

――あまり乗り気ではなかったわけですね。

角田　受けたのは、編者が池澤さんだから、ということが大きかったんです。他の作家の個人編集だったら「あまり興味ないので……」と断ったと思うんですけど、元々私が池澤夏樹さんを作家としてとても好きで。人生で一度だけ、サイン会に行ったことがあるんですけれど、それが池澤さんで。唯一、ご本人のサイン本を持っている作家さんなんです。その方に名指ししていただいて、はたしてお前は断れるのか、という気持ちが正直いちばん大きかったんだわけですね。

――一瞬ひるんだわけですね。

角田　はい。なぜなら『源氏』を好きな作家はとても多いと思うんです。でも、私自身は特別好きという気持ちを抱いたことはないんですよ。だからといって、嫌い、というわけでもなく。そもそも「嫌いだ」と思う根拠もないくらいに関わりがなかったんです。だから「どうしよう……」と。

三年間かけて『源氏』をやってほしいと言われたんです。でもその三年間、小説はどうするのか、他の仕事はどうするのか、三年後どうなっているのかとか、そして「あの『源氏』……？」とか、三日くらい悩みに悩みまして。でもやっぱり最初に戻って、池澤夏樹さんのお名前が挙がったからには断れない、「引き受けます」と諦めにも似た気持ちでやらせていただくことになりました。

翻訳の姿勢

――以前「今後しばらく小説は出しません」とおっしゃっていました。他の仕事をいったん中断して、ずっとこれに取りかかろうとスケジューリングしたということですか。

角田　もともと仕事を減らそうとしていた時期ではあったんですが、ちょうど二〇一五年の四月で、抱えていた小説の連載が全部終わったんですよね。そこから連載を入れないようにしました。

――いろいろ仕事を整理してこれに取りかかろうというときに、まず何から始められたんですか。

角田　飛び飛びでしか読んだことがないので、まず、物語を通読しようと思いました。

――原文で？

角田　いきなりの原文は無理でした（笑）。誰かの訳で。とにかく読みにくいという先入観があったので、イギリス人のアーサー・ウェイリーが英語に訳して、それを日本語にさらに訳した『ウェイリー版源氏物語』をまず読み始めました。これは思った以上に読みやすかったです。でも、正直あまり夢中になれないんですよね。それを読みながら他の方の訳も読み始めて。大和和紀さんのマンガの『あさきゆめみし』も読みました。与謝野晶子や谷崎潤一郎訳、瀬戸内寂聴さん訳も。

でもいろいろ読み比べているうちにだんだんわからなくなってきて。結局これは文字を追うようにして全部読んでいるよりも、自分で翻訳する作業に入っちゃったほうが早いのでは、と思って、真面目に読み通すのはちょっとやめて、一から訳すようにしていきました。

――訳すときに他の人の翻訳はどれくらい意識されましたか。

角田　最初は本当に何も意識しないで、「こんなに訳している人がいっぱいいるなら、大丈夫。その人たちの訳を読めばいい。私の訳をわざわざ読む必要はないんだからこっそりやればいいじゃないか」みたいに思っていて、全然プレッシャーがなかったんです。

でも実際に、さあ始めようと、最初のあの有名な冒頭の一文を訳すときに、はたと困ってしまって……。どういう立ち位置で訳せばいいのかがわからなくて。そう思って他の作家の訳文を改めて読んでみると、皆それぞれ立ち位置があるんですよね。「私はここ」「俺はここ」と決めて訳している姿勢がある。

その姿勢はたぶんその人の『源氏物語』への思いなんですよね。寂聴さんだったら女の生と性の悲しみ、情念といったものを見据えて『源氏』という作品を捉えているんだと思うし、谷崎は言葉の美しさみたいなもの、日本語の貫禄《かんろく》みたいなものを大事にしたかったんだと思います。そういう意味でそれぞれの『源氏』の愛し方みたいなものが見えてきました。

でも私は作品に思い入れも愛もない。今から思えば、だから立ち位置が決まらなかったんですね。たとえば女性たちの視点に立って、女性の側から書くであるとか、もしくは恋愛というものを中心に書く、性愛を中心に書く、あるいは男性という立ち位置で光源氏という人の視点から書く。『源氏』が好きで訳した人というのは、それぞれの立ち位置、「私だったらこうしたい。これをずっと思っていた」というところを足がかりにして始めると思うんですけれども、私にはそれがまるっきりない。使命感がないので、どこにその取っ掛かりを見つければいいのかわからない。

――現代語訳でわかりやすくという意識はなかったんですか。

角田　もちろんあったんですけど、それもいろんな人が既に試みていて。たとえば林望先生の訳は、読みやすさで言えば一番だと思うんですよね。道具とか着物の説明も含めて、「後朝《きぬぎぬ》の文《ふみ》とは関係を持った次の朝のラブレターのことですよ」みたいな説明も含めて、すらっと読めてしまう。もう『源氏』の翻訳はありとあらゆることが既にやり尽くされているんですよ。わかりやすくするとしても、超訳にするのか意訳にするのか、それともプレーンな訳にするのか、どこを選んでいいのかすらわからないというのが私にとっての最大の難問、難関でした。

――そこから、どういう立ち位置を心がけたんでしょうか。

角田　ひとつには、その偉大な翻訳の列に自分も並ぼうと思うからいけないのであって、その列には入れなくていいじゃないか、と開きなおりじゃないですが、あらためてそう考えました。さらにじゃあ私の名前が挙がった理由は何だろう、ということを次に考えました。たぶんそれは、私にしかできないことがちょっとでもある、と池澤さんと編集部が考えてくださったから、私の名前が出たんだろうなと思って。

きっとそれは正確さではない。よもや新しい解釈でもない。こんな読み方があったのかとか、こんなところに視点をとるのかというような、新しい解釈、新しい読み解き方ではないだろうな、というのが、確信としてありました。じゃあ私に求められているものは何かなと考えたときに、やっぱり読みやすさじゃないかな、と。

私の小説はよく読みやすいと言われます。読みやすいというのは「共感する」、とかそういうことではなくて、難しい言葉をあまり使っていないので、すらすらと読めるということです。まず、それだな、と。そしてその次に考えたのは――これは私の感想でもあるんですけれども――『源氏物語』ってダイジェスト版もいっぱいあるじゃないですか。それを読んだときに、物語がちょっとわかりかけたような気にはなるのですが、でも実際作品を通読していくと、なんだか頭の中で繋がらないんですよね。物語の俯瞰《ふかん》した図が見えてこない、それが不満でした。

だから何とかこの長い物語を俯瞰するような面白さ、運命がこんなにもねじれていく面白さというのを全体で見渡すことができないか。一帖ずつ読んでいって見えなくなるようなことがわかるためにはどうしたらいいか。そのためにはやっぱりわかりやすくプレーンな文章で書いていったほうがいいんじゃないかというのがひとつありました。

言葉が悪いかもしれませんが、いわゆる「格式」がない訳でもいいじゃないかと思えたんです。「格式がない」というのはたしかに誰もやっていない、誰もそこは目指していないなと思って。「日本語の美しさ」だとか「王朝文学の優雅さ」だとか、そういうものはもうこの際ないことにしようと。とりあえずシンプルで読みやすくて、がんがん進めるものにしようというのが最終的に決めたことです。

――まさにがんがん読み進められますよね。会話文の生き生きした感じが読みやすいです。

いちばん基本的なところですが、「ですます」調にするか「である」調にするか迷われましたか。今回の角田さんの訳は「である」調なんですけれど、著者本人がコメントしているみたいなところは「ですます」調になっていて、それが朝ドラのナレーションみたいに思えて、ちょっとコミカルで楽しく読めました。

角田　最初はとても迷って。「ですます」のほうが収まりがいい気がするんですけど、ただ自分がこれまで書いてきた文章として「ですます」には馴染《なじ》みがないので、あえて「である」にしていったんです。私はこの翻訳をやるまで「草子地」という、地の文に、作者の声がふっと混じるという文法も知らなくて。今回訳文を見てくださった藤原克己さんにとてもよく教えていただきました。その説明を聞いて私が思い浮かべたのは、マンガとかでページをパラリとめくると、コマの外側に作者と思われるようなキャラクターが突然登場する、といったような手法なんです。その人物が「そんなマンガみたいなこと、あるわけないよね」なんてあえてつっこむような。そう考えたらわかりやすかった。

　そこからさらに訳していくなかで、聞こえてくる作者＝紫式部の声がけっこううるさく感じるようになりました。この作者は本当に、作品の中からちょくちょく顔を出さずにいられない人なんだなって。最初は作者の声も「である」で揃《そろ》えていたんですけど、私に聞こえた作者の声を生かすには、そこだけあえていちいち本人が顔を出して、それこそ朝ドラのナレーションのように「ずっと褒めてるけどしょうがないのよ」「そういう癖のある男なんですよね」とそのままにすることにしました。

――会話文の後で、ぽろっと「……と言ってしまうのは、いかにも頼りないことです」とか、主観が入るんですよね。「このあたりのことはくだくだしくなるので、いつものとおり省くことにします」とか。メリハリがあって面白いな、と思っていました。

角田　底本にしているテキストで「ここは草子地です」という注釈があるところを、わりと忠実に訳していきました。でもいちいちそう書いていない部分も多いんです。だから、厳密にそうしていないところだったり、草子地ではないんだけどなんとなく私が文章のリズムで作者の声にしちゃったところとか、そこはわりと厳密じゃなくごちゃまぜになっています。

――そういうところもすごく親しみがあって楽しめました。また、古文の授業で記憶にあるのが、謙譲語とか尊敬語といった文法のわかりにくさです。それが『源氏物語』をちょっと敬遠してしまうところでもあるかと思うんですけど、訳していて、そこはいかがでしたか？

角田　古文の敬語は、高校のとき私も覚えるのがすごく大変だった記憶があまりにも重くのしかかるので、やめよう、と思いました。受験からは遠ざけたくて、地の文ではほとんど使わないようにして。あと和歌が出て来るとき、せっかく夢中になっていて読み進めていても、いったん目が止まるじゃないですか。すんなりわからないことが多いし。訳し方は悩みに悩んで、一時は和歌だけ、歌人の方に短歌の現代語訳を外注することも真剣に考えました。でも当たり前ですけど、歌だって作者の個性があるから、自分の訳の中では浮いてしまうだろうなと思って、自分で却下して。私が下手でもいいから五七五七七に現代語っぽくしてみようかと思って、やってみたりもしましたが、でも途中でこれは無理だと断念して、結局オーソドックスに意味を書くことにしました。

――難しい言葉をどこらへんまで現代語っぽくするか、そのバランスはどう考えられましたか。

角田　それは本当に難しくて、加減がわからなくて。でも最低限にした気がします。たとえばよく出てくる身分違いの恋愛について、「格差婚」という言葉を使うとすごくおさまりがいいとは思うんです。でもそれは良くない気がして。

現代小説とつながる構成の妙

——今回、すんなり通しで読むことができて、現代小説と並ぶような、構成や伏線に驚きました。関係性の変化や、別れと再会、といったところが、ちゃんと前半でほのめかされていて。『源氏物語』に詳しい人には当たり前なのかもしれないけど、全編プロットを組んでから書いたように思えてきます。

角田　思いました。本当にそう思いました。びっくりしますよね。伏線回収してる！って。

——そうなんですよ。複雑な生い立ち、その後の権力争い、恋愛と性愛、父と母……すべてを見越したかのような設定と、覚えられないくらいの細かな人物相関図。現代作家だったら事前に細かい人物表と人物相関図を用意しておかないと書けないんじゃないかと思うくらい。どうしていたんだろうと思います。訳しながら、角田さん自身も書き手として紫式部はこれをどうやって書いたのか、ということは想像しましたか？

角田　そうですね。どう書いたんだろうとはよく思いました。とにかく物語があまりにも出来すぎているので……。それは昔、ひとつずつのエピソードとして読んでいるときは気づかなかったことなんですけど、今回、通読して、さらに翻訳して、いかに物語に細かい伏線が張ってあって、構成が実にちゃんとしているかということにびっくりしました。

　よく後からいろんな人が書き換えたとか言われていますが、その説はいったん置いておいて、もし紫式部がこれを全部一人で書いたという前提で考えるのならば、私はたぶん作者が意図して自分のコントロール下で書き進められたのは「明石」の帖までだと思うんですよ。「明石」以降はちょっと自分でも思いもよらないほうにいってしまって、物語や登場人物が勝手に歩いていっちゃって、ときどきコントロールするために短い挿話を差し込んでいるんだけど、物語の大きな流れはたぶん作者の手を離れちゃったんじゃないかなという印象があるんですよね。

　書き手として私が考えるのは、小説というのはたぶん自分ができるすべての力を注いでつくったとしても、できるのは百パーセントまでで——それすらも難しいんですけども——それ以上は絶対にいかないと思っていたんですね。でも小説が百パーセント以上の力を発揮することがあって、それは作者じゃなくて、小説に宿った力がそうさせることがごく稀《まれ》にあるとなんとなく考えていたんです。それの超弩級版がまさにこの『源氏物語』じゃないかなって、最近は思っています。

——光源氏は自ら第一線を退いて明石に赴くというところまで紫式部は考えていたけれども、その後京に戻って以降は作者も予想外だったのでは、ということですか？

角田　都に復帰させて、栄華を極めるじゃないですか。だけど源氏自体はどこか元気がないように思うんです。蝶よ花よ、みたいな感じになるかと思えばそうじゃなくて、再び派手な生活を始めたのにどこか寂しそうで。そして思いどおりになっていたことが、またどんどん思いどおりにならなくなっていく——みたいなところから、作者と物語の乖離《かいり》が始まっているように感じられるんです。こんなにいい町を作って、憎き敵も成敗して、権力も戻してあげた、あれ、でもそれでハッピーエンドにならないぞ、おかしいなという思いが、作者にあったんじゃないかなどと想像してしまうんですね。

　もちろん作者だから、「明石」以後も女をみんな源氏になびかせることもできたのに、そうしない。しないというよりできなかったようにも思います。物語は源氏というスーパーヒーローを離れていく。

　物語のなかで作者が彼の周りを派手にすればするほど、なんとなく源氏の影がどんどん薄くなっていくというか、源氏が別のほうに移行していってしまうという印象がありますね。もう若くないという年齢的なこともあるけれど、それだけではないような……。もっと続けたいのに、華々しく続けたいのに、なぜかそういかない……、と。後の人間から見れば、物語自体がもっと濃い意味とか深さを持ってしまったんだけども、作者としてはまだまだ源氏中心に書く気だったような気もするんですよね。あるいは、女たちのほうが勝手に生き生きと息づきはじめてしまったのかもしれない。それも作者の思惑を超えて、のような気がします。

紫式部は女に厳しい

——紫式部は作家としてどういう特徴があると思いますか?

角田　作中人物が人のことを、特に女を貶《おとし》めたり悪口を言っているときに、彼女の筆が乗っている感じがするんです。そこはとても面白いですね。

——末摘花《すえつむはな》の鼻の頭が赤いだけでこんなに貶《けな》されるのか、ってなかなか容赦ないですよね。訳しているとそういうタッチもわかるんですね。

角田　はい。そんなに近しく感じるなんて思わなかったんですけど、意外に早く、「帚木《ははきぎ》」を訳しているとき「今、作者絶好調!」みたいなのが見えてきて、「あれ? 思ってたのと違う!」と思いました。

——「帚木」はいろんな女を品定めする、ボーイズトークの場面ですよね。

角田　ボーイズトークのなかに「こんな女、ダサいでしょ」みたいな作者の意見が垣間見《かいまみ》えるんですね。「上流といったって、家が落ちぶれればどうよ」とか、言いたい放題な感じで。すっごい嫌な奴だ、こいつ!って、ある親近感を伴って思いました。

——絶対的に誰にとっても理想的な男性がめくるめく恋愛をする話かと思ったら、意外と女たちに拒まれたりもしているし、女性側からしても「好きな人に愛されて幸せ」というよりも、男を拒んだり嫉妬する女のネガティブな気持ちのほうが生々しく描かれているというところはあると思います。自由恋愛の時代でもないし、恋愛といっても政治が絡んでいるので、恋愛を謳歌《おうか》するような話にならないのはしょうがないとは思いますけど、嫉妬とか拒絶するときの感情のバリエーションがすごいなと。

角田　すごいですよね。

――女の人をよく見ているんでしょうね。

角田　女のバリエーションが面白くて。この物語に出てくる女たちはだれも名前を持っていませんよね。まあ、男もなんですけど、女のほうが特徴的に、地名や役職で呼ばれたりお部屋の名前で呼ばれたりしています。本文でもだいたい女とか女君とか姫君とか書いてあったりします。女というだけで個別化は必要なくて、ただいるだけ。その女が綺麗かとか、しとやかか、教養があるかという違いだけで、誰でもいいわけです。つまり顔がないわけです。

　ということはこの時代の女というのは、向こうから来る人間によって運命が決まったりする。拒むこともできるけれども、自分からは行けない。だからそういう意味で、どの女も同じ意味で名前も顔もない女たちではあるんだけれども、感情の動き、嫉妬だったり、身分の違いで卑屈になったり云々《うんぬん》、その感情の違いだけで、女性を書き分けているわけですよね。それがものすごいと思いました。

――たしかに。「もともとの性格が勝ち気」といったキャラクター造形ではなく、立場によって生まれる感情が決められているような感じがありますよね。

角田　そうなんですよ。さらにこの物語では、男性は女性たちの場合とは違って、「感情」で書き分けられているのではなく、そうした「キャラクター造形」の差で描かれていることが多いようにも思いました。マッチョな無粋とか、お調子者とか、くそまじめな堅物とか。でも女は、性格もなく、ただ感情の機微の動きだけで人物を書く。しかも書き分けていますもんね。すごいことです。しかも現代の自分たちの感情の発露と違うのに、なるほどわかる！と共感してしまう。「空蟬《うつせみ》」の帖でこうあります。空蟬は源氏と関係を持ったときには受領《ずりょう》の妻であるわけですが、そんな運命になる前にこの人が来てくれていたらどんなにいい人生だっただろう……って思うというその哀しさ。本当にそのままよくわかる。

――読み進めるにつれてまた人物のイメージができあがってくるんですよね。

「六条御息所《みやすどころ》」って呪い殺したり怖い女の人のイメージだったんですけど、こうやって通して読むとすごく切なかったです。「葵《あおい》」の帖の、六条御息所と葵の上の一行が争う有名な「車争い」の場面なんて、通して読むと可哀想すぎると思ったり。あと紫の上も、小さい頃から「マイ・フェア・レディ」のように育てられた女性というイメージが強かったけれど、今回読んで、結局こんなに嫉妬に駆られているんだ、という哀しさを感じました。また、それに源氏が浮気も全部、彼女に告白するんですよね。

角田　それも現代的というか。そういえば、私、昔付き合っていた人があまりにも仲良くなりすぎちゃって、浮気の相談とかを私にするようになっちゃったことがあったんですよ。

――恋人である本人に？　いちばん隠さなきゃいけない本人に？

角田　そうなんです。付き合いが長過ぎちゃって、浮気相談を受けるようになって。もう二人の間で関係性がわからなくなっているんですよね。そういう記憶もあって、これはなんて現代的なんだろうって。それを紫の上も小さいときから一緒にいるから、わかんなくなっちゃってるわけじゃないですか。「私はあの人がいいと思うわ」みたいなことを言ったりとかして。そういう妙に現代的なところも面白いですよね。

翻訳の深み

――翻訳に取り組んでいるうちに、面白くなりましたか。

角田　面白くなりましたね。わかったつもりになっていても、こうやってじっくり取り組むと、これまでとは違う読み方ができて面白いなと思います。それでも「いつ終わるのか……」という不安はありますが。そういえば、『源氏』訳をやることになった、ということでは多くの同業者の方が気の毒がってくれたり、心配してくれました。

――分量が多くて大変だということ？

角田　そうですね。分量が少なくても原稿用紙六千枚、っていちばん多いからということなんでしょうけど……。川上未映子さんが樋口一葉の「たけくらべ」（「日本文学全集」13『樋口一葉　たけくらべ／夏目漱石／森鷗外』）を訳し終わった後、ある選考会で会って話したことがあったんです。そのとき「一葉をやり終わってどうだった？」と訊いたら、「訳すということが読むということのすごい深いバージョンだってわかった」と言っていて、そうなんだ！と思っていたんですけど、今ならちょっとわかるような気がします。こういうふうに取り組まなければそもそも『源氏物語』に興味ももてなかったし、構成の妙にも気づかなかったし、感情のありようとかもこんなに共感したりということはなかったと思うんですよね。

面白いな、と思っているのは日本語の言葉の訳し方です。有名なのは「あはれ」とか「をかし」をどう訳すか、ですが。たとえば「なまめかし」という言葉。今の言葉にするとどうしても色っぽいとか艶かしいとか、色気のニュアンスが出てきちゃうじゃないですか。でも色っぽいという意味がついたのはもっと後の時代で、それまでの「なまめかし」は何とも言えない深い美しさ、ぱっと見たら誰もわからない、だけれども、よく見たら実は綺麗だったと気づくような美しさなんですって。

そのとき先生が言った喩《たと》えは「五月の竹藪《たけやぶ》に雨が降って、一瞬雨が途切れて、空は曇っているし、竹は濡れているし、万人が綺麗だという景色ではないけど、じっと見ていると何か美しいと思っちゃうことを『なまめかし』と言うんですよ」と言うんですよね。「わかるわかる！その感じ！」と思って。でもそれにあたる言葉はないんですよね。今の日本語ではないんだけど、感覚では私たちは共有できるんですよね、千年前と。この感じの美しさというのはそれだけでわかるのに、今の言葉がないというのは面白い現象。

「いまめかし」というのも、すごく多く

の本で「当世風」と訳しているんですけど、藤原先生は「ぜんぶがぜんぶ、当世風としないほうがいいように思います。華やか、というほうが近いときもありますす」と言うんです。それを国文専門の同級生に「『いまめかし』はむずかしい」と話したら、「『いまめかし』は今で言うきゃりーぱみゅぱみゅみたいなことよ」と言うんです。わあ！って思っちゃうこと。つまり、何かまだわからないけど、新鮮で、これからくるものなんだわ！という感じ。面白いですよね。これも言葉ではなくて感覚のほうがよりわかる。「いまめかし」もたぶんすっと据《す》わりのいい今の言葉がないんだと思うんですよね。

――たしかに、きゃりーは「当世風」というよりも、これからくるものという感覚が最初に見たときにありましたよね。

角田　可愛いとかかっこいいとかまだわからなくて、定義もできなくて、「いやぁ！」みたいな「何かあるんだろうな！」という感じ。その感覚は共有できるんですけどね。本当に今の言葉で書けるならば、「ヤバい！　きたっ！」みたいな感じなんでしょうね。ひとつの言葉をどう訳すのかということを、研究として考えると、その答えこそがその専門家の哲学なり人生なりになっていくのではないか、そのくらい言葉というのは重いのではないかと、藤原さんのお話を聞きつつ思いましたね。私は研究とは違うので、やはり伝わりやすく、ということを重視するだけですが。

未来の新作小説に向けて

――今はどういう進捗状況なんですか？

角田　中巻が二〇一八年五月。下巻が二〇一八年一二月を予定しています。今は玉鬘《たまかずら》十帖の最後、「真木柱《まきばしら》」を訳し終えたところです。

――後半は他の人が書いたんじゃないかという説があるのも、角田さんが最終的にどう思うのか、気になりますよね。古川日出男さんが『源氏物語』をベースとした『女たち三百人の裏切りの書』を刊行したときにインタビューしたら、「宇治十帖こそ式部先輩が書きたかったことを掘り当てて書いた気がする」とおっしゃっていて、そうなんだ！と思ったんです。女の人たちがあの時代に搾取されて抑圧されていた辛さを、宇治十帖になってようやく書けたんじゃないかって。

角田　面白いですね。私も自分でどう考えるか、楽しみです。

――今好きな人物や気になる人物は、この中では誰になりますか。

角田　よく聞かれるんですが、ないんです。そもそも私、自分の小説を書くときも、登場人物の誰かに肩入れすることがないんですよね。だから今回の姫君たちにも全然思い入れがない。距離があるんですよね。

でも、最後の「少女《おとめ》」の巻の夕霧と雲居《くもい》の雁《かり》のくだりは、可哀想すぎて泣きました。それまで全然感情移入しないで淡々と訳していたんですけど、あそこにきてなぜか幼い二人が可哀想で可哀想で。そんなこと、私は今まで小説を書いていて絶対なかったんですけど、パソコンを打ちながら、気がついたらぽろぽろ泣いていて。可哀想すぎて。もう少し位が上なら良かったのに、馬鹿にされて引き離されてみたいなところが、もう本当に、とても可哀想で。今思えば、なんでそんなことで泣いたんだろうとも思うんですけど（笑）。でもそれくらいそのときは心に刺さった。たぶん初めて人間味を覚えたのかな、この訳のなかで。

――まさに『源氏』の世界に入り込んでいらっしゃるんですね。その一方で、ご自身のオリジナルの小説を書きたいという衝動に駆られることはありますか。

角田　あります、あります。

――これをヒントにこういうものを書いてみたいみたいなものがあったりとか？

角田　いやいや、まだ。まだまだです。

――これだけの量を訳すと、いざ小説を書こうとすると文章とかのリズム感などがまた変わっているかもしれないですね。

角田　百枚くらいの短編とか物足りない気がして。こんなに短くていいのかなって思っちゃうかもしれません（笑）。

――角田版メガノベルの誕生ですね（笑）。中、下巻も楽しみに待っています。頑張ってください。そして訳し終わって、新作小説も待っています。

角田　『源氏』を訳し終わると、小説が変わるから、って皆が言ってくれるんです。自分でもそれを楽しみにしながら、すがりつく気持ちでやり遂げようと思ってます。

（二〇一七・七・一〇）

（たきい・あさよ　ライター）

池澤夏樹（いけざわ・なつき）

一九四五年、北海道生まれ。一九八八年「スティル・ライフ」で芥川賞、一九九二年『母なる自然のおっぱい』で読売文学賞（随筆・紀行賞）、一九九三年『マシアス・ギリの失脚』で谷崎潤一郎賞、二〇〇〇年『花を運ぶ妹』で毎日出版文化賞、二〇一〇年「池澤夏樹＝個人編集 世界文学全集」の編纂で同じく毎日出版文化賞（企画部門）を受賞。その他の作品に『カデナ』『双頭の船』『アトミック・ボックス』『キトラ・ボックス』、エッセイ・評論に『世界文学を読みほどくスタンダールからピンチョンまで』『池澤夏樹の世界文学リミックス』『うつくしい列島 地理学的名所紀行』『詩のなぐさめ』などがある。二〇一四年から刊行中の「池澤夏樹＝個人編集 日本文学全集」（全三〇巻）は二〇一七年九月現在、累計四五万部を突破。

日本語のために

月報：鷲田清一・柴田元幸

30　帯作品：大原大次郎／ホンマタカシ　2016年8月刊

祝詞、アイヌ語、琉歌、憲法など1300年に亘る「日本語」の多様性を明示した画期的アンソロジー

1300年に亘って我々が文学を構築してきたところのこの日本語とは、そもそもいかなる言語であるか（←これは翻訳文体）。古典から現代まで文体の実例を広く集めて羅列し、さらに日本語論の秀作によってこのランゲージの特性を明らかにする。——池澤夏樹

〈収録作品〉p31参照。

●日本全土の地理的な広がりを背景に生まれた、日本語・漢語・アイヌ語・琉球語といった多種多様な「日本語」のサンプルと論を、古代から現代まで、時代を超えて収録。古代に生まれた祝詞《のりと》から、仏教やキリスト教の言葉、琉歌、いろはうた、辞書の言葉、また「ハムレット」や「マタイによる福音書」の翻訳比較、日本国憲法などを手がかりに、「日本語」そのものの成り立ちと性質を明らかにする。祝詞「六月晦《みなづきのつごもりの》大祓《おほはらへ》」（池澤夏樹・訳）、「ハムレット第三幕第一場」（岡田利規・訳）、「終戦の詔書」（高橋源一郎・訳）は新訳で収録。かつてない視点による画期的アンソロジー。

〈関連書籍〉

『池澤夏樹の世界文学リミックス』

池澤夏樹 著（河出文庫）

「世界文学全集」を個人編集した著者が、全集と並行して書き継いだ人気コラムを完全収録。ケルアックから石牟礼道子まで、全集に収録できなかった作品も含め、新しい名作135冊を独自の視点で紹介する最良の世界文学案内。

『作家と楽しむ古典　古事記 日本霊異記・発心集　竹取物語 宇治拾遺物語 百人一首』

池澤夏樹／伊藤比呂美／森見登美彦／町田康／小池昌代 著

話題の古典新訳を手掛けた作家たちは作品について、どう捉え、どう訳したのか。「古事記」から「百人一首」まで、第一線の作家たちが作品の魅力や訳の工夫などを語った、大好評の古典講義。

＊いずれも河出書房新社刊

近現代詩歌

29

2016年9月刊

帯装画：松井一平

詩：池澤夏樹 選／短歌：穂村弘 選／俳句：小澤實 選

月報：北村薫、アーサー・ビナード

明治以降新たな扉を開いた近現代詩・短歌・俳句。響き合う文字と音を味わうセレクション

詩はいつでもどこでも文学の中心。詩や短歌や俳句はむずかしいという先入観を一掃するセレクションを実現しよう。——池澤夏樹

〈新釈にあたって〉 時代は詩形を創造する。明治以降、我々は和歌以来の韻律から離れて行分けの長い詩を書くようになった。その大量の遺産の中から、声に出して読めて、日々の生活を飾れるものを精選する。（池澤夏樹）／近代以降の短歌は、それ以前の和歌とは違っている。滅びかけていた歌が甦ったとも云えるけど、同時に、滅茶苦茶なジャンルになったんじゃないか。その面白さを読者とともに味わいたい。（穂村弘）／近代現代俳句の世界も多様性に富み、深い。いかにして50名の俳人の作品で示すか。50名は多いようで、きわめて少ない。悩みつつ楽しみ、楽しみつつ悩んでいる。（小澤實）

〈収録作品〉

【詩】 島崎藤村「初恋/小諸なる古城のほとり」／伊良子清白「漂泊」／高村光太郎「樹下の二人」／北原白秋「邪宗門秘曲/空に真赤な/紺屋のおろく」／萩原朔太郎「殺人事件/天景/猫」／室生犀星「昨日いらつしつて下さい」／日夏耿之介「薄志弱行ノ歌」／堀口大學「砂の枕/海の風景/魂よ/昔/初夜」／佐藤春夫「秋刀魚の歌/海の若者/故事二篇/カリグラム/俗謡「雪をんな」」／西脇順三郎「雨/旅人」／金子光晴「ニッパ椰子の唄/洗面器」／北村初雄「日輪」／井伏鱒二「勧酒/逸題」／安西冬衛「春/測量艦 不知奈」／吉田一穂「母/トラピスト修道院 わがふるさとはNotre Dame de Phareのほとり/家系樹」／三好達治「春の岬/乳母車/甃のうへ」／中野重治「わかれ/新聞にのつた写真/雨の降る品川駅」／山之口貘「来意/会話」／伊藤整「春日/ふるさと」／中原中也「帰郷/汚れつちまつた悲しみに……/修羅街輓歌 Ⅲ」／天野忠「声/問い」／中村真一郎「頌歌 Ⅷ」／福永武彦「詩法」／吉岡実「僧侶」／石垣りん「くらし」／鶴見俊輔「この時」／北村太郎「ヨコハマ 一九六〇年夏」／原條あき子「娼婦 2」／田村隆一「幻を見る人 四篇/天使/帰途」／谷川雁「商人」／茨木のり子「わたしが一番きれいだったとき」／中村稔「海女」／多田智満子「星の戯れ/冬の殺人」／大岡信「地名論/あかつき葉っぱが生きている」／岩田宏「吾子に免許皆伝」／辻征夫「婚約/桃の節句に次女に訓示」／池澤夏樹「午後の歌 ——娘に」／荒川洋治「杉津/空」／谷川俊太郎「タラマイカ偽書残闕」／高橋睦郎「姉の島 宗像神話による家族史の試み」／入沢康夫「わが出雲・わが鎮魂」

【短歌】 正岡子規／佐佐木信綱／与謝野鉄幹／窪田空穂／与謝野晶子／山川登美子／斎藤茂吉／前田夕暮／北原白秋／若山牧水／石川啄木／三ヶ島葭子／吉井勇／釈迢空／岡本かの子／土屋文明／宮沢賢治／明石海人／吉野秀雄／前川佐美雄／坪野哲久／葛原妙子／石川信雄（信夫）／齋藤史／佐藤佐太郎／宮柊二／近藤芳美／山崎方代／浜田到／竹山広／塚本邦雄／中城ふみ子／大西民子／相良宏／山中智恵子／前登志夫／岡井隆／馬場あき子／寺山修司／平井弘／奥村晃作／小野茂樹／佐佐木幸綱／春日井建／岸上大作／高野公彦／村木道彦／福島泰樹／伊藤一彦／三枝昂之

【俳句】 井月／内藤鳴雪／村上鬼城／正岡子規／尾崎紅葉／河東碧梧桐／高濱虚子／増田龍雨／永井荷風／渡邊水巴／種田山頭火／前田普羅／富安風生／飯田蛇笏／原石鼎／久保田万太郎／杉田久女／芥川龍之介／山口青邨／水原秋櫻子／高野素十／川端茅舎／橋本多佳子／阿波野青畝／永田耕衣／中村汀女／西東三鬼／日野草城／中村草田男／山口誓子／富澤赤黄男／橋閒石／星野立子／大野林火／加藤楸邨／松本たかし／京極杞陽／下村槐太／石田波郷／渡辺白泉／桂信子／野見山朱鳥／鈴木六林男／飯田龍太／三橋敏雄／高柳重信／波多野爽波／寺山修司／攝津幸彦／田中裕明

●萩原朔太郎、安西冬衛、谷川俊太郎等、詩人41人の作品を収録する「詩」（池澤夏樹・選）、北原白秋、塚本邦雄、馬場あき子等、歌人50人の作品を収録し鑑賞を加える「短歌」（穂村弘・選）、井月、高濱虚子、攝津幸彦等、俳人50人の作品を収録し口語訳と鑑賞を加える「俳句」（小澤實・選）。新たに西洋から導入された近代詩、和歌から一新した短歌、連句から独立した俳句……明治以降、変革を経ながら多様に展開してきた詩歌の世界を一望する。

近現代作家集 II

27　2017年5月刊　装画：シンヤマザキ

月報：加藤典洋・斎藤美奈子

戦争、敗戦、占領。混乱期の中で開花した
新しい作家たちの才能。社会と対峙する20篇

これはもう現代に属する。終戦の年に生まれたぼくから一つだけ前の世代。戦後文学というものを構築した安岡章太郎、安部公房など二十数名の作家群。この人たちの書いたものを読んでぼくらは共感しまた反発しながら自分の時代の文学を作り上げた。懐かしいだけでなく、新たな驚きが多々ある。——池澤夏樹

〈収録作品〉

武田泰淳「汝《なんじ》の母を！」
長谷川四郎「駐屯軍演芸大会」
里見弴「いろおとこ」
安岡章太郎「質屋の女房」
色川武大「空襲のあと」
坂口安吾「青鬼の褌《ふんどし》を洗う女」
結城昌治「終着駅(抄)」
中野重治「五勺《しゃく》の酒」
太宰治「ヴィヨンの妻」
井上ひさし「父と暮せば」
井伏鱒二「白毛《しらが》」
吉行淳之介「鳥獣虫魚」
小林秀雄「偶像崇拝」
久保田万太郎「三の酉」
安部公房「誘惑者」
室生犀星「鮠《はや》の子」
川端康成「片腕」
三島由紀夫「孔雀」
上野英信「地の底の笑い話(抄)」
大庭みな子「青い狐」

近現代作家集 III

28　2017年7月刊　装画：池田学

月報：池澤春菜・山本貴光

昭和から平成、「3・11」、そして宇宙へ。
日本文学の未来を切り拓く名品18篇

そしていよいよたった今の時代、未来に繋がる時代になる。編者が同時代人として発表ごとに読んできた作家と作品。筒井康隆、津島佑子、村上春樹など。作為なく選んでいったのに、気付いてみたら女性の作家がずいぶん多い。ぼくの好みという以上にそれが傾向として定着したということなのだろう。——池澤夏樹

〈収録作品〉

内田百閒「日没閉門」
野呂邦暢「鳥たちの河口」
幸田文「崩れ(抄)」
富岡多恵子「動物の葬禮」
村上春樹「午後の最後の芝生」
鶴見俊輔「イシが伝えてくれたこと」
池澤夏樹「連夜」
津島佑子「鳥の涙」
筒井康隆「魚籃観音記」
河野多恵子「半所有者」
堀江敏幸「スタンス・ドット」
向井豊昭「ゴドーを尋ねながら」
金井美恵子「『月』について、」
稲葉真弓「桟橋」
多和田葉子「雪の練習生(抄)」
川上弘美「神様/神様2011」
川上未映子「三月の毛糸」
円城塔「The History of the Decline and Fall of the Galactic Empire」

須賀敦子

年譜：松山巖　月報：長野まゆみ・福岡伸一

25　2016年5月刊　帯装画：村橋貴博（guse ars）

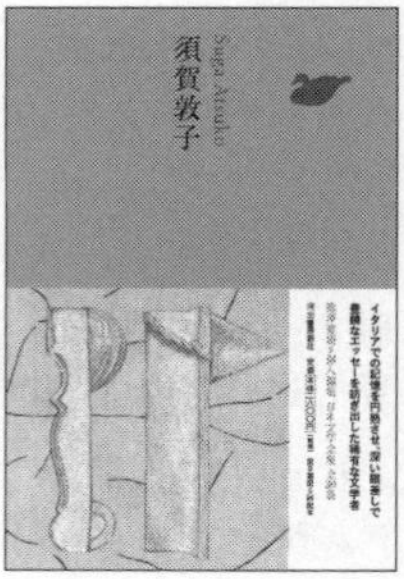

イタリアでの記憶を円熟させ、深い眼差しで
豊饒なエッセーを紡ぎ出した稀有な文学者

明治以来、作家が海外での体験をもとに作品を書いた例は少なくないが、この人ほど徹底した例は他にない。イタリアにいた時期の須賀敦子はそのままイタリア人だった。あの国の言葉と日本語を自在に駆使して暮らし、帰国した後はその日々を静かな文章で書いた。——池澤夏樹

〈収録作〉p26参照。

六〇年代ミラノ・コルシア書店に集う、理想の共同体を夢見る人々の情景を温かい眼差しで描いた『コルシア書店の仲間たち』と、珠玉の各作品集から、「遠い霧の匂い」「ガッティの背中」「マリ・ルイーズ Marie Louise」「カティアが歩いた道」「オリエント・エクスプレス」「雨のなかを走る男たち」「スパッカ・ナポリ」など。また須賀が魅せられたマルグリット・ユルスナール、ナタリア・ギンズブルグ、ウンベルト・サバの三人をめぐるエッセーと訳詩を厳選。豊かな教養に裏打ちされ、温かくも静謐な筆致で描いた傑作集。●須賀敦子　1929～98。兵庫生まれ。エッセイスト・イタリア文学者。『ミラノ　霧の風景』、翻訳にタブッキ『インド夜想曲』他。

近現代作家集　I

月報：荒川洋治・中島京子

26　2017年3月刊　帯装画：草間彌生

江戸趣味からモダニズムまで、超絶技巧の作家たち。
昭和初期までを描いた多様な傑作12篇

開国を機に西洋の文学を学び始め、その一方で日本の古典にも多くを負って近代の小説というものを作った文学者たち。更にそれを継承して大正と昭和の文学の中核を成した十数名の作家の佳品を、それぞれの作品が扱う時代順に並べる。一篇ずつを文学として楽しむ一方、連ねて世相の変化を追う読みかたもできる。——池澤夏樹

〈収録作〉

久生十蘭「無月《むげつ》物語」
神西清「雪の宿り」
芥川龍之介「お富の貞操」
泉鏡花「陽炎座《かげろうざ》」
永井荷風「松葉巴《まつばどもえ》」
宮本百合子「風に乗って来るコロポックル」
金子光晴「どくろ杯（抄）」
佐藤春夫「女誡扇綺譚《じょかいせんきたん》」
横光利一「機械」
髙村薫「晴子情歌（抄）」
堀田善衞「若き日の詩人たちの肖像（抄）」
岡本かの子「鮨《すし》」

中上健次

参考資料・年譜：市川真人　月報：東浩紀・星野智幸

23　2015年1月刊　写真：蜷川実花

二十世紀後半に出現した新たなる神話の創造者。血と愛憎の紀州サーガは無類の世界文学に昇華する

わずか一世代前、人はこんなにも奔放に生きていた。恋情も憎悪も今よりずっと強烈に作用した。今の貧血の時代に中上健次は危ないかもしれないが、だからこそ彼が読まれるべきなのだ。彼の世界への入口として、奔放な女であり強い母であるフサの物語を供する。――池澤夏樹

〈収録作〉
鳳仙花《ほうせんか》／半蔵の鳥／ラプラタ綺譚／不死／勝浦／鬼の話／古座／紀伊大島
●望まれぬ子として生を享けた美しき少女フサは、十五の春に運命の地へと旅立つ――三部作『岬』『枯木灘』『地の果て 至上の時』の前史となる、過酷な運命を力強く奔放に生きた母の物語「鳳仙花」。若死にの宿業を背負う中本一統の荒くれ者達を、路地唯一の産婆オリュウノオバが幻惑的に語る『千年の愉楽』より「半蔵の鳥」「ラプラタ綺譚」。他、虚実のあわいを描いた怪奇譚『熊野集』と神話の源である故郷を活写したルポ『紀州』より五篇を収録。作中登場人物系図他、充実の参考資料付。●中上健次　1946～92。和歌山生まれ。戦後生まれ初の芥川賞作家。『岬』『枯木灘』『千年の愉楽』『地の果て 至上の時』『奇蹟』他。

石牟礼道子

年譜：阿南満昭　月報：多和田葉子・小野正嗣

24　2015年10月刊　装画：クサナギシンペイ

水俣の豊かな原風景を背景に紡がれる魂の言葉。現世と異世界のあわいを見つめ続ける無二の文学

この人が戦後日本文学でいちばん大事な作家、とぼくは信じる。代表作は「苦海浄土」だが、これは前に出した「世界文学全集」に入れてしまった。あの代表作の背後から照らしていたのは、かつての水俣の幸福を書いた「椿の海の記」だった。「不知火」は過去の罪過を未来の浄化に繋げる。――池澤夏樹

〈収録作〉椿の海の記／水はみどろの宮／西南役伝説（抄）／埴生の宿／烏瓜／川祭り／娼婦／風／水影／墓の中でうたう歌／糸繰りうた／便り／瓔珞／タデ子の記／新作能『不知火』
●ふるさと水俣のかつての豊かな自然風景を背景に、幼少時の甘い記憶が叙情的に綴られる長篇「椿の海の記」。阿蘇山に近い村で、渡し守をする千松爺と暮らす少女・お葉が動物や山の精霊、風のささやきや草の声と戯れる「水はみどろの宮」。幕末から西南の役の頃の歴史の変革期における南九州の庶民の生の声が響く「西南役伝説」（抄）。代用教員時代に孤児をひきとった際の自伝的作品「タデ子の記」他、詩十篇、新作能「不知火」を収録。「池澤夏樹＝個人編集 世界文学全集」に唯一長篇を収録された日本人作家の珠玉の作品群。●石牟礼道子　1927～熊本生まれ。水俣病患者の魂の声を描いた『苦海浄土』でしられる。『あやとりの記』、詩集『はにかみの国』他。

日野啓三
開高健

21
2015年8月刊
帯写真：Dayanita Singh

年譜：千野帽子　月報：奥泉光・角幡唯介

世界の向う側と人間の闇を探った二人の作家。ベトナム戦争から始まる対照的な作品世界

太平洋戦争が大岡昇平を作ったように、ベトナム戦争がこの二人の作家を育てた。二人の姿勢は大きく異なる。日野啓三はいつも目の前の事象の彼方を見ていた。だから現代の先を夢見ることができた。開高健は目の前の事象と自分の魂の間の戦いを細密にしつこく書いた。彼には出口はなかった。——池澤夏樹

〈収録作品〉

日野啓三　向う側／広場／ふしぎな球／牧師館／空白のある白い町／放散虫は深夜のレールの上を漂う／ホワイトアウト／世界という音——ブライアン・イーノ／イメージたちのワルプルギスの夜／みずから動くもの（自然＝機械＝人間）／球形の悲しみ／“ベトコン”とは何か

開高健　輝ける闇／痛覚からの出発／地図のない旅人　田村隆一

「向う側へ行く」——そう言い残して姿を消した特派員をめぐる短篇「向う側」、異界に通じる力を持った息子との交感を描く都市小説「ふしぎな球」、科学や思想、映画や音楽を参照しながら宇宙規模の思索を繰り広げる長篇エッセー『Living Zero』より「空白のある白い町」ほか、日野啓三の多面的世界と、前線に従軍し、緻密な観察・分析と濃密な文体で人間の「闇」を描き切った開高健の最高傑作「輝ける闇」など、ベトナム戦争を起点として、世界の「向う側」と人間の「闇」を探りつづけた二人の作家の傑作を精選収録。●**日野啓三**　1929～2002　東京生まれ。ベトナム戦争の体験を元に作品を発表。『砂丘が動くように』『光』他。／開高健　1930～89。大阪生まれ。『夏の闇』他。ルポルタージュ文学、釣りや美食エッセーでも知られる。

大江健三郎

22
2015年6月刊
帯表画：できやよい

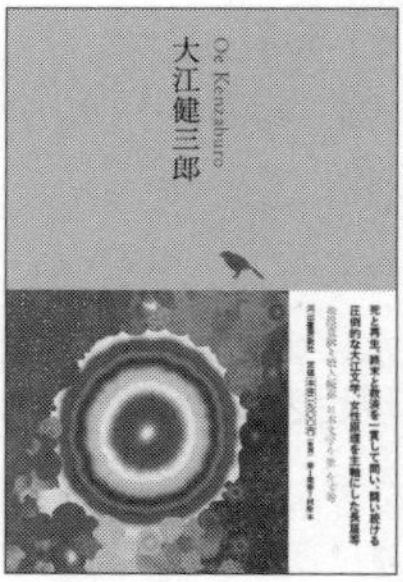

年譜：尾崎真理子　月報：中村文則・野崎歓

死と再生、終末と救済を一貫して問い、闘い続ける圧倒的な大江文学。女性原理を主軸にした長篇等

戦争が終わって以来の日本人の精神の歩みにずっと沿って書いてきた作家。心やさしき伴走者。高空の視点と地面すれすれの目線を自在に用いたパイロット。選ぶのに迷うほどたくさんの作品の中から、女性原理を主軸にした中篇二つに短篇とエッセーで全体像を目指した。——池澤夏樹

●悲しみは人生の親戚——子どもの死に見舞われながら人生の事業に乗り出す女性を描いた長篇「人生の親戚」と汚染された地球が舞台の近未来ＳＦ「治療塔」。部屋に閉じ籠り〈鳥たち〉と暮らす青年を描く「鳥」、隣人となった「山の人」の自由への希求が市民たちを戦慄させる「狩猟で暮したわれらの先祖」。他に『ヒロシマ・ノート』より「人間の威厳について」、『私という小説家の作り方』より「ナラティヴ、つまりいかに語るかの問題」。女性原理を主軸にした長篇二篇に短篇とエッセーで全体像を提示する。著者による加筆修訂。●**大江健三郎**　1935～　愛媛生まれ。ノーベル文学賞受賞。『万延元年のフットボール』『同時代ゲーム』『晩年様式集』他。

石川淳
辻邦生
丸谷才一

19　2016年3月刊　装画：古賀春江

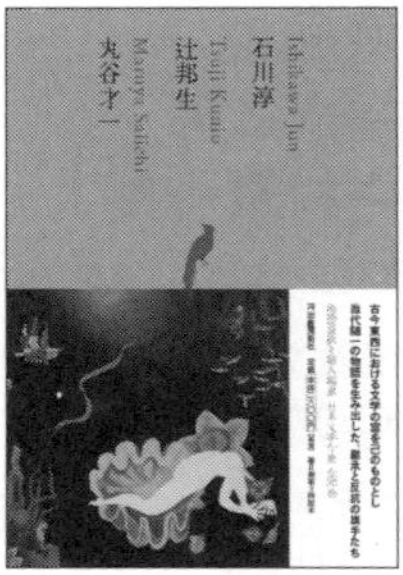

年譜：中条省平　月報：鹿島茂・町田康

古今東西における文学の富を己のものとし
当代随一の物語を生み出した、継承と反抗の旗手たち

石川淳は江戸文学から大量の富を自分の創作にこっそり持ち込んだ。辻邦生はパリで暮らすことでおのれの文学を構築した。丸谷才一はジョイスの『ユリシーズ』を丁寧に訳して、その文学観を自作に応用した。文学とは継承と反抗であるというモダニズムの実践者たち。――池澤夏樹

●闇市に現れた少年は神の子か狼か……石川淳「焼跡のイエス」、「国の守《かみ》は狩を好んだ」に始まる王朝時代を舞台とした説話風物語「紫苑《しおん》物語」、江戸人の精神に迫る「小林如泥《じょてい》」「鈴木牧之《ぼくし》」「江戸人の発想法について」。"大殿《シニョーレ》"織田信長の日本人離れした心と行動を異国人の眼を通すことで浮かび上がらせた歴史小説・辻邦生「安土往還記」。種田山頭火をめぐる文学史ミステリ・丸谷才一「横しぐれ」、小説的趣向に満ちた「樹影譚」。王朝文学や江戸文芸、西欧文学を礎に、稀代のモダニストたちが精緻に築き上げた傑作群を収録。●**石川淳**　1889～87。東京生まれ。『江戸文学掌記』『狂風記』、評論に『森鷗外』他。●**辻邦生**　1925～99。東京生まれ。『夏の砦』『背教者ユリアヌス』『西行花伝』他。●**丸谷才一**　1925～2012。山形生まれ。『輝く日の宮』、評論に『後鳥羽院』、翻訳に『ユリシーズ』他。

吉田健一

20　2015年5月刊　帯装画：林哲夫

年譜：島内裕子　月報：松浦寿輝・柴崎友香

本を愛し文学を愛する個人が到達した円熟の境地。
二大評論の他、小説、随筆、訳詩など全19篇を厳選

評論は既成の作品の評価に終わるものではなく、一つの時代の文学を読み通すことによって次の時代の文学を用意する営為である。吉田健一は十八世紀までのヨーロッパ文学に戻ることで二十一世紀への日本文学の道を開いた。彼のおかげでぼくたちは小林秀雄から逃れることができた。――池澤夏樹

〈収録作品〉p31参照。

●「ある本が読めるか、読めないかを決めるのに一番確かな方法は、その本が繰り返して読めるかどうか験《ため》して見ることである」――本を読み、文学に親しむ喜びを様々な視点から語りつくす長篇評論「文学の楽しみ」、ヨーロッパという文明は十八世紀に完成し、人間の自由を尊重するその精神が再生したのが十九世紀末だとする記念碑的著作「ヨオロッパの世紀末」の他、酒を愛する男が灘の技師と出会って体験する不思議な一夜を描く小説「酒宴」、若くして別れた母への思いを綴った「母について」、市井の旨《うま》い店と料理をめぐるエッセー「食い倒れの都、大阪」など傑作19篇を厳選。●**吉田健一**　1912～77。東京生まれ。『瓦礫の中』『金沢』、評論に『時間』、翻訳にヴァレリーの詩など。英文学や食をめぐるエッセーでもしられる。

堀辰雄
福永武彦
中村真一郎

17

2015年3月刊

帯装画：舛次崇

年譜：鈴木和子　月報：堀江敏幸・島本理生

西欧文学と日本古典文学の交点。豊かな言葉をもって、知的な試みを仕掛けたモダニストたち

フランス文学を学んだ者がその富を創作に応用する。しかし彼らはフランス文学を学んだのではなく文学の普遍を学んだのだ。だから日本の古典を自在に用い、現代の日本を舞台にした巧緻な中篇を作り、また江戸期と今の京都を行き来する国際的な雰囲気の名作を書くことができた。——池澤夏樹

●「蜻蛉《かげろう》日記」を元に、美しくしなやかな文体で女性の繊細な心の内面を描いた堀辰雄「かげろうの日記」と「ほととぎす」。放火殺人犯の男と敬虔なカトリックの女性が交互に独白する福永武彦「深淵」、正気と狂気の境に立つ女性の意識の流れが綴られる「世界の終り」、古い運河の町で起こった悲劇的な出来事を描く「廃市」。江戸時代の元政《げんせい》上人の生涯と作品を辿りながら、若い国際女優とその父を巡る旅をすることになった「私」……。時代や性、国を超えて、精神の型を共にする人々を描いた中村真一郎「雲のゆき来」。フランス文学の富が日本文学の普遍へと結実する珠玉の作品群。**●堀辰雄**　1904～53。東京生まれ。『風立ちぬ』『かげろうの日記』他。**●福永武彦**　1918～79。福岡生まれ。『草の花』『死の島』他。**●中村真一郎**　1918～97。東京生まれ。堀・福永らも関わった、マチネ・ポエティクの創設者。『雲のゆき来』他。

大岡昇平

18

2016年7月刊

帯装画：今日マチ子

年譜：花﨑育代　月報：青山七恵・大林宣彦

西欧文学と戦争体験を基盤に、理性の力で人間の真実を描いた戦後文学最高峰の多面的魅力

この人こそ文学の巨人である。スタンダールに近代ヨーロッパ文学の骨法を学び、従軍と捕虜という体験で実人生の体験の富を得て、それを思うままに作品に生かした。論理をまっすぐ通した端正な文体は日本語の散文の範として熟読されるべきだ。——池澤夏樹

〈収録作〉

武蔵野夫人／『武蔵野夫人』ノート／捉まるまで／サンホセ野戦病院／労働／一寸法師後日譚／黒髪／母と妹と犯し—文学の発生についての試論—／「椿姫」ばなし／二極対立の時代を生き続けたいたわしさ

●対照的な二組の夫婦と復員兵の愛をめぐる心理小説の傑作『武蔵野夫人』とその創作過程に関する「『武蔵野夫人』ノート」、南方での戦争体験を元にした思索的小説『俘虜記《ふりょき》』から「捉《つか》まるまで」等三篇、ユーモア溢れるおとぎ話の続篇「一寸法師後日譚《ごじつたん》」、花柳小説の佳品「黒髪」、神話と文学の起源をさぐる評論「母と妹と犯し」、昭和天皇重篤に際して心情を綴った「二極対立の時代を生き続けたいたわしさ」など、戦争と人間の真実を、理性と知性に基づいて希求した戦後文学最高峰の多面的な魅力を示す。**●大岡昇平**　1909～88。東京生まれ。『野火』『レイテ戦記』、翻訳にスタンダール『パルムの僧院』他。

谷崎潤一郎

年譜：千葉俊二　月報：桐野夏生・皆川博子

15　2016年2月刊　帯装画：会田誠

二十世紀を代表する文学の巨人が挑んだ幻の一大冒険活劇と、粋を極めた古典世界

この作家はおのれの欲望を全開にして生きて書き続け、読者にも同じ姿勢を要求する。かぎりないおもしろさを求めた「乱菊物語」は未完ながら圧倒的な量感で迫るし、色好みという日本文学の伝統に母への思慕を添えた「吉野葛」と「蘆刈《あしかり》」はその完成度ゆえに豊かな読後感をもたらす。――池澤夏樹

●室町時代の瀬戸内海、宝物をめぐって海賊や遊女、幻術使いたちが縦横無尽に躍動する幻の長篇エンタテインメント活劇「乱菊物語」。「妹背山婦女庭訓《いもせやまおんなていきん》」「義経千本桜《よしつねせんぼんざくら》」「葛の葉」などの浄瑠璃や和歌と、母恋いを巧みに織り交ぜて綴る吉野探訪記「吉野葛」。女性への思慕を夢幻能の構図を用いて描く「蘆刈」。王朝文学に材を取った奇譚「小野《おのの》篁《たかむら》妹《いもうと》に恋《こい》する事《こと》」、異国情緒に彩られる「西湖の月」、エッセイ「厠《かわや》のいろいろ」を収録。巨人が紡いだ豊饒幻妖な物語たち。**●谷崎潤一郎**　1886～1965。東京生まれ。関東大震災後、関西へ移住し、古典回帰を強め、独自の美学を追究。『痴人の愛』『春琴抄』『陰翳礼讃』『細雪』他。翻訳に『源氏物語』。

宮沢賢治
中島敦

年譜：栗原敦・山下真史　月報：夢枕獏・古川日出男

16　2016年4月刊　帯写真：川島小鳥

東北、南洋、中国など、周縁から文学の核心に迫り、世界と人間の純粋な像を追求した二人の豊饒な世界

この二人は近代日本文学の双柱だが、共に創作の領域が広すぎて全容をまとめがたい。宮沢賢治は死を間近にした「疾中」詩編を中心に詩を選び、これに短篇の佳作を配した。中島敦では中国の古典に材を取ったものと南洋体験を生かしたものに、朝鮮の一光景を添える。――池澤夏樹

〈収録作品〉

宮沢賢治　春と修羅／疾中／星めぐりの歌／〔われらひとしく丘に立ち〕／スタンレー探険隊に対する二人のコンゴー土人の演説／農学校歌／〔生徒諸君に寄せる〕／水仙月の四日／ひかりの素足／北守将軍と三人兄弟の医者／気のいい火山弾／狼森と笊森、盗森／雪渡り／土神ときつね／雁の童子／泉ある家／十六日／ポラーノの広場／〔石川善助追悼文〕

中島敦　環礁―ミクロネシヤ巡島記抄―／悟浄出世／悟浄歎異―沙門悟浄の手記―／弟子／李陵・司馬遷／章魚木の下で／巡査の居る風景―一九二三年の一つのスケッチ―

自然と人間の欲望の対立を苛烈に綴った詩「春と修羅」、病床で自らの死と対峙した連作詩「疾中」、「野はらのまんなかの祭のあるところ」をめぐる幻想的童話「ポラーノの広場」、吹雪で家路を見失った幼い兄弟を描く「ひかりの素足」など、宮沢賢治の詩や童話19篇。南洋の自然と風俗の濃密な匂いが立ちのぼる「環礁」、中国故事をもとに三人の男の異なる生き様を描いた「李陵・司馬遷」、孔子とその門下の子路の交流を描く「弟子」のほか、「悟浄出世」「悟浄歎異《たんに》」など、中島敦の7篇。夭折した二人の天才作家の精髄を集成。**●宮沢賢治**　1896～1933。岩手生まれ。『注文の多い料理店』『風の又三郎』、詩集『春と修羅』他。**●中島敦**　1909～42。東京生まれ。『山月記』『名人伝』など。

13 2015年2月刊 帯装画：浅野いにお

樋口一葉　たけくらべ　川上未映子 訳
夏目漱石
森鷗外

解題・年譜・参考資料：紅野謙介　月報：高橋源一郎・水村美苗

時は明治、舞台は東京。恋・友情に、
学問に悩む若者達の青春を描いた、日本近代文学の夜明け

明治になって社会の重心は若い人たちの方にシフトした。いきなり未来を預けられた青年たちの戸惑いを漱石は「三四郎」に書き、鷗外は「青年」に書いた。「たけくらべ」の色調は江戸期への郷愁だが、その一方でこれはモダニズムの都会小説でもある。――池澤夏樹

〈新訳にあたって〉一葉が今「たけくらべ」を書いたら絶対にこうなったにちがいないと信じきって＆あの匂いあの話し声あの時間に持てるすべてを浸しきって、全力全愛でとりくむ所存です。（川上未映子）

●吉原の廓《くるわ》の隣町を舞台に、快活な十四歳の美少女・美登利と、内向的な少年・信如の淡い想いが交錯する、一葉「たけくらべ」（新訳・川上未映子）。東大入学のために上京し、初めて出会う都会の自由な女性や友人に翻弄される青年を描いた、漱石「三四郎」。謎めいた未亡人と関係を重ねる作家志望の文学青年・小泉純一が、芸術と恋愛の理想と現実の狭間で葛藤する、鷗外「青年」。明治時代に新しい文学を切り開いた文豪三人による、青春小説の傑作三作を収録。

●樋口一葉　1872～96。東京生まれ。「大つごもり」「にごりえ」「十三夜」他。**●夏目漱石**　1867～1916。江戸生まれ。『吾輩は猫である』『それから』『こころ』他。**●森鷗外**　1862～1922。石見国（島根）生まれ。『舞姫』『渋江抽斎』、翻訳に『即興詩人』他。

---

14 2015年4月刊 帯装画：高木紗恵子

南方熊楠／柳田國男／折口信夫／宮本常一

解題：鶴見太郎　月報：恩田陸・坂口恭平

思索と行動と想像力で日本像を再構築した
民俗学の巨人達。傑作29篇を精選収録

民俗学は文学のすぐ隣にある。南方熊楠の鎮守の森を擁護する論は今のエコロジーにつながっている。柳田國男と宮本常一の論考を連ねると、正面から描かれた近代日本人の肖像が見えてくる。折口信夫はもうそのまま文学。読んでいると古代の日本人とすぐにもハグできるような気持ちになる。――池澤夏樹

〈収録作〉
南方熊楠　神社合祀に関する意見（白井光太郎宛書簡）
柳田國男　海上の道／根の国の話／清光館哀史／木綿以前の事／何を着ていたか／酒の飲みようの変遷／最上川の歌仙
折口信夫　死者の書／妣が国へ・常世へ　異郷意識の起伏／古代生活に見えた恋愛／わが子・我が母／沖縄を憶う／声澄む春／神　やぶれたまふ
宮本常一　土佐源氏／梶田富五郎翁／ふだん着の婚礼・共稼ぎ・海女たち・出稼ぎと旅・見習い奉公・女工たち・行商・人身売買・月小屋と娘宿・女の相続・家出・戦後の女性（生活の記録1～12）

●民衆の紐帯であり自然の宝庫でもある社《やしろ》の破壊に反対する、南方熊楠の画期的論考「神社合祀に関する意見」。伊良湖岬の浜辺で目にした椰子の実から日本人の来し方を想起する、柳田國男「海上の道」。後に中将姫と呼ばれる藤原南家の姫君と、非業の死を遂げた大津皇子の交感を軸に綴られる、折口信夫「死者の書」。近代女性の生き様を活写する「海女たち」「出稼ぎと旅」「女工たち」ほか、宮本常一「生活の記録」。神話、伝承、歴史、生活、自然など、日本のすべてを包摂する厖大な文業から、傑作29篇を精選。**●南方熊楠**　1867～1941。和歌山生まれ。博物学者、民俗学者。『南方閑話』他。**●柳田國男**　1875～1962。兵庫生まれ。民俗学者。『遠野物語』他。**●折口信夫**　1887～1953。大阪生まれ。国文学者、民俗学者。『古代研究』他。／宮本常一　1907～81。山口生まれ。民俗学者。『忘れられた日本人』他。

好色一代男　島田雅彦 訳
雨月物語　円城塔 訳
通言総籬　いとうせいこう 訳
春色梅児誉美　島本理生 訳

解題：佐藤至子　月報：田中優子・宮部みゆき

11　2015年11月刊　帯装画：中村佑介

文学の華が咲き乱れた江戸時代。
西鶴・秋成・京伝・春水の、粋で美しく艶やかな四作を収録

江戸期は市民の時代であり、先取りされた近代であった。日本の小説は既にこの時期に完成していたのかもしれない。——池澤夏樹

〈新訳にあたって〉美女や優男に添い寝してもらわなければ、ふざけた世の中を生き抜けない。少子化対策にも有効な「好色一代男」。（島田雅彦）／秋成は同じことを何度も言う。全編通じて主題を変奏しながら重ねるように話を進める。まるで小説というものの足場を確認しながら、暗闇を夢中に進んでいるようである。（円城塔）／江戸のマルチプレイヤー山東京伝の机塚が浅草寺境内にある。長い間、ことあるごとに私はその塚の前で手を合わせてきた。尊敬する先人の作品を訳すのは震えるほどの光栄だ。（いとうせいこう）／ダメすぎるのに憎めない色男と、女二人の深い情と嫉妬。艶やかな三角関係を書いた本作は、まさに江戸時代のエンタメ小説。恋愛の普遍性を伝える訳ができればと思います。（島本理生）

●生涯で戯れた女性・3742人、男性・725人——色好みの男・世之介の一代記を描いた、井原西鶴「好色一代男」。幻想的な怪異の奇譚を優美に綴り、後世の文学に大きな影響を与えた、上田秋成「雨月物語」。遊郭での最先端の流行を背景に「通」の生き様を描いた、山東京伝「通言総籬《つうげんそうまがき》」。優しい美男子と芸者たちとの三角関係をリズミカルに描いた、為永春水「春色梅児誉美《しゅんしょくうめごよみ》」。江戸、そして大坂。百花繚乱に咲き誇った、17世紀から19世紀の江戸期の文学を代表する四作品を、すべて新訳・全訳で。

松尾芭蕉　おくのほそ道　松浦寿輝 選・訳
与謝蕪村　辻原登 選
小林一茶　長谷川櫂 選
とくとく歌仙　丸谷才一・大岡信・高橋治

月報：藤野可織・堀本裕樹

12　2016年6月刊　帯装画：ウィスット・ポンニミット

名句を交えた夢幻的紀行「おくのほそ道」新訳の他、
俳諧の巨匠の傑作を精選しその魅力を深く読み解く

俳諧は自然と世間と人間を結ぶ。俳聖たちの句に連歌から発句を経て俳句に至る流れを辿り、現代の連歌として丸谷才一らの歌仙を収める。——池澤夏樹

〈新訳にあたって〉紀行、発句、連句の三分野にわたって、日本人の文学的感性を刷新し、かつ決定的に基礎づけてしまった言語的天才。その芭蕉に二一世紀の日本語で迫って、彼の詩文をどこまで「現代詩」として読み直しうるか。（松浦寿輝）／私が芭蕉より蕪村が好きなところは、わびもさびもなく、求道者精神もないところ。そして女を愛したところ。萩原朔太郎は蕪村を郷愁の詩人と呼んだ。上田秋成はかながきの詩人（詩人とは漢詩人のこと）と呼んだ。とびっきりの現代詩人、蕪村に乾杯！（辻原登）／一茶は江戸時代半ばに出現した大衆社会の大俳人である。正岡子規より百年早く日本の近代がはじまっていた。子ども向け、ひねくれ者と侮られてきた一茶の再評価で俳句史は一変する。近現代俳句史は一茶を起点として書き換えられるだろう。（長谷川櫂）

●東北・北陸の各地を旅し、数々の名句や研ぎ澄まされた散文による夢幻的紀行「おくのほそ道」（新訳・松浦寿輝）をはじめ、「閑《しづか》さや岩にしみ入蟬《いるせみ》の声」（芭蕉）、「夏河を越すうれしさよ手に草履《ざうり》」（蕪村）、「白魚《しらうを》のどつと生《うま》るゝおぼろ哉《かな》」（一茶）といった名句の数々と、連句「『鳶《とび》の羽も』の巻」、長詩「春風馬堤曲《しゅんぷうばていきょく》」など、江戸期俳諧三人の巨星の名句・連句を精選し、新たに評釈を付す。俳諧の文学的・詩的魅力を味わい尽くす最良の入門書。他に、鼎談形式で歌仙を愉しむ『とくとく歌仙』より「『加賀暖簾の巻』について」なども収録。

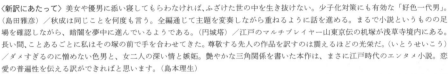

能・狂言　岡田利規 訳
説経節　伊藤比呂美 訳
曾根崎心中　いとうせいこう 訳
女殺油地獄　桜庭一樹 訳
菅原伝授手習鑑　三浦しをん 訳
義経千本桜　いしいしんじ 訳
仮名手本忠臣蔵　松井今朝子 訳

解題：宮本圭造（能・狂言）・阪口弘之（説経節）・内山美樹子（浄瑠璃）
月報：酒井順子・後藤正文

10　2016年10月刊

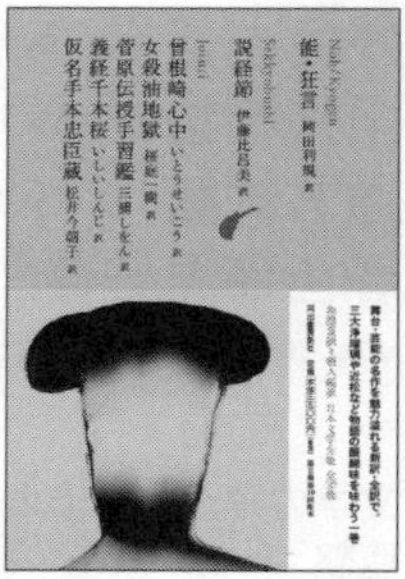

帯装画：五木田智央

舞台・芸能の名作を新訳・全訳で。
三大浄瑠璃や近松世話物など
物語の醍醐味を味わう最良の一巻

かつても今も、舞台からは人の声が響く。そこから演ずる者と見る者の交流が生じる。その喜びと興奮を現代の言葉で再現する。――池澤夏樹

〈新訳にあたって〉高密度に圧縮されている能の言葉を現代ヴァージョンで解凍する、勢いとヴァイヴレーションで押し切る狂言の言葉の質を現代のそれに置換する。上演のためのテキストとして。（岡田利規）／「かるかや」は男中心の話で、女たちは影が薄い。ところがそれで終わらないのが説経節。友情出演的な空海の母親が、女たちに仇を取るように、強く生々しく大活躍して、男の情けなさを吹き飛ばす。（伊藤比呂美）／近松の音楽性を今の言葉に映せたらとひたすら願っている。浄瑠璃節で語られ歌われるためにあった文の、近松的なフローと韻と変速リズムを。つまり、MC門左衛門の超テクを。（いとうせいこう）／父王の死と母の再婚によって国を奪われし狂気の王子―河内屋与兵衛はシェイクスピア「ハムレット」を彷彿とさせる古典的ダークヒーローです。血と油にぬらぬら光るこの主人公の姿を、私はキレ良く現代に蘇らせたい。（桜庭一樹）／理不尽な運命に翻弄されながらも必死に生き、葛藤する人々の姿は、いま読んでも輝きを宿している。笑いあり、ミステリー風味あり、トンデモ展開ありの、この傑作悲劇を、ぜひご堪能いただきたい。（三浦しをん）／義経千本桜のことばをたどっていくのは、日付や時刻から解き放たれた、生の時間旅行に似ている。僕は時間をまたぎ、義経千本桜、初演の客席にすわって、たばこの匂い、汗、ざわめき、ほんとうの生と死を浴びている。（いしいしんじ）／一種のテロ事件を恋バナ中心に脚色したからこそ当時の民意に支持された大河ドラマ、それが元祖「忠臣蔵」だ。現代語訳をしてみたら、後世の誤解されたイメージとのギャップを改めて痛感することになった。（松井今朝子）

●旅僧が海人《あま》の亡霊に会う夢幻能「松風」（世阿弥《ぜあみ》作）、お使いの途中に太郎冠者《たろうかじゃ》が脱線していく「木六《きろく》駄《だ》」など能・狂言六篇。出家した刈萱道心《かるかやどうしん》と妻子の旅路を描く「かるかや」。遊女お初と手代徳兵衛の悲恋を綴った「曾根崎心中《そねざきしんじゅう》」と、油店の女房殺しをモダンに描いた「女殺油地獄《おんなころしあぶらのじごく》」の近松二作。菅原道真と藤原時平の対立から、書道の奥義伝授や三つ子の忠義を叙情豊かに綴る「菅原伝授手習鑑《すがわらでんじゅてならいかがみ》」、義経弁慶の逃避行と平維盛《これもり》、知盛らの壮大な復讐劇「義経千本桜《よしつねせんぼんざくら》」、赤穂《あこう》四十七士の仇討ちを『太平記』の世界に移し替えた「仮名手本忠臣蔵《かなでほんちゅうしんぐら》」の浄瑠璃三大名作。すべて新訳・全訳を収録。

〈収録作〉「能・狂言」…松風・卒塔婆小町・邯鄲・金津・木六駄・月見座頭　「説経節」…かるかや

日本霊異記　伊藤比呂美 訳
今昔物語　福永武彦 訳
宇治拾遺物語　町田康 訳
発心集　伊藤比呂美 訳

解題：小峯和明　月報：髙樹のぶ子・朝吹真理子

08　帯装画：しりあがり寿　2015年9月刊

「こぶとり爺さん」の原話など、
人間の欲望と無常をユーモアたっぷりに描いた
説話105篇を収録

説話文学は仏教を説きながら、実は人間のふるまいの放縦を語る。
教義からの野放図な逸脱はむしろ哄笑を誘うだろう。——池澤夏樹

〈新訳にあたって〉「日本霊異記」も「発心集」も読み始めたとき、そのエロさに辟易、いや、興奮して夢中になりました。エロくておもしろくてタメになり、その上仏教文学なんです。そこを伝えたい。（伊藤比呂美）／翻訳しているといまはどうしたって見たり聞いたりすることのできない昔の人の声や顔が見えたり聞こえたりするようで楽しくてなりません。現代の日本語が過去に広がっていくような感覚もあります。この感じを届けたいと思います。（町田康）

●上代から中世の仏教の興隆を背景としながら、人間の無茶な生き様、性愛への欲望を多様な側面から説いた、説話集四作を収める。天女との共寝を夢想する男を描く「天女の像に恋した縁」（「日本霊異記」）、能「道成寺」の原話ともなった「女の執念が凝って蛇となる話」（「今昔物語」）、「こぶとり爺さん」「舌切り雀」として知られる「奇怪な鬼に瘤《こぶ》を除去される」「雀が恩義を感じる」（「宇治拾遺物語」）、隠遁を目指す高僧の生臭さを描いた「玄賓《げんぴん》、大納言の妻に懸想する事。そして不浄観の事」（「発心集」）など、選りすぐりの説話105篇。伊藤比呂美と町田康による新訳を収録。

平家物語
古川日出男 訳

解題：佐伯真一　月報：高畑勲・安田登

09　帯装画：松本大洋　2016年12月刊

混迷極まる政治。相次ぐ災害。そして戦争へ——
諸行無常のエンターテインメント巨篇、完全新訳

古代日本で最も武張った年代記。栄華から滅びにいたる道筋の哀感を、語り物につながる文体で伝える。——池澤夏樹

〈新訳にあたって〉『平家』は一人の作者の手で書かれたのではない。一人の琵琶法師の声で語られたのではない。多数の多声。そんなポリフォニックな中世のメガノベルをいかに訳すか？　さいわい僕は答えを持っている。さあ、現代の『平家』だ。（古川日出男）

●平安末期、貴族社会から武家社会へと向かうきっかけとなった、いわゆる源平合戦と呼ばれる動乱が勃発。武士として初の太政大臣となった平清盛《たいらのきよもり》を中心に、平氏一門は栄華を極めるが、悪行を重ね、後白河法皇の謀計を背景に、頼朝《よりとも》や義仲《よしなか》、義経《よしつね》ら源氏によって都を追われる。十七歳の若武者・敦盛《あつもり》の最期、弓の名手・那須与一《なすのよいち》の活躍、屋島・壇の浦の合戦、そして幼帝・安徳天皇を伴った一門の入水……無常観を基調に描かれた軍記物として、琵琶法師により語り継がれ、後世日本の文学や演劇などに多大な影響を与えた大古典。圧倒的語り口による、類を見ない完全訳。

源氏物語（上・中・下）

角田光代 訳

（上）解題：藤原克己　月報：瀬戸内寂聴・大和和紀

04・05・06

帯写真：荒木経惟　2017年9月刊

恋に生き、切なさに、嫉妬に、美しさに涙する——
日本文学最大の傑作が、明瞭な完全新訳で甦る

世に優れて魅力ある男の物語がたくさんの登場人物を連ねて際限なく広がる。その一方で人の心の奥へも深く沈んでゆく。いうまでもなく日本文学最大の傑作。——池澤夏樹

〈新訳にあたって〉とりかかる前は、この壮大な物語に、私ごときが触れてもいいのだろうかと思っていた。実際にとりくみはじめて、私ごときが何をしてもまるで動じないだろう強靭な物語だと知った。（角田光代）

●約千年前に紫式部によって書かれた『源氏物語』は、五十四帖から成る世界最古の長篇小説。輝く皇子として生まれた光源氏が、女たちとさまざまな恋愛を繰り広げる物語であると同時に、生と死、無常観など、人生や社会の深淵が描かれる。四百人以上の登場人物が織りなす物語の面白さ、卓越した構成力、きめ細やかな心情を豊かに綴った筆致と、千年読み継がれる傑作である。上巻には一帖「桐壺」から二十一帖「少女《おとめ》」まで、光源氏の誕生から若き日々を描く。

中巻　2018年5月 下巻　2018年12月 刊行予定

枕草子　酒井順子 訳
方丈記　高橋源一郎 訳
徒然草　内田樹 訳

改題：藤本宗利（枕草子）・浅見和彦（方丈記・徒然草）

月報：上野千鶴子・武田砂鉄

07

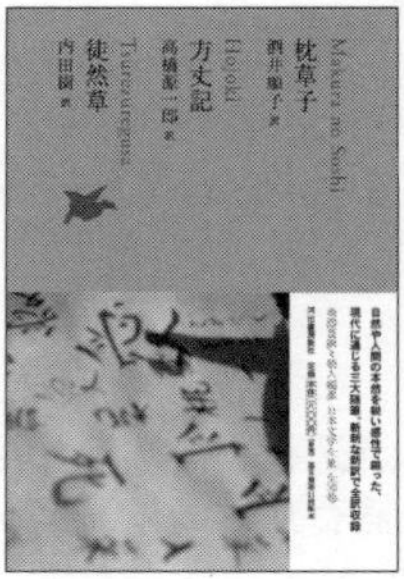

帯写真：花代　2016年11月刊

自然や人間の本然を鋭い感性で綴った、
現代に通じる三大随筆。斬新な新訳で全訳収録

随筆とは筆に随うの意である。それで筆がどれほど自在に遠くまで人を連れ出すことか。現代の日本人の感受性はこれらの随筆に由来すると言ってもいい。——池澤夏樹

〈新訳にあたって〉枕草子と向き合う時間は、親しい友と語り合うかのように流れてゆきました。千年前にも「気が合う人」はいるという喜びを、読者の皆様にお届けできればと思います。（酒井順子）／「方丈記」は、この国の歴史上、もっとも短くてなおかつ有名な散文だ。乱世と天変地異が続いた激動の時代に生きて、作者は極限まで「書かない」ことを選んだ。その謎に迫りたい。（高橋源一郎）／「現代語への翻訳」というときの「現代語」とはどういう言葉を指すのか、考えるとよくわかりません。とりあえず、「自分がふだん使っている言葉」なら現代語だろうと思って訳しています。（内田樹）

●「春はあけぼの……」一条天皇の中宮定子《ていし》に仕えた宮中での生活を英知とユーモアの筆致で綴った平安の清少納言「枕草子」。「ゆく河の流れは絶えずして……」波瀾に満ちた人生を送り、鎌倉前期の大火や地震などの自然災害や人災に見舞われた体験を綴った最初の災害文学・鴨長明「方丈記」。「つれづれなるままに、日くらし硯にむかひて……」鎌倉末期の無常観に基づいた随想や人生訓を鋭い洞察で記した兼好「徒然草」。現代の名手による新訳・全訳で収録。

竹取物語　森見登美彦 訳
伊勢物語　川上弘美 訳
堤中納言物語　中島京子 訳
土左日記　堀江敏幸 訳
更級日記　江國香織 訳

解題：島内景二　月報：小川洋子・津島佑子

03　2016年1月刊　帯装画：清川あさみ

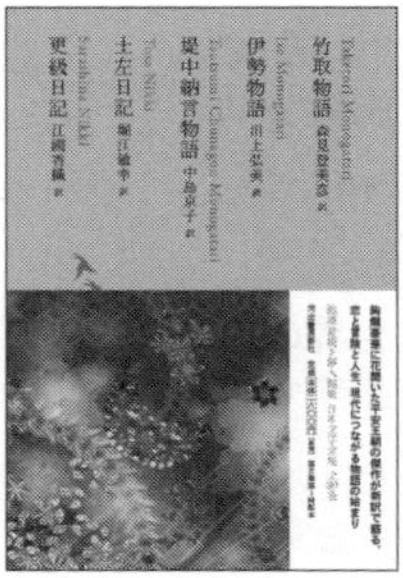

絢爛豪華に花開いた平安王朝の傑作が新訳で蘇る。
恋と冒険と人生、現代につながる物語の始まり

「もの」を「かたる」のが文学である。奇譚と冒険と心情、そこに詩的感興が加わって、物語と日記はこの国の文学の基本形となった。——池澤夏樹

〈新訳にあたって〉美女と竹林、阿呆な男たちの恋と迷走、この世ならざる世界への怖れと憧れ。これまで自分が書いてきたもの、これから書くであろうすべてのものは、この物語の末裔なのだと腑に落ちた。（森見登美彦）／大昔の、それも色男のお話になど、どうやって感情移入できるのだろうかと、半分心配、半分興味津々で訳し始めたら、驚くべきことに、この色男にすっかり没入してしまいました。今やすっかり業平のファンです。（川上弘美）／くすっと笑わされ、にんまりさせられ、泣き笑いさせられ、痛さ苦さを味わわされ、せつなく胸を締めつけられた。ほんとうに驚いた。これが、日本最古の短編集の妙味なのか！（中島京子）／千年以上前、紀貫之は「やまとうた」でも「からうた」でもない「文」を模索していた。画期をなす彼の試みにどう寄り添うべきか。私訳は、その模索をめぐる模索の跡である。（堀江敏幸）／平安時代はおもしろい。改めてそれがわかる、幸福な現代語訳体験でした。たとえば、彼らは驚くほど夜更かしです。遊ぶこと、味わうこと、それに物語が大好きな人種です。遠い時代の人々なのに、ついこのあいだ会ったみたいな気がします。（江國香織）

●竹取の翁が竹の中から見つけた“かぐや姫”をめぐって貴公子五人と帝が求婚する、仮名による日本最古の物語、「竹取物語」。在原業平《ありわらのなりひら》と思われる男を主人公に、恋と友情、別離、人生が和歌を中心に描かれる「伊勢物語」。「虫めづる姫君」などユーモアと機知に富む十篇と一つの断章から成る最古の短篇小説集「堤中納言《つつみちゅうなごん》物語」。「男もすなる日記といふものを、女もしてみむとしてするなり」、土佐国司の任を終えて京に戻るまでを描く日記体の紀行文、紀貫之《きのつらゆき》「土左日記」。十三歳から四十余年に及ぶ半生を綴った菅原孝標女《すがわらのたかすえのむすめ》「更級日記」。燦然と輝く王朝文学の傑作を、新訳・全訳で収録。

日本文学全集

古事記

池澤夏樹 訳

解題:三浦佑之　月報:内田樹・京極夏彦

01

2014年11月刊　帯装画:鴻池朋子

世界の創成と、神々の誕生から国の形ができるまで。
斬新な訳と画期的な注釈、池澤古事記の誕生

世界の創成と、神々の誕生から国の形ができあがるまでを描く最初の日本文学。神話と歌謡と系譜からなる錯綜のテクストを今の我々が読める形に。——池澤夏樹

〈新訳にあたって〉なにしろ日本で最初の文学作品だから、書いた人も勝手がわからない。ごちゃごちゃまぜこぜの中に、ものすごくチャーミングな神々やら英雄やら美女が次から次へと登場する。もとの混乱した感じをどこまで残すか、その上でどうやって読みやすい今の日本語に移すか、翻訳は楽しい苦労だった。(池澤夏樹)

【上巻】天地のはじまりから、イザナキとイザナミの国生み・神生み、スサノヲとアマテラスの対立など、神々が生まれ大地が造られ、人間社会が構築されて天皇による統一を待つまで。

【中巻】神武天皇とイスケヨリヒメの恋、ヤマトタケルの冒険と死、サホビメの悲劇など、英雄、美女の恋や野心。天皇や権力と対立しながら滅んでいく姿を描く。

【下巻】仁徳天皇から女帝推古天皇までの系譜と、仁徳天皇を巡る女たち、父の仇をとって滅びたマヨワなど、さまざまな物語が敗者たちへの共感を持って語られる。

口訳万葉集　折口信夫
百人一首　小池昌代 訳
新々百人一首　丸谷才一

解題:岡野弘彦(口訳万葉集)・渡部泰明(百人一首)
月報:穂村弘・今日マチ子

02

2015年7月刊　帯作品:minä perhonen

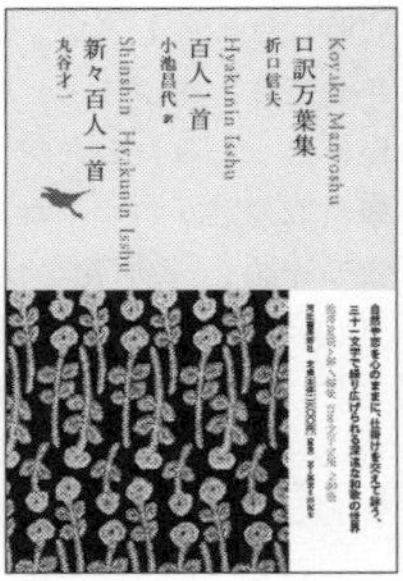

自然や恋を心のままに、仕掛けを交えて詠う、
三十一文字で繰り広げられる深遠な和歌の世界

そもそも和歌とは何か？　初学者のための手立てを考えた。まずは「百人一首」。小池昌代の訳によって深い意味を教えてもらう。次に丸谷才一の「新々百人一首」で和歌のからくりを学ぶ。そうすれば折口信夫が訳した「万葉集」の含蓄がわかるようになる(はず)。——池澤夏樹

〈新訳にあたって〉百人一首は日本語の「井戸」だ。一首一首、こんなに短いのに、覗きこむと深い深い。手探りで求め続けると、その闇のような底から、烈しい「詩」の飛沫があがり我が額を打った。(小池昌代)

●和歌入門のための三作。歌の心と技を知る新訳「百人一首」。「一千年前の歌人たちは、自然を歌に詠み、つれない恋の相手を恨みながら歌を詠んだ。多くは歌合などで競い合うための、意識的な作歌だった。しかしそれを作為と言い切れないのは、一首が『ほとばしり出た』と感じられる瞬間があるからである」(小池昌代「訳者あとがき」)。その他、「いわば、万葉集遠鏡」と自ら評し、日本最古の歌集を現代に甦らせた折口信夫「口訳万葉集」と、註釈と評論を付した詞華集、丸谷才一「新々百人一首」は、秀歌を厳選して収録。

短篇コレクションI

COLLECTED STORIES I

III-05
2010年7月刊
帯写真：本城直季

南北アメリカ、アジア、アフリカの傑作20篇。新訳・初訳も含むアンソロジー

ぼくは世界が多様であることを証明したいと思い、せいいっぱい手を広げてさまざまな短篇をいくつもの国と言語から集めた。むずかしかったのはこの二巻に収まるところまで厳選することだった。今はこの目次そのものが自分の作品であるような気がする。——池澤夏樹

コルタサル「南部高速道路」
パス「波との生活」
マラマッド「白痴が先」
ルルフォ「タルパ」
張愛玲「色、戒」
イドリース「肉の家」
ディック「小さな黒い箱」
アチェベ「呪い卵」
金達寿《キム・ダルス》「朴達《パクタリ》の裁判」
バース「夜の海の旅」
バーセルミ「ジョーカー最大の勝利」
モリスン「レシタティフ——叙唱」
ブローティガン「サン・フランシスコYMCA讃歌」
カナファーニー「ラムレの証言」
マクラウド「冬の犬」
カーヴァー「ささやかだけれど、役にたつこと」
アトウッド「ダンシング・ガールズ」
高行健「母」
アル=サンマーン「猫の首を刎ねる」
目取真俊「面影と連れて《うむかじとうちりてぃ》」

短篇コレクションII

COLLECTED STORIES II

III-06
2010年11月刊
帯写真：本城直季

20世紀ヨーロッパを中心とするヴァリエーション豊かな傑作19篇。新訳・初訳も含むアンソロジー

今回のこの『短篇コレクションII』にリアリズムから幻想までのスペクトラムを見ることができる。ぼくがそういう意図で選んだわけではない。気がついたらそうなっていたのだ。だからそれだけ今の文学の姿を写していると言うこともできるだろう。——池澤夏樹

グリーン「おしゃべりな家の精」
ランペドゥーサ「リゲーア」
イッホク・バシェヴィス「ギンプルのてんねん」
クノー「トロイの馬」
ゴンブローヴィチ「ねずみ」
ガデンヌ「鯨」
パヴェーゼ「自殺」
ベル「X町での一夜」
グルニエ「あずまや」
デュレンマット「犬」
バッハマン「同時に」
トレヴァー「ローズは泣いた」
イスカンデル「略奪結婚、あるいはエンドゥール人の謎」
バラード「希望の海、復讐の帆」
バイアット「そり返った断崖」
タブッキ「芝居小屋」
ルシュディ「無料のラジオ」
イシグロ「日の暮れた村」
ウエルベック「ランサローテ」

ロード・ジム

ジョゼフ・コンラッド　柴田元幸 訳　【新訳】

LORD JIM　Joseph Conrad

III-03　2011年3月刊　帯装画：塩田雅紀

『闇の奥』の作家が放つ海洋冒険小説の傑作

成功するのはそうむずかしいことではないが、失敗からの回復は容易でない。とりわけ、世間のみなから軽蔑され、自分でも自分を軽蔑しなければならないような道義的な失敗の場合は。卑怯者に栄光はあるか？　これは最も現代的な古典であり名作である。――池澤夏樹

●夢を追って、また夢を追って――そうして――永遠に――最後の最後まで　東洋のあちこちの港で船長番として厚い信頼を得ているジム。しかし彼には隠された暗い過去があった。一等航海士だった頃、ジムは800人の巡礼を乗せた老朽船で航海に出るが、航行中に浸水が発覚する。沈没を恐れた船長たちは乗客を船に残したままボートで脱出。混乱した状況下でジムもその脱出に加わってしまう。卑劣な行為に荷担したジムの後悔は深く、自尊心は打ち砕かれる。何よりも、こうであるはずだと思っている自己像と現実の自分との乖離を受容することができない。喪失した誇りを取り戻す機会を激しく求める彼の苦悩に、物語の語り手マーロウは時に寄り添い、時に突き放しながら、ジムを「私たちの一人」として見守り続ける。過去が暴かれそうになるたび逃避行を重ね、流れ着いたスマトラの奥地パトゥザンで、ジムはようやく伝説的指導者トゥアン・ジム（ロード・ジム）として崇められることとなるが――果たして失われた名誉は回復できるのか。海洋冒険小説の傑作、待望の新訳。**●コンラッド**　1857～1924。ポーランド出身の英語作家。船員体験を経てイギリスで小説家となる。『闇の奥』他。

苦海浄土

石牟礼道子

KUKAI JODO　Ishimure Michiko

III-04　2011年1月刊　帯装画：チカツタケオ

破壊し尽くされた幸福の地の悲惨や憤怒を
自らのものと預かり卓越した文学作品に結晶させた、
戦後日本文学を代表する傑作

ある会社が罪を犯し、その結果たくさんの人々が辛い思いをした。糾弾するのはたやすい。しかし、加害と受難の関係を包む大きな輪を描いて、その中で人間とは何かを深く誠実に問うこともできるのだ。戦後日本文学からこの一作をぼくは選んだ。――池澤夏樹

●おるが刺身とる。かかは米とぐ海の水で。　沖のうつくしか潮で炊いた米の飯の、どげんうまかもんか、あねさんあんた食うたことのあるかな。そりゃ、うもうござすばい、ほんのり色のついて。かすかな潮の風味のして。「天のくれらす魚」あふれる海が、豊かに人々を育んでいた幸福の地。しかしその地は、海に排出された汚染物質によって破壊し尽くされた。水俣を故郷として育ち、惨状を目の当たりにした著者は、中毒患者たちの苦しみや怒りを自らのものと預かり、「誰よりも自分自身に語り聞かせる、浄瑠璃のごときもの」として、傑出した文学作品に結晶させた。第一部「苦海浄土」、第二部「神々の村」、第三部「天の魚」の三部作すべてを一巻に収録。**●石牟礼道子**　1927年～　熊本県生まれ。本書は鎮魂の文学として絶賛される。『十六夜橋』、詩集『はにかみの国』他。

わたしは英国王に給仕した

ボフミル・フラバル　阿部賢一 訳　【初訳】

OBSLUHOVAL JSEM ANGLICKÉHO KRÁLE　Bohumila Hrabala

III-01　2010年10月刊

帯装画：あずみ虫

中欧文学の巨匠の奇想天外な語りが炸裂する滑稽でシュールな大傑作。待望の日本初紹介

おしゃべりが止まらない人のように言葉がどんどん湧いて、エピソードがあふれ出し、その流れに乗って小柄な主人公が出世してゆく。おかしくて、悲しくて、そこにチェコの世相が映り、政治が影を落とし、戦争が土足で踏み込んでくる。やっぱり傑作だ。——池澤夏樹

●小さな国の小さな給仕人が語る、人生、上がったり下がったり！　いつか百万長者になることを夢見て、ホテルの給仕見習いとなったチェコ人の若者。まず支配人に言われたことは、「おまえはここで、何も見ないし、何も耳にしない。しかし同時に、すべてを見て、すべてに耳を傾けなければならない」。この教えを守って、若者は給仕見習いから一人前の給仕人となり、富豪たちが集う高級ホテルを転々としつつ、夢に向かって突き進む。そしてついには、ナチスによって同国の人々が処刑されていくのを横目で見ながらドイツ人の女性と結婚。ナチスの施設で給仕をつとめ、妻がユダヤ人から奪った高額な切手で大金を手に入れる——中欧を代表する作家が、18日間で一気に書き上げたという、エロティックでユーモラス、シュールでグロテスク、ほとんどほら話の奇想天外なエピソード満載の大傑作。映画「英国王給仕人に乾杯！」原作。**●フラバル**　1914～97。チェコ生まれ。中欧を代表する作家。『厳重に監視された列車』『あまりにも騒がしい孤独』他。

黒檀

リシャルト・カプシチンスキ
工藤幸雄・阿部優子・武井摩利 訳　【初訳】

HEBAN　Ryszard Kapuściński

III-02　2010年8月刊

帯装画：沢田としき

40年におよぶ取材をもとにアフリカの本質をえぐりだす渾身のルポルタージュ

ルポルタージュは文学である、と言うためにはそれを書いてみせなければならない。その第一人者としてカプシチンスキは欧米で高く評価され、崇拝されてきた。困難な旅を通じて二十世紀後半のアフリカを記述した、すべてのノンフィクションの物差しとなる作品。——池澤夏樹

●彼らの顔は、力強くて、輝いている。まるで黒檀に彫られたように、不動の闇に溶け込んでいる。　ポーランドの新聞・雑誌・通信社の特派員として世界各地を駆けめぐり、数々の傑作ルポルタージュを上梓した著者による、小説よりも奇なるアフリカ取材の集大成。数十万人が山刀で切り刻まれた大虐殺の要因を解説する「ルワンダ講義」や、現代アフリカ史上最も有名な独裁者の素顔に迫った「アミン」、アフリカ最大の青空市場の人間模様を描いた「オニチャの大穴」ほか、1958年に初めて寒冷の地ヨーロッパから炎熱の地へと降り立った著者が、以後40年にわたってアフリカ各地を訪れ、住民と交わした生きた言葉をもとに綴った全29篇の文学的コラージュ。待望の本邦初訳。**●カプシチンスキ**　1932～2007。ポーランド生まれ。ジャーナリストとして世界各国を取材。『帝国』『サッカー戦争』他。

ヴァインランド

トマス・ピンチョン　佐藤良明 訳

VINELAND　Thomas Pynchon

II-11　2009年12月刊　帯装画：伊藤桂司

現代アメリカ文学最高峰の鬼才が17年の沈黙の後に発表したポップでパラノイアックな大傑作

ピンチョンは創造する怪物である。この小説は彼が造った恐ろしく大きなお化け屋敷で、そこに80年代アメリカのポップな呪物がぎっしりと詰まり、ピカピカぎらぎら光り、うなりを上げて回転している。まったくなんだってこんな国が生まれてしまったのだろう。——池澤夏樹

●あんたのパラノイア、元気いいなあ！　1984年、ある夏の朝。北カリフォルニアの山中で14歳の娘とふたり、ジャンクにクレイジーに暮らすヒッピーおやじゾイドの目覚めから物語は始まる。ゾイドを執拗に追う麻薬取締官、娘を狙う連邦政府、その権力の魔の手から逃れながら、母探しの旅に出る娘。そして物語は60年代へ、ラディカル映画集団の一員だった母の記録映像を見る娘の眼差しと共に、バークリィでのデモ隊と機動隊の衝突現場へズーム・インする。闘争の渦中で母を救出するＤＬは、マフィアのドンに雇われ殺人忍法を操る「くノ一」。その女忍者とコンビを組むカルマ調整師のタケシ、彼らにカルマを調整してもらうヴェトナム戦争の死者のゾンビ「シンデルロ」……次々と出現する登場人物を巻き込んで、仕掛けに満ちたピンチョン・ワールドは時のうねりの中を突き進む——全米図書賞受賞の大作『重力の虹』以来17年の沈黙を破って発表された本書は、ギャグ満載のポップな装いの下に、輝けるアメリカを覆う呪われたアメリカ、官憲国家の狂気を、繊細に重厚に、ときにセンチメンタルに描き出す。名訳をさらに磨きあげ、注釈も全面改訂。**●ピンチョン**　1937～　アメリカ生まれ。現代アメリカを代表する百科全書派作家。『重力の虹』で全米図書賞受賞。『V.』他。

ブリキの太鼓

ギュンター・グラス　池内紀 訳　【新訳】

DIE BLECHTROMMEL　Günter Grass

II-12　2010年5月刊　帯装画：信濃八太郎

永遠の３歳児が目撃したナチス台頭期の東欧

社会、あるいは世界、ないし現代史を見る特権的な視点がある。この小説の主人公オスカルは、３歳で身長の伸びを止めることでその視点を手に入れた。彼は戦後の猥雑なドイツを下から見上げながら、斜めに渡るように生きる。こんなうまい設定はないと感心する。——池澤夏樹

●ぼくは３歳で大人になるのをやめた。　今は精神病院の住人オスカルが、ブリキの太鼓を叩きながら回想する数奇な半生。胎児のとき羊水のなかで、大きくなったら店を継がせようという父の声を聞き、そのたくらみを拒むために３歳で成長をやめることを決意したオスカルは、叫び声をあげてガラスを粉々に砕くという不思議な力を手に入れる。時は1920年代後半、所はバルト海に臨む町ダンツィヒ。ドイツ人、ポーランド人、カシューブ人など多くの民族が入り交じって暮らすこの港町は、長年にわたって近隣の国々に蹂躙されつづけてきた。台頭するヒトラー政権のもと、町が急速にナチズム一色に染められるなかで、グロテスクに歪んでいく市井の人々の心。狂気が日常となっていくプロセスを、永遠の３歳児は目の当たりにする。ナチス勃興から戦後復興の30年間、激動のポーランドを舞台に、物語は猥雑に壮大に、醜悪に崇高に、寓意と象徴に溢れためくるめくエピソードを孕みながらダイナミックに展開する。『猫と鼠』『犬の年』とあわせ「ダンツィヒ三部作」とされるノーベル賞作家代表作、待望の新訳決定版。**●グラス**　1927～2015。現ポーランド生まれのドイツ作家。小説や戯曲を執筆。ノーベル文学賞受賞。『犬の年』『ひらめ』他。

フライデーあるいは太平洋の冥界

ミシェル・トゥルニエ　榊原晃三 訳

VENDREDI OU LES LIMBES DU PACIFIQUE　Michel Tournier

黄金探索者

J・M・G・ル・クレジオ　中地義和 訳

LE CHERCHEUR D'OR　J. M. G. Le Clézio

Ⅱ-09　2009年4月刊　帯装画：影山徹

現代フランスの巨匠が読みかえるロビンソン・クルーソーの物語とノーベル賞作家が父祖の記憶をたどり直した自伝的長篇

「フライデーあるいは太平洋の冥界」……『ロビンソン・クルーソー』は哲学小説である。正確に言えば、枠としての漂流記に入れられた中身としての哲学である。ぼくを含む多くの作家がこの枠を利用して自分の哲学を語った。トゥルニエのこの作品はその中でも最も成功した例だ。——池澤夏樹

●ロビンソン・クルーソーとフライデーのもう一つの物語　南海の孤島で遭難したロビンソンは、島を開拓し、食料の備蓄に努めるが、野生人フライデーの登場によってその秩序は一瞬のうちに崩壊する。文明と野蛮を双子のように描いた哲学小説。●トゥルニエ　1924 ～ 2016。フランス生まれ。幼少よりドイツ文化に親しむ。『魔王』でゴンクール賞受賞。『赤い小人』他。

「黄金探索者」……南の島で海賊が隠した黄金を探す。少年向けの冒険小説のようなこのテーマをル・クレジオは純正な叙事詩として書いた。これは鳴り響く海の物語であり、彼自身の祖父の物語である。あるいは無謀な夢の記憶といってもいい。その夢を作者と読者は共有する。——池澤夏樹

●今は、海を見つめ、風の音を聞く以外に何もできない　失われた楽園を取り戻すため、父の遺した海賊の地図と暗号文を手がかりに、ぼくは終わりなき財宝探索の旅に出る。2008年ノーベル文学賞受賞作家による、魅惑に満ちた自伝的小説。●ル・クレジオ　1940 ～　フランス生まれ。処女長篇『調書』でルノドー賞受賞。『海を見たことがなかった少年』他。

賜物

ウラジーミル・ナボコフ　沼野充義 訳 【新訳】

ДАР　Владимир В. Набоков

Ⅱ-10　2010年4月刊　帯写真：Olivia Parker

言葉の魔術師ナボコフがロシア語作家としての実力を遺憾なく発揮した精妙なる長篇。原典からの初の邦訳

作家が、自分はいかにして作家になったかを小説の形で書くことがある。ロシアからの亡命青年ナボコフは、作家になるという運命を選び取り、そこから生じる苦労を神からの賜物として引き受けた。文学は充分その苦労に値するのだ。——池澤夏樹

●さらば本よ！　幻影たちもまた死を猶予してはもらえない。　ベルリンに暮らす20代半ばの亡命ロシア青年フョードルは、最初の詩集を刊行したばかり。世界的な鱗翅類学者の父は1916年に中央アジアへの探検旅行に出かけたまま行方不明となり、美しき母と姉はパリに暮らす。彼自身の生活は貧窮を極めるが、プーシキンやゴーゴリといった偉大なロシア文学への献身が揺らぐことはない。父とともに蝶を追った別荘の思い出、亡命ロシア人サークルにおける文学談義、運命の女性との夜ごとのベルリン彷徨……。やがて彼は、芸術を二次的なものと考える進歩的思想家チェルヌィシェフスキーの評伝執筆に全力を傾けるようになる。20世紀を代表する作家ナボコフが、ロシア語作家としての実力を駆使してつくりあげた最高傑作。原典からの初の邦訳。●ナボコフ　1899 ～ 1977。ロシア生まれ。40年アメリカ移住。英語で発表した『ロリータ』で名声を得る。『アーダ』他。

精霊たちの家

イサベル・アジェンデ　木村榮一 訳

LA CASA DE LOS ESPIRITUS　Isabel Allende

II-07　2009年3月刊

帯装画：Remedios Varo

精霊たちが飛び交う神話的時代から血にまみれた不幸な現代まで三世代にわたる女たちの運命を描くラテンアメリカ文学の傑作

物語が作者の手を逃れて勝手に繁茂する。小さなエピソードがどんどんふくらみ、分岐し、それぞれからまた別の物語が簇生する。魔法と幻想がリアリズムの枠内を埋め尽くす。そうやって生まれた一族の大きな物語は、読み始めたら最後のページまで進むしかない。——池澤夏樹

●愛と憎しみの果てしない時の中で、祖母のノートだけが精霊たちの手で守られた。　不思議な予知能力をもつ美少女クラーラは、緑の髪をなびかせ人魚のように美しい姉ローサが毒殺され、その屍が密かに解剖されるのを目の当たりにしてから誰とも口をきかなくなる。9年の沈黙の後、クラーラは姉の婚約者と結婚。精霊たちが見守る館で始まった一族の物語は、やがて、身分ちがいの恋に引き裂かれるクラーラの娘ブランカ、恐怖政治下に生きる孫娘アルバへと引き継がれていく。アルバが血にまみれた不幸な時代を生きのびられたのは、祖母クラーラが残したノートのおかげだった——幻想と現実の間を自在に行き来しながら圧倒的な語りの力で紡がれ、ガルシア=マルケス『百年の孤独』と並び称されるラテンアメリカ文学の傑作。軍事クーデタによって暗殺されたアジェンデ大統領の姪が、軍政下で迫害にあいながらも、祖国への愛と共感をこめて描き上げた衝撃のデビュー作。**●アジェンデ**　1942〜　ペルー生まれのチリ作家。チリの故アジェンデ大統領の姪。現在はアメリカ在住。『エバ・ルーナ』他。

パタゴニア

ブルース・チャトウィン　芹沢真理子 訳

IN PATAGONIA　Bruce Chatwin

老いぼれグリンゴ

カルロス・フエンテス　安藤哲行 訳

GRINGO VIEJO　Carlos Fuentes

II-08　2009年6月刊

帯装画：鈴木里江

南米パタゴニアを舞台にした20世紀紀行文学の傑作とラテンアメリカ文学の巨匠の仕掛けに満ちた長篇

「パタゴニア」……20世紀の旅行文学はもう冒険の報告ではない。行くべき場所はすべて調べつくされた。すべての旅行は誰かの旅行をなぞるものだ。しかしチャトウィンは、冒険から一歩だけ文学の方に寄り、行く先々で人に会うことによって、無数の小さな物語から成る重層的な旅行記を紡ぎ出す。——池澤夏樹

●不毛の大地に漂着した見果てぬ夢の物語　黄金の都市、マゼランが見た巨人、アメリカ人の強盗団、世界各地からの移住者たち……。幼い頃に魅せられた一片の毛皮の記憶をもとに綴られる、イギリス紀行文学の究極の形。**●チャトウィン**　1940〜89。イギリス生まれ。美術や考古学を学んだ後、世界をめぐり執筆を続けた。『ソングライン』他。

「老いぼれグリンゴ」……尊大で横暴なアメリカ合衆国を相対化しなければならない。そのためにメキシコを見なければならない。例えばこの小説の中のメキシコ。野卑で、猥雑で、人間くさくて、熱い、美しいメキシコ。だからアンブローズ・ビアスはメキシコで幸福に死んだ。——池澤夏樹

●死と呼ばれるものは最後の苦痛にすぎない　死地を求めてメキシコに渡った『悪魔の辞典』の作者ビアス。反乱軍に加わった彼は愛と憎しみに引き裂かれつつ、移動と戦闘を続けていく。多様な視点で描かれる現代のドン・キホーテ。**●フエンテス**　1928〜2012。パナマ生まれのメキシコ作家。小説・評論で大作を発表。セルバンテス賞受賞。『テラ・ノストラ』他。

クーデタ

ジョン・アップダイク　池澤夏樹 訳

THE COUP　John Updike

II-05　2009年7月刊

帯装画：フジモト・ヒデト

アフリカの架空の国を舞台に政治と金と宗教と愛欲が渦巻くポップでシュールな物語

アップダイクはアメリカの中流の暮らしを描くのがうまい。だが、海外に出て、少しだけ幻想に寄った話を書くともっとうまい(『ブラジル』とか)。ぼくは自分のアフリカへの憧れに重ねてこの小説を読み、好きになって、訳した。今でもとても好きな話だ。——池澤夏樹

●アフリカの大地をおおうアメリカの影　北半分はサハラ砂漠、南の国境沿いに大河が流れるアフリカの内陸国クシュ。5年にわたる旱魃により飢餓に苦しむこの国を、クーデタで政権を奪ったエレルー大統領が支配する。アメリカ帰りの独裁者はイスラムの教義を信奉し、アメリカの援助を拒絶して独立国家として生きていこうとするが、4人の夫人と新しい愛人、先王エドゥムー4世、事実と数字の人間である内務大臣のエザナ、友邦ソ連の酔いどれ軍人などとの駆け引きの中で次第に自由を奪われていく。緑一色の国旗を翻して荒涼たる大地を経めぐる大統領のメルセデス。国境を越えて入りこむ7-UpやCoca-Colaなどのアメリカ文化。イッピ地溝帯にある「興味深い物質」とはいったい何なのか。コーランの朗誦が響きわたる冷戦時代のアフリカを舞台に、戦後アメリカ最大の作家が巧みに構築した物語。**●アップダイク**　1932～2009。アメリカ生まれ。『ケンタウロス』で全米図書賞受賞。多くの評論も上梓。『走れウサギ』他。

庭、灰

ダニロ・キシュ　山崎佳代子 訳　【初訳】

BAŠTA, PEPEO　Danilo Kiš

見えない都市

イタロ・カルヴィーノ　米川良夫 訳

LE CITTÀ INVISIBILI　Italo Calvino

II-06　2009年9月刊

帯装画：クサナギシンペイ

中欧を代表する作家による自伝的長篇の初邦訳とイタリア文学の鬼才の傑作。ヨーロッパを代表する作家による、二つの記憶の物語

「庭、灰」……モノたちがひしめく詩的な文体を通じて、子供の世界が少しずつ幻想から現実へと変わってゆくのをぼくは楽しんだ。薄い薄いレースのカーテンが何枚も次々に開かれるかのようだ。セルビアの柔らかい光と、そこをさまようユダヤ人一家の物語。——池澤夏樹

●灰のように、庭に降り積もる静けさ——父は収容所に消えた　少年に多くの謎を残し、アウシュヴィッツで消息を絶った父。甘やかな幼年時代が戦争によってもぎとられ、逃避行を余儀なくされる一家の悲劇を、抒情とアイロニーに満ちた筆致で描く自伝的長篇。初邦訳。**●キシュ**　1935～89。セルビア生まれ。20世紀中欧を代表する作家。『若き日の哀しみ』『砂時計』『死者の百科事典』他。

「見えない都市」……小説は時に詩や絵画に近づく。カルヴィーノはその達人である。例えば、この作品の中の天上の都市バウチの記述——「細長い竹馬ようの脚がたがいに遠く距たり合って地面から高くのび雲間に姿を隠しており、これがその都市《まち》を支えているのでございます」。——池澤夏樹

●崩壊しつつある帝国の諸都市をめぐるマルコ・ポーロの見聞録　ヴェネツィア生まれのマルコ・ポーロが皇帝フビライ汗に報告する諸都市の情景。女性の名を有する55の都市を、記憶、欲望、精緻、眼差というテーマで分類し、見えない秩序を探る驚異の物語。**●カルヴィーノ**　1923～85。キューバ生まれのイタリア作家。20世紀後半の世界文学を代表する存在。『木のぼり男爵』他。

マイトレイ

ミルチャ・エリアーデ　住谷春也 訳

MAITREYI　Mircea Eliade

軽蔑

アルベルト・モラヴィア　大久保昭男 訳 【初訳】

IL DISPREZZO　Alberto Moravia

II-03　2009年5月刊

帯写真：蜷川実花

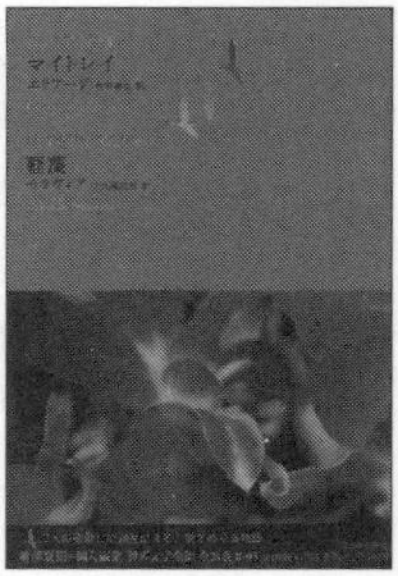

愛の豊饒と愛の不毛。
透徹した知性がつむぎだす赤裸々な男女の関係

「マイトレイ」……インドに留学したルーマニアの青年と、寄宿先のベンガル娘との恋。国境と文化を越えて引き合う仲。使い古されたこの設定がなぜこんなに新鮮で、胸に迫るのだろう。この主人公は容易に読者に乗り移る。恋の歩みの一段ずつが官能の共鳴を呼ぶ。——池澤夏樹

●タブーを超えて惹かれ合う若き男女の悦楽の神話　瑞々しい大気、木に宿る生命、黄褐色の肌、足と足の交歓。インドの大地に身をゆだねた若き技師が、下宿先の少女と恋に落ちる。作者自身の体験をもとに綴られる官能の物語。**●エリアーデ**　1907〜86。ルーマニア生まれ。宗教学の権威として活躍しつつ幻想小説を発表。『妖精たちの夜』他。

「軽蔑」……モラヴィアは登場人物のふるまいを綿密に書く。心の動きはちょっとした言葉や手の動きに表れる。小さな行き違いから夫婦の仲が冷えてゆく。妻は夫を軽蔑し、見放し、心の距離は広がる。その過程をこんな風にまざまざと具体的に書ける作家は他にいない。——池澤夏樹

●愛の幻想が消えたとき、妻と夫は歩み寄れるのか　ある日突然、妻の心変わりを察した劇作家志望の男。繕うすべもなく崩れていく夫婦の関係を夫の目から緻密に描き、人生の矛盾と人間の深い孤独を問いかけるイタリア文学の傑作。**●モラヴィア**　1907〜90。イタリア生まれ。処女作『無関心な人びと』で大成功を収める。『倦怠』でヴィアレッジョ賞受賞。

アメリカの鳥

メアリー・マッカーシー　中野恵津子 訳 【新訳】

BIRDS OF AMERICA　Mary McCarthy

II-04　2009年8月

帯装画：John James Audubon

アメリカと欧州の狭間で悩む若者の精神の遍歴

『失踪者』の主人公がヨーロッパからアメリカに渡ったのと逆に、この小説では若いピーター・リーヴァイがアメリカからフランスに渡る。出会うものに驚き、考え込み、自分流の哲学を修正しながら育ってゆく。こんなに魅力のある主人公はめったにいない。——池澤夏樹

●ぼくは自分の国がいやになった——　アメリカ人青年ピーターは、鳥や植物を愛す、ちょっと内気な19歳。パリ留学を前に母とふたり、ニューイングランドの小さな町を訪れる。4年前、母と暮らしたその地は、アメリカのよき伝統が残る、緑あふれる土地だった。しかし4年の間に自然は失われ、町はすっかり観光地化していた。母は怒り狂い、よきアメリカを取り戻すべくひとり闘う。そんな母と、アナキストだった父に育てられたピーターは、敬愛するカントの哲学に従い、「人を手段として利用してはならない」を行動原理として異国に旅立ってゆく。時代は北爆開始にはじまるヴェトナム戦争の拡大期。パリやローマで、ピーターは自身の反米主義に思い悩み、またイタリア系ユダヤ人を父にもつ自分のユダヤ性に常にこだわりながら、母国とヨーロッパの狭間で精神の成長を遂げてゆく。ベストセラー『グループ』をしのぐ名著、待望の新訳決定版。**●マッカーシー**　1912〜89。アメリカ生まれ。エドマンド・ウィルソンと結婚後、小説・評論で活躍。『グループ』他。

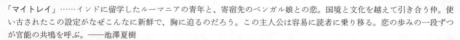

灯台へ

ヴァージニア・ウルフ　鴻巣友季子 訳 【新訳】

TO THE LIGHTHOUSE　Virginia Woolf

サルガッソーの広い海

ジーン・リース　小沢瑞穂 訳

WIDE SARGASSO SEA　Jean Rhys

II-01　2009年1月刊

帯装画：升ノ内朝子

モダニズム文学を代表する傑作の新訳と、植民地出身の作家によるもう一つの『ジェイン・エア』

「灯台へ」……人の心はふだん人が思っているよりはずっと精妙で、複雑な働きをしている。ウルフはそれを読み取り、共感を込めてストーリーの中で再演する。心は地を這いながら、天に一歩近い清澄な段階に達したいと願う。この垂直な人間観にぼくは惹かれる。――池澤夏樹

●失われゆくものへの思慕にあふれた愛の物語　灯台を望む小島の別荘を舞台に、哲学者の一家とその客人たちの内面のドラマを、詩情豊かな旋律で描き出す。精神を病みながらも、幼い夏の日々の記憶、なつかしい父母にひととき思いを寄せて書き上げた、このうえなく美しい傑作。新訳決定版。**●ウルフ**　1882～1941。イギリス生まれ。芸術全般に造詣が深く小説のほか評論でも活躍。『ダロウェイ夫人』他。

「サルガッソーの広い海」……翻訳が時代ごとに更新されるように、小説が小説によって上書きされることもある。名作『ジェイン・エア』を読んだ者は『サルガッソーの広い海』を読まなければならない（逆の順序でもいいけれど）。なぜならば前者には過去のイギリスがあり、後者には現在の世界があるから。――池澤夏樹

●植民地を舞台に描かれるもう一つの『ジェイン・エア』　奴隷制廃止後の英領ジャマイカ。土地の黒人たちから「白いゴキブリ」と蔑まれるアントワネットは、イギリスから来た若者と結婚する。しかし、異なる文化に心を引き裂かれ、やがて精神の安定を失っていく。植民地に生きる人間の生の葛藤を浮き彫りにした愛と狂気の物語。**●リース**　1890～1979。英領ドミニカ島生まれのイギリス人。自伝的小説を数々発表。『真夜中よ、おはよう』他。

失踪者

カフカ　池内紀 訳

DER VERSCHOLLENE　Franz Kafka

カッサンドラ

クリスタ・ヴォルフ　中込啓子 訳

KASSANDRA　Christa Wolf

II-02　2009年2月刊

帯写真：André Kertész

17歳の若者のアメリカ遍歴と王女が語り直すトロイアの戦い。20世紀を代表する二人のドイツ語作家の傑作を収録

「失踪者」……若い男がアメリカをさまよう。『オン・ザ・ロード』のサル、『ライ麦畑でつかまえて』のホールデン、その前に『失踪者』のカール・ロスマンがいた。アメリカを知らないカフカが書いたアメリカは夢のようで、悪夢のようで、それでいてとてもリアルだ。――池澤夏樹

●17歳の青年は、新天地アメリカで何を見たのか　故郷プラハを追われた青年は、剣をもつ自由の女神に迎えられ、ニューヨーク港に到着する。しかし、大立者の伯父からも放逐され、社会の底辺へとさまよいだす。従来『アメリカ』という題名で知られたカフカ三大長篇の一作を、著者の草稿版に基づき翻訳した決定版。**●カフカ**　1883～1924。チェコ生まれのドイツ語作家。『変身』をはじめ、多くの傑作を生みだす。『審判』『城』他。

「カッサンドラ」……惨事が予見できるのは恐ろしい。その予言を誰も聞いてくれないのはもっと恐ろしい。古代のカッサンドラはその運命に怯えたが、現代のカッサンドラは敢えてその運命を選び取る。英雄譚が女たちの側から書き直される。剣と楯の戦いよりずっと深い魂の戦いが始まる。――池澤夏樹

●この物語を語りながら、わたしは死へと赴いてゆく　自国の滅亡を予見した王女カッサンドラは、だれからも予言を聞き入れられぬまま、歴史を見守ってゆく。自らの死を前にして女性の側から語り直されるトロイア滅亡の経緯。アキレウス、アガメムノン、アイネイアス、パリスら、ギリシャ神話に取材して展開される壮大な物語。**●ヴォルフ**　1929～2011。現ポーランド生まれ。旧東独の過去と現実をふまえた作品を次々発表。『クリスタ・Tの追想』他。

鉄の時代

J・M・クッツェー　くぼたのぞみ 訳 【初訳】

AGE OF IRON　J. M. Coetzee

I-11

2008年9月刊

帯装画：タダジュン

ノーベル賞作家が描き出す、むき出しの暴力に直面した人間の苦悩

差別はすべての国、すべての社会にある。しかしその心理をたいていの人は理解しない。理解するまいと思っている。差別が制度化された南アフリカで、クッツェーは差別がどう人の心を歪めるかを巧妙に書いた。彼の硬い鉄のペンが人の心のいちばん柔らかい部分を描いてゆく。——池澤夏樹

●**少年の見開かれた目を思うたび、わたしの表情は醜悪になっていく。それを治す薬草は、この岸辺の、いったいどこに生えているのだろう。**　反アパルトヘイトの嵐が吹き荒れる南ア、ケープタウン。末期ガンを宣告された一人暮らしの初老の女性ミセス・カレンは、自分が目の当たりにした黒人への暴力の現実を、遠く離れて暮らす娘に宛て、遺書のかたちで書き残す。そして、彼女の家の庭先に住みつき、次第に心を通わせるようになったホームレスの男に、その遺書を託そうと決意するのだった——英語圏を代表する作家の傑作を初紹介。●**クッツェー**　1940～　南アフリカ生まれ。『マイケル・K』に続き『恥辱』で史上初の二度のブッカー賞受賞。2003年ノーベル文学賞受賞。

アルトゥーロの島

エルサ・モランテ　中山エツコ 訳 【新訳】

L'ISOLA DI ARTURO　Elsa Morante

モンテ・フェルモの丘の家

ナタリア・ギンズブルグ　須賀敦子 訳

LA CITTÀ E LA CASA　Natalia Ginzburg

I-12

2008年10月刊

帯装画：吉實恵

ファシズム期イタリアの闇の時代をくぐり抜けた二人の女性作家の代表作

「アルトゥーロの島」……舞台は島。主人公は少年で、自分より少しだけ年上の、つまりとても若い継母と共に住み、肝心の父は留守がち。性の誘惑に抗する若い二人の心理戦。これはメロドラマの構図だが、モランテはこの構図に人間の魂の真の姿を巧みに刻み込んだ。——池澤夏樹

●**聖なる島に閉じこめられた美しい少年時代**　ナポリ湾の小島で、自然を友とし野生児のように暮らす少年アルトゥーロ。不在がちな父の帰りを待ちわびる彼だったが、ある日突然、父が新妻を連れて島に戻ってくる。最愛の父に寄り添う彼女に少年は激しい反感を覚え、幸福な日々は軋み出す——ストレーガ賞に輝いた傑作を新訳で。●**モランテ**　1912～85。イタリア生まれ。モラヴィアは元夫。本書でストレーガ賞受賞。『アンダルシアの肩かけ』『歴史』他。

「モンテ・フェルモの丘の家」……須賀敦子が文学者としてまだ苗木だった頃、彼女の文体のために支柱の役を果たしたのがギンズブルグだった。二人の間には同時代を生きた共感があった。希望から落胆へ向かい、そして改めて希望の種を拾う、そういう時期だった。須賀敦子が訳した『モンテ・フェルモの丘の家』にはその種がある。——池澤夏樹

●**失われた絆は取りもどせるのだろうか**　モンテ・フェルモの館〈マルゲリーテ〉。そこはかつて若者たちが集う、不滅の友情の砦だった。しかし時は流れ、それぞれが求めた自由への道は、多くの関係を壊し、多くの絆を断ち切っていく。喪失の悲しみの中から、人はふたたび関係を紡いでいくことができるのだろうか。●**ギンズブルグ**　1916～91。イタリア生まれ。夫は反ファシズムのリーダーで獄死。『ある家族の会話』でストレーガ賞受賞。

アブサロム、アブサロム！

ウィリアム・フォークナー　篠田一士 訳

ABSALOM, ABSALOM!　William Faulkner

I-09　2008年7月刊　帯装画：ケッソクヒデキ

アメリカ南部の濃密な空間を重層的な語りでたちのぼらせる呪われた血と暴力の物語

フォークナーは密度が高い。人と人の距離が近く、愛も憎悪も野心も欲望も強烈。登場人物の人柄はどれも忘れがたい。ぼくにとって『アブサロム、アブサロム!』を精読した記憶は、どこかの町で一年暮らしたのと同じくらいの重さがある。——池澤夏樹

●呪われた血に翻弄される一族の物語　静かな雷鳴のなかから、悪鬼のごとき形相の男サトペンがアメリカ南部の田舎町ジェファソンに姿を現す。カリブの黒人奴隷を引きつれた彼は、先住民から騙しとった広大な土地に屋敷を建て、自らの血脈を築きあげようとするが、やがで呪われた血の復讐を受けることになる——重層的な語りとともに展開されるいくつもの家系の物語。すべての作品に通底する暴力の匂い。ガルシア=マルケスを始めとするラテンアメリカ文学ブームの世代を準備し、トマス・ピンチョン、中上健次など、20世紀後半の世界の文学に大きな影響を与えた作家が生涯をかけて築きあげた、架空の土地ヨクナパトーファをめぐるサーガの最高峰。**●フォークナー**　1897～1962。アメリカ生まれ。南部の架空の町ヨクナパトーファを舞台にした作品を生み出す。『八月の光』他。

アデン、アラビア

ポール・ニザン　小野正嗣 訳　【新訳】

ADEN ARABIE　Paul Nizan

名誉の戦場

ジャン・ルオー　北代美和子 訳　【全面改訳】

LES CHAMPS D'HONNEUR　Jean Rouaud

I-10　2008年11月刊　帯装画：根本有華

すべての若者の心を魅了した名作の芥川賞作家による新訳と、ゴンクール賞受賞のベストセラー

「アデン、アラビア」……若い人間にしかできない断言がある。余計なことを知って堕落する前の断言。この本の「僕は二十歳《はたち》だった。それが人生でもっとも美しいときだなんて誰にも言わせない」という書き出しの言葉を初めて読んだ時、それはフラメンコのギターのように美しく響いた。——池澤夏樹

●僕は二十歳だった。それが人生でもっとも美しいときだなんて誰にも言わせない。　老いて堕落したヨーロッパにノンを突きつけ、灼熱の地アデンへ旅立った二十歳。憤怒と叛逆に彩られた若者の永遠のバイブル。**●ニザン**　1905～40。フランス生まれ。盟友サルトルと共にコミュニスト知識人として活躍。『番犬たち』『陰謀』他。

「名誉の戦場」……フランスの田舎に暮らす、一見して仲のいい愉快な家族の背後に、実は戦争が濃い陰を落としている。第一次の方の世界大戦だから祖父の世代。その陰が明らかになってゆくからくりが見事で、しかもこれがデビュー作だというから感心する。——池澤夏樹

●小さな靴箱に秘められた悲しみの記憶　若き日の深い悲しみを胸に、悲劇を乗り越えて豊かに生きたマリーおばちゃんを中心に、第一次大戦に倒れた無名の犠牲者たちの思い出を掘り起こし、繊細な文体で甦らせる。**●ルオー**　1952～　フランス生まれ。本書は『偉人伝』『だいたいの世界』『プレゼントに最適です』などとあわせて五部作。

ハワーズ・エンド

E・M・フォースター　吉田健一 訳

HOWARDS END　E. M. Forster

I-07　2008年5月刊
帯装画：Emily Patrick

人間と文化の葛藤を精緻に描き、
英語文学の一つの到達点とされる名作を、香気ある翻訳で

違う文化を出自とする人間たちが出会い、愛し合うようになる。しかし人と人の間で文化は衝突し、愛は苦戦を強いられる。フォースターはそういう状況を書くのがすごくうまい作家だ。異文化の中に身を置くことが多かったぼくには、このテーマは人ごとではない。——池澤夏樹

●人と人は真に理解しあうことができるのか　思慮深く理知的な姉マーガレットと、若くて美しく情熱的な妹ヘレン。ドイツ系の進歩的な知識人家庭で育った二人は、ある時まったく価値観の異なる保守的なブルジョワ一家と出会う。ふかい緑に囲まれた、この一家の邸ハワーズ・エンドをめぐって、やがて二つの家族は意外な形で交流を深めていく——文学や芸術に重きを置き、人生の意味を探し求める姉妹は、イギリス社会のさまざまな階層の人間に触れながら、それぞれの運命をたどっていくこととなる。人と人とが結びつき、お互いに理解しあうことはいかにして可能になるのか。愛と寛容をめぐる不朽の名作を、吉田健一の香気ある翻訳でおくる。**●フォースター**　1879〜1970。イギリス生まれ。異なる文化間の理解をめぐる作品を数多く上梓。『眺めのいい部屋』など。

アフリカの日々

イサク・ディネセン　横山貞子 訳

OUT OF AFRICA　Isak Dinesen

やし酒飲み

エイモス・チュツオーラ　土屋哲 訳

THE PALM-WINE DRINKARD　Amos Tutuola

I-08　2008年6月刊
帯装画：カマンテ・ガトゥラ

20世紀紀行文学の最高峰とアフリカ発世界文学の金字塔。
既存の小説の枠組みを超えて世界で愛読される物語

「アフリカの日々」……すみれ色の青空と澄みきった大気、遠くに揺らぐ花のようなキリンたち、作物を食べつくすイナゴの群れ、鉄のごときバッファロー。風と合体し、土地の色と匂いに同化したものだけが、ここでは生きのびられる。北欧の高貴な魂によって綴られる、大地と動物と人間との豊かな交歓。——池澤夏樹

●デンマーク最大の女性作家による生と死の壮大なサーガ　すみれ色の青空と澄みきった大気、遠くに揺らぐ花のようなキリンたち、作物を食べつくすイナゴの群れ、鉄のごときバッファロー。風と合体し、土地の色と匂いに同化したものだけが、ここでは生きのびられる。北欧の高貴な魂によって綴られる、大地と動物と人間との豊かな交歓。**●ディネセン**　1885〜1962。デンマーク生まれ。本名カレン・ブリクセン。ケニアの農園を経営。『七つのゴシック物語』他。

「やし酒飲み」……現代人であるぼくたちの中に実は古代人が住んでいる。森や異界に畏怖を感じながら、駆け引きを使ってその畏怖の相手から宝物を得る。これを読む間はずっと恐い夢を見ているような気持ちだけれど、でも読者はその恐い夢をずっと見ていたいと思う。——池澤夏樹

●アフリカの魔術的世界を描いた先駆的名作　「わたしは、10になった子供の頃から、やし酒飲みだった」——頭ガイ骨だけの紳士、不帰《かえらじ》の天の町、白い木の誠実な母、死者の町……。レーモン・クノーやT・S・エリオットの絶賛を浴びて各国語に翻訳された、アフリカ発世界文学の金字塔。**●チュツオーラ**　1920〜97。ナイジェリアのヨルバ族出身。その破格の文体とアフリカ独特の世界観によって高く評価された。

巨匠とマルガリータ

ミハイル・A・ブルガーコフ　水野忠夫 訳　【全面改訳】

МАСТЕР и МАРГАРИТА　Михаил А. Булгаков

I-05　2008年4月刊

帯装画：成瀬修

モスクワに出現した悪魔の一味が引き起こす不可解な事件の数々。20世紀最大のロシア語作家が描いた究極の奇想小説

時として小説は巨大な建築である。これがその典型。奇怪な事件や魔術師やキリストの死の事情などの絵柄が重なる先に、ソ連という壮大な錯誤の構築物が見えてくる。この話の中のソ連はもちろん今の日本であり、アメリカであり、世界全体だ。――池澤夏樹

●悪魔を讃えよ!!!　焼けつくほどの異常な太陽に照らされた春のモスクワに、悪魔ヴォランドの一味が降臨し、作家協会議長ベルリオーズは彼の予告通りに首を切断される。やがて、町のアパートに棲みついた悪魔の面々は、不可思議な力を発揮してモスクワ中を恐怖に陥れていく。黒魔術のショー、しゃべる猫、偽のルーブル紙幣、裸の魔女、悪魔の大舞踏会。４日間の混乱ののち、多くの痕跡は炎に呑みこまれ、そして灰の中から〈巨匠〉の物語が奇跡のように蘇る……。ＳＦ、ミステリ、コミック、演劇、さまざまなジャンルの魅力が混淆するシュールでリアルな大長篇。ローリング・ストーンズ「悪魔を憐れむ歌」にインスピレーションを与え、20世紀最高のロシア語文学と評される究極の奇想小説、全面改訳決定版。**●ブルガーコフ**　1891～1940。ウクライナ生まれ。反体制作家として批判され、本書は没後に発表された。『犬の心臓』他。

暗夜

残雪　近藤直子 訳　【初訳】

AN YE　Can Xue

戦争の悲しみ

バオ・ニン　井川一久 訳

THÂN PHẬN CỦA TÌNH YÊU　Bao Ninh

I-06　2008年8月刊

帯装画：須藤由希子

現代中国文学の鬼才による初訳を含むベスト作品集と、ヴェトナム戦争を内側から描き世界に衝撃を与えた傑作長篇

「暗夜」……残雪が書くものはどの話でも、「私」の身にいろいろなことが起こる。不条理で、混乱していて、読む者はとまどうばかり。登場する他者には親しみのかけらもない。幻想と悪夢の世界。ところが、読み進むうち、世界は本当にこんな風かもしれないという気がしてくる。その時がいちばんショック。――池澤夏樹

●無意識の闇から立ち現れる真実の世界　天高くそびえ立つ不思議な木の家、大地を動かし山を揺るがす桃源郷のブランコ、人語を解する猿の山を目指す夜の旅……。現代中国屈指の語り手が紡ぎだす、夢の論理に満ちた奇想天外な物語集。**●残雪**　1953～　中国生まれ。文革を彷彿させる『黄泥街』でデビューし、新世代の旗手とされる。『蒼老たる浮雲』他。

「戦争の悲しみ」……戦争は文学を生む。大岡昇平が『野火』を書いたのでもわかるように、兵士の中から作家が生まれる。ヴェトナム戦争が生んだいちばんいい作家がバオ・ニンである。この話では登場する女性たちの運命が哀切で、自分の国が戦場になることの底の見えない恐ろしさが伝わる。――池澤夏樹

●凄惨な戦争を生きのびた男女の、哀切きわまる恋の行方　ハノイの高校生キエンとフォン。運命のいたずらに引き裂かれ、キエンは抗米最前線に身を投じる。戦後再会した二人に幸福は訪れるのか。戦争を内側から描く傑作長篇、ヴェトナム語版より全面改訳。**●バオ・ニン**　1952～　ヴェトナム生まれ。ヴェトナム人民軍に入隊した体験をもとにした本書で数々の文学賞受賞。

存在の耐えられない軽さ

ミラン・クンデラ　西永良成 訳 【新訳】

L'INSOUTENABLE LÉGÈRETÉ DE L'ÊTRE　Milan Kundera

I-03　2008年2月刊

帯写真：Jan Reich

「プラハの春」後の悲劇を背景とした究極の恋愛小説

静かな生活に政治が暴力的に介入する。満ち足りた日々は抑えきれない欲望に乱される。派手なストーリーに人生についてのしみじみと深い省察が隠れている。これが現代に生きる知的な人間の姿だ。ぼくはテレザともサビナとも暮らしてみたい。——池澤夏樹

●妻か愛人か、仕事か思想か、人生は常に選択を迫る。　優秀な外科医トマーシュは女性にもてもて。しかし最初の妻と別れて以来、女性に対して恐怖と欲望という相反する感情を抱いている。彼は二つの感情と折り合いをつけ、複数の愛人とうまく付き合うための方法を編み出し、愛人たちとの関係をエロス的友情と呼んで楽しんでいた。そんな彼のもとにある日、たまたま田舎町で知り合った娘テレザが訪ねてくる。『アンナ・カレーニナ』の分厚い本を手にして。その時から彼は、人生の大きな選択を迫られることとなる——「プラハの春」賛同者への残忍な粛清、追放、迫害、「正常化」という名の大弾圧の時代を背景にした４人の男女の愛と受難の物語は、フランス亡命中に発表されるや全世界に大きな衝撃を与えた。今回の翻訳は、クンデラ自身が徹底的に手を入れ改訳を加えて、真正テクストと認めるフランス語版からの新訳決定版である。**●クンデラ**　1929～　チェコ生まれ。「プラハの春」以降、国内発禁となりフランスへ亡命。『冗談』『笑いと忘却の書』『不滅』他。

太平洋の防波堤／愛人 ラマン

マルグリット・デュラス　田中倫郎・清水徹 訳

UN BARRAGE CONTRE LE PACIFIQUE/L'AMANT　Marguerite Duras

悲しみよ こんにちは

フランソワーズ・サガン　朝吹登水子 訳

BONJOUR TRISTESSE　Françoise Sagan

I-04　2008年3月刊

帯装画：新目恵

10代の少女をめぐる３つの物語。20世紀後半のフランス文化に大きな影響を与えた二人の女性作家の代表作

「太平洋の防波堤」……仏領インドシナのけだるい風土がまず舞台だ。そこでは欲望もけだるくしか動かない。登場するのは美しい娘とその兄と母という家族。そして娘に焦がれる男。性と富の曖昧な交換の物語に読者であるぼくたちは身を沈める、ぬるい風呂に浸るように。——池澤夏樹／**「愛人 ラマン」**……まず、これは蒸留された『太平洋の防波堤』だと思った。貧しいフランス人植民者の娘と富裕な中国人との、恋にまでなりきらない性愛の仲が淡彩で投影される。それを回顧して語る声がものすごくエロティック。登場人物の声が聞こえる小説はいい小説である。——池澤夏樹

●18歳でわたしは年老いた　仏領インドシナのけだるい風土で暮らす、貧しいフランス人入植者の家族を主人公に描かれる二つの物語。美しい娘と彼女に焦がれる裕福な男。『太平洋の防波堤』で執拗に描かれた恋愛未満の性の駆け引きが、『愛人ラマン』では「流れゆくエクリチュール」とともに性愛の高みへと変奏されていく。デュラスの二つの代表作。**●デュラス**　1914～96。仏領インドシナ生まれ。84年『愛人ラマン』でゴンクール賞受賞。『モデラート・カンタービレ』他。

「悲しみよ こんにちは」……19歳でなければ書けない小説があるのだ。若くて、才気があって、まだ人生に無知なゆえに残酷。場所は南仏、時期は夏、美貌の人々、テーマは愛と策略と死……もう完璧ではないか。サガンは一生この処女作をなぞって書き、この小説のように暮らして死んだ。——池澤夏樹

●その夏、私は17だった。そして私はまったく幸福だった　17歳の少女セシルは、父の愛人と自分の恋人を使って父の再婚相手を破滅へ追いやる。南仏の海岸を舞台に、少女の好奇心、独占欲、完璧なものへの反発、愛と孤独が描かれる衝撃のデビュー作。**●サガン**　1935～2004。フランス生まれ。19歳の時本書でデビュー、時代の寵児となる。『ブラームスはお好き』他。

オン・ザ・ロード

ジャック・ケルアック　青山南 訳　【新訳】

ON THE ROAD　Jack Kerouac

I-01　2007年11月刊　帯写真：藤原新也

ビート・ジェネレーションを代表する
不滅の青春の書『路上』が、半世紀ぶりの新訳で登場

自由というのはこんなに楽しいものか。20世紀半ば、『オン・ザ・ロード』は若者の解放宣言だった。男二人、ニューヨークからメキシコ・シティまでのおしゃべり過剰の、気ままな、行き当たりばったりの旅にぼくたちは同行する。――池澤夏樹

●**心を自由に脱線させろ！**　西部の太陽の子、輝けるディーンに引っ張られるように、若い作家サルは広大なアメリカ大陸を横に縦に疾駆する。「7年にわたる旅をたった3週間で小説に仕上げた」「タイプ用紙の交換ももどかしく、長さ120フィートもの巻物状の紙にノンストップで打ちつづけた」など多くの伝説に彩られ、ニール・キャサディ、ウィリアム・バロウズ、アレン・ギンズバーグ他実在のモデルの登場でも話題を呼んだ衝撃の書。ビート・ジェネレーションの誕生を告げ、その後のあらゆる文学、文化に決定的な影響を与えた傑作が、躍動感あふれる新訳で甦る。●**ケルアック**　1922～69。アメリカ生まれ。ビート世代の代表的作家。『地下街の人びと』『荒涼天使たち』他。

楽園への道

マリオ・バルガス＝リョサ　田村さと子 訳　【初訳】

EL PARAÍSO EN LA OTRA ESQUINA　Mario Vargas Llosa

I-02　2008年1月刊　帯装画：いとう瞳

ラテンアメリカ文学の巨匠が描く
ゴーギャンとその祖母の波瀾の生涯

文学はいつも反逆者の味方だ。絵を描くためにフランスを捨てて南の島に行ったゴーギャン、男性社会の偽善を糾弾したフローラ。彼らの反逆は今に通じている。この二人が孫と祖母の仲なのだから、作家にとってこれほど魅力的な設定はない。――池澤夏樹

●**「スカートをはいた煽動者」フローラ・トリスタン、「芸術の殉教者」ポール・ゴーギャン。祖母と孫がたどった自由への道――**　フローラ・トリスタン、「花と悲しみ」という美しい名をもつ一人の女性。彼女は、女性の独立が夢のまた夢だった19世紀半ばのヨーロッパで、結婚制度に疑問をもち、夫の手から逃れて自由を追い求めた。そしてやがて、虐げられた女性と労働者の連帯を求める闘いに、その短い生涯を捧げることとなる。ポール・ゴーギャン。彼もまた、自身の画のためにブルジョワの生活を捨て、ヨーロッパ的なるものを捨てて、芸術の再生を夢見つつ波瀾の生涯をたどる。貧困、孤独、病など、不運な風が吹き荒ぶ逆境の中、それぞれのユートピアの実現を信じて生き抜いた二人の偉大な先駆者を、リョサは力強い筆致で描ききる。●**バルガス＝リョサ**　1936～　ペルー生まれ。ラテンアメリカ文学を代表する作家。『緑の家』『世界終末戦争』『チボの狂宴』他。

「日本文学全集」特設サイト
http://www.kawade.co.jp/nihon_bungaku_zenshu/

twitter ID: @kawade_bungei

Facebook: 河出書房新社の文芸書
https://www.facebook.com/765094833527733/

池澤夏樹《いけざわなつき》、文学全集《ぶんがくぜんしゅう》を編《あ》む

2017年9月20日　初版印刷
2017年9月30日　初版発行

編　者　河出書房新社編集部
発行者　小野寺優
発行所　株式会社河出書房新社
〒151-0051　東京都渋谷区千駄ヶ谷2-32-2
03-3404-1201［営業］
03-3404-8611［編集］
http://www.kawade.co.jp/
組　版　株式会社キャップス
印　刷　株式会社亨有堂印刷所
製　本　加藤製本株式会社

ISBN 978-4-309-02608-4　Printed in Japan